UNDERSTANDING OF

START UP

창업의 이해

UNDERSTANDING OF START-UP

류경민
박병희
신정신
심기훈
이재은
최용석

도서출판 청람

■ 머리말 ■

창업이란 길고도 험난한 과정이며, 창업을 준비하는 데는 많은 시간과 노력이 필요하다. 새로운 일을 시작하고 준비한다는 것은 많은 고민과 결정을 하게 만든다. 창업과정에서 누군가의 성공과 실패의 사례가 큰 도움을 주기도 하고 책을 통해 간접적인 경험을 하기도 한다. 특히 성공적인 창업과 사업의 성공은 책 속의 지식만으로 해결되는 것은 아니지만 잘 만들어진 책을 통해서 기본적인 지식을 습득하는 것이 좋은 방법이다. 주로 대학에서 교육하는 정규교과목을 이수하는 것이 가장 편한 방법이지만 특정한 분야에 대한 전문적인 창업지식을 학습하기 위해서는 일반인을 상대로 진행하는 비정규교과목으로 편성된 교육프로그램을 많이 이용하고 있다.

성공적인 창업가로 성장하기 위해 필요한 교과목을 구성하고 프로그램을 제공하기 위해서는 적합한 교재를 선정하는 것이 중요하다.

본서는 창업에 대한 기초지식에서부터 다양한 체험적 지식까지 제공하고자 저술되었다. 대학생들을 상대로 강의하기에 적합하도록 과정별 필수내용을 담았으며, 아이템 발굴과 사업타당성 검토, 사업계획서 작성 등의 실질적인 내용을 학습하기 위해 필요한 과정을 장별로 구성하였다. 창업을 위한 기초지식을 습득하고자 하는 학생들에게 창업이 어렵고 먼 곳의 일이 아닌 우리가 쉽게 경험할 수 있는 진로의 하나임을 쉽게 이해하도록 설명하고자 하였다.

대학생 및 예비창업자들이 창업단계를 준비하면서 실질적인 도움이 되기를 기대하며, 앞으로 더 나은 교재를 개발하기 위해 노력할 것을 약속드린다.

2017년 6월

저자 일동

■ 차례 ■

Part 01 창업과 진로

Chapter 01 | 창업과 진로

Part 02 기업가정신

Chapter 02 | 기업가정신과 창업

Chapter 03 | 기업가정신 사례

Part 03 벤처 창업

Chapter 04 | 벤처기업 설립

Chapter 05 | 벤처기업 운영

Part 04 기술경영론

Chapter 06 | 기술경영의 이해

Part

01 창업과 진로

Chapter

01

창업과 진로

제1절 | 진로결정 및 자기이해

제2절 | 창업의 기초

제1절 진로결정 및 자기이해

진로를 선택하고 자기의 미래를 설계하는 것은 아주 어려운 일이다. 명확한 진로 선택을 하기 위해서는 정확한 자기진단이 우선되어야 한다. 즉 자신이 무엇을 잘하고 못하는지, 좋아하는 일은 무엇이고 싫어하는 일은 무엇인지, 어떤 성향과 특성을 가지고 있는지 등에 대해 전반적으로 이해하는 과정이 필요하다. 성공적인 진로선택을 위해서는 위와 같은 사항에 대한 정확한 자기이해과정이 필요하고, 이를 통해 자신에게 맞는 직업이 무엇인지를 찾아낼 수 있다. 자신이 앞으로 어떤 직업을 선택할 것이며, 선택한 직업이 자신에게 맞는지 알아봐야 한다. "나는 누구인가?"라는 질문에 정확한 답변을 통해 객관적인 진로설계가 이루어질 수 있으나 잘못된 답변으로 자신과 맞지 않는 직업을 선택하는 오류를 범할 수 있다.

위와 같은 오류를 최소화하는 방법으로 자기분석이 있다. 자기분석을 위한 검사는 다음과 같이 다양하다. 흥미검사는 한국가이던스에서 실시하는 자기이해를 위한 자기분석, 고용노동부 고용지원센터에서 실시하는 직업선호도검사(S형, L형)가 있고, 적성검사는 고용노동부에서 실시하는 직업가치관검사, 성인용 직업적성검사, 직무능력검사 등이 있다. 준비도검사는 고용노동부에서 실시하는 대학생 진로준비도검사가 있고, 성격검사는 어세스타 센터에서 하는 MBTI가 있고, 한국가이던스에서 하는 애니어그램 등이 있다.

자신의 직업을 선택함에 있어서 가장 중요한 것이 무엇인지 탐색해보고 현재 자신에게 부족한 부분은 무엇인지, 부족한 부분을 어떻게 보완할 것인지 등을 알아보기 위해 자신의 가치관, 흥미, 적성, 성격 등을 통해 자기자신에 대한 종합적인 이해가 필요하다.

대학생은 자신의 정체가 전환되는 단계, 자신의 욕구와 사회의 요구가 다르기 때문에 긴장을 유발하는 상태라고 할 수 있다. 대학생은 정체와 역할의 혼란을 겪는 시기이자 또한 역할을 정하고 진로를 결정하는 매우 중요한 시기에 있다. 이러한 시기에 급한 마음에 자신의 진로를 서둘러 결정하기보다는 장기적인 안목에서 자신에 대한 올바른 평가와 이해, 직업세계에 대한 충분한 탐색을 통해 진로를 준비하여야 한다.

1. 자아가치관

윌리엄 제임스(William James)는 '한 개인이 자신의 것이라고 말할 수 있는 모든 것'을 가치개념이라 정의하였고, 개인의 유능감과 성취에 대한 평가는 자기가치감을 구성하는 기본 개념으로 자아는 정신적 · 영적 · 사회적 부분을 포함하는 다양한 측면이라고 하였다.

자아가치관은 자기자신이 누구이고, 어떤 사람이며, 어떤 사람이 될 것인지, 얼마나 가치 있는 사람이 될 것인지, 타인으로부터 얼마나 인정받고 있는지 느끼는지에 대한 자신의 생각과 감정을 말하는 것으로 한 개인이 자기자신에 대해 어떻게 생각하고 느끼는지에 대한 종합적인 견해와 태도를 뜻한다. 그러므로 자아가치관은 자기자신에 대한 지각체라고 말할 수 있다. 이러한 자아가치관은 성장하는 과정에서 다양한 타인들과의 접촉을 통해 형성되는 것으로 개인의 성격을 형성하는 데 중요한 부분을 차지한다. 이는 특별한 사건이 없는 경우에는 그대로 유지되어 개인의 일반적인 행동에 많은 영향을 미치게 된다. 예를 들면, 진학, 학업, 일에 대한 태도, 친구나 동료와 같은 주변인들을 대하는 방법, 인생을 살아가는 태도 등에 많은 영향을 미친다.

자기자신을 가치 있게 보고 안정된 정서를 가지고 있고, 자신과 타인을 신뢰하며 삶에 대한 만족감이 높은 사람은 긍정적인 자아가치관을 형성한 사람으로 볼 수 있다. 이러한 사람은 어떤 일이든지 성취하려는 동기가 높고, 환경에 잘 적응하며 타인과의 관계유지를 잘한다. 이와 반대로 자아가치관이 부정적인 사람은 무기력하고 의욕이 없으며, 환경에 잘 적응하지 못한다. 또한 타인과의 관계형성에서도 불편함을 느끼고 자기자신을 낮게 평가하여 불안정한 정서를 경험하고, 자신과 타인을 신뢰하지 못해 삶에 대해 불만을 많이 느낀다.

그러나 자아가치관은 타인들의 실제적 평가와 상당히 불일치할 수 있다. 매우 유능하여 타인들로부터 신뢰를 받고 있어도 개인적으로 자아가치관이 부정적일 수 있다. 그러한 사람들은 자신은 무능하고 가치가 없는 사람이며 타인들이 싫어할 것이라는 막연한 믿음으로 정서가 불안정하고 대인관계에서 늘 긴장하는 사람들이다. 이와 반대로 무능하면서 신뢰는 받지 못하는 사람이라도 자아가치관이 긍정적이어서

안정된 정서와 편안한 대인관계를 가진 사람들도 있다. 한 개인이 가지고 있는 자아가치관은 인간의 행동을 이해하고, 이상적 자기개념과 현실적 자기개념의 불일치가 부적응의 중요한 지표가 된다. 따라서 자아가치관은 단순한 개체의 단편적인 측면만을 토대로 이루어지는 것이 아니라 복합적인 측면에서 이루어지는 것이라 할 수 있다.

1) 가치관의 개념

가치관의 개념은 문화인류학자들에 의해 발전된 개념으로 문화의 핵심 요소로 항상 문화적인 차원에서 논의되었다. 그러나 개인 심리에 문화가 내면화되어 개인의 사회적 활동에 영향을 주는 동기를 형성하게 되는 현상을 발견한 후 가치관도 개인적인 차원에서 중요한 개념으로 간주되었다.

가치관은 '행동표준 혹은 종합적 태도의 대상이 되는 목표 내지는 표준', '가치판단 또는 규범적 판단의 근거', '개인이 가치판단의 근거를 제시할 때, 그가 채택할 수 있는 각각의 관점에 해당하는 기준이나 규칙의 위계', '행동의 목표와 양식의 선택에 영향을 주는 바람직성 여부를 판단하는 평가적 개념' 등으로 정의되고 있다. 또한 가치관은 한 개인이 살아가면서 주어진 자신의 환경과 만났던 사람들에 의해 장시간에 걸쳐 형성된 믿음 또는 신념을 말하며, 이는 특정 상황에서 선택이나 결정을 해야 할 때 영향을 미쳐서 어떤 특정한 행동을 하게 되는 것을 말한다.

2) 자기이해도

자기이해도는 개인적 특성들에 대한 이해 정도라고 할 수 있는데, 개인의 능력, 가치, 외형적 조건 등에 대해 어느 정도 이해하고 개인의 진로를 선택할 때 고려하고 있는가를 나타낸다. 개인이 자신의 일과 관련하여 자신을 어떻게 평가하고 있는지 아는 것이 바로 진로이다. 자기자신에 대해 폭넓고 면밀하게 관찰하고 이해하는 것은 진로뿐만 아니라 인생을 살아가는 데 선행되어야 할 요소이다. 진로발달이론을 설명하는 데 있어 개인의 진로발달과정에서 가장 중요한 영향을 미치는 것이 진로정체감이다. 이는 자아정체감을 직업적 영역에 한정한 개념으로 자아탐색을 통해 자기자신에 대한 이해와 올바른 직업세계의 이해라는 두 축으로 구성된 안정된 지표의 자아상으로 이해할 수 있다. 즉 개인이 직업에 대해 가지고 있는 자신의 목표, 흥미, 능력에 대한 정확하고 안정적인 목표라고 할 수 있다.

자기이해의 핵심인 개인적 특성은 교육, 정서, 적성, 능력, 흥미, 신체적 특성, 욕구, 가치관 등에 따라 다양하게 나타난다. 이 중에 개인의 흥미, 적성 및 가치관 등이 자기이해의 중요한 요소이고, 자기이해는 개인이 진로와 직업세계에 대해 탐색하고 선택하여 결정을 내리는 데 영향을 미치는 요소로 볼 수 있다.

3) 자기결정성

자기결정성이론은 자율성, 유능성, 관계성에 대한 세 가지의 기본심리적 욕구를 다루는 기본욕구이론과 동기유형을 설명하는 유기체통합이론을 포함하여 다섯 가지의 하위이론으로 이루어진 이론이다.

자기결정성이론은 다양한 맥락에서 사회적 행동에 미치는 개인과 타인의 영향에 대하여 통찰력을 제공해주는 동기이론으로 학생들의 인지적, 정서적, 행동적 과정을 이해하는 데 매우 중요한 이론이다. 자기결정성이론은 인간의 행동이 기본심리적 욕구인 자율성, 유능성, 관계성이라는 욕구에 동기화된다고 가정하고, 이들 욕구에 대한 만족이 여러 활동으로 나타나 개인의 즐거움과 행동에 대한 자기조절을 촉진시키는 역할을 한다.

(1) 자율성 욕구

자율성 욕구는 행동을 시작하고 유지하며 조절할 때 자기결정성을 가지고 행동하려는 욕구로서 진실된 자기를 표현하고 행동의 원천으로 경험하려는 욕구를 의미한다. 그리고 자율성 욕구는 본인의 이미지와 일치하는 행동을 실행하여 경험과 행동을 구성하려는 의지를 갖게 된다.

자율성 욕구는 스스로 행동하고 자신의 자의식과 동일한 행동을 하려는 욕구로 특정 상황에서 이러한 욕구를 발휘하여 내외적 압력으로부터 독립과 해방감을 경험한다.

(2) 유능성 욕구

유능성 욕구는 다양한 환경에서 자신의 능력을 효율적으로 발휘하려고 행동하는 욕구이다. 도전적인 환경에 적절히 반응하여 유능성을 가져와 자기효능감을 촉진시켜 내적 동기를 가져온다. 환경 속에서 자신의 능력을 발휘하고 효율적으로 행동하려고 하는 욕구이다. 도전적인 환경에 적절히 반응하는 것은 유능성을 가져오고, 이것이 자기효능감을 촉진시켜 내적 동기를 가져온다. 유능성과 자기효능감은 자신의 목표를 성공적으로 성취할 수 있는 도구가 된다는 부분에서 유사한 개념이다. 유능

| 표 1-1 | 자신의 진로탐색을 위한 자기이해 증진

중요한 가치들에는 + 표시하고, 중요하지 않은 가치들에는 - 표시하시오.		
삶의 다양성		+ 표시를 한 가치들 중 높은 순위 5개
기계적인 활동		
양육(타인을 돕기)		1.
독립성(직업의 자율성)		2.
우정		
도덕적 충만감		3.
친화(한 구성원으로 인정)		4.
안전		
권력과 권위		5.
생이 다른 역할과의 균형		
예술가적 창의성		- 표시를 한 가치들 중 높은 순위 5개
안정성		
흥분/위험-감수		1.
이윤/돈		2.
주변환경		
사회적 지위		3.
지적 지위		4.
경쟁		
타인에게 영향주기		5.
이타주의(타인에게 기여함)		

자료원 : 김병숙(1999), 직업상담심리학, 서울 : 박문각.

성 욕구는 다양한 활동에서 자신의 능력을 발전시키는 것으로부터 생겨나는 만족과 관계가 있다.

(3) 관계성 욕구

관계성 욕구는 타인과의 신뢰 또는 상호 존중을 통해 성립되는 유대감이나 소속감과 유사한 개념으로 타인과의 유대관계를 강화하고 안정적으로 유지하려는 욕구이다. 관계성 욕구는 타인들과의 반복적인 접촉을 원하는 욕구와 안정적인 관계를 유지하려는 지각에 의해 지속된다. 부모님, 학교 선생님 그리고 친구 등과 같은 타인들과 관계를 맺고, 서로에 대해 관심을 가져 상호 간에 연계가 되어 있다고 느끼려는 행동을 포함하고 있다.

자기결정성이론에 의하면 개인은 특정한 활동을 자유롭게 선택하고 수행하여 숙달되어 타인의 지지를 받고 서로 마음이 통한다고 느낄 때 그 활동에서 얻은 즐거움을 위해 내적으로 동기화된 행동을 한다. 그 결과 자기결정적인 동기를 가진 학생은 그렇지 않은 학생보다 긍정적인 생각과 정서를 가지고 그에 맞는 행동을 경험한다. 세 가지 기본심리적 욕구는 보편적으로 문화, 환경, 연령, 성별 등에 따라 차이가 있다.

① 내적 욕구와 외적 욕구

내적 욕구의 발달 동기의 세 가지 형태는 인간의 발달과정을 촉진하고 확립한다. 내적 욕구에는 삶 속에서 의미를 찾고 이해하고자 하는 욕구, 환경을 통제하고 능력을 발휘하고자 하는 욕구, 정서적으로 만족스러운 관계를 지속하고자 하는 욕구 등이 해당된다. 외적 욕구는 사람들이 외부세계에 참여하면서 또 다른 유형의 심리적, 물리적 욕구나 투쟁과 탐색의 욕구를 느끼는 것을 말한다. 이는 일상 속에서 실천하고자 하는 목표와 동기를 이끌어내는 욕구들이다. 대부분의 사람들은 이러한 욕구를 당연한 것으로 여기지만, 이러한 욕구가 충족되지 않을 때 우리는 불만족스럽고 불안하고 억압되는 느낌을 갖게 될 수도 있다.

② 결핍 욕구와 성장 욕구

결핍 욕구는 음식, 물, 편안함 등을 채우고 싶어 하는 욕구로 간단하고 쉽게 얻을 수 있는 것으로 긴장과 이완의 욕구라고도 한다. 인간은 적절한 수준의 자극과 환경을 찾고 상호작용하며 환경에 영향을 미치려고 하는데 이러한 욕구를 자극 허기라고 하며, 이러한 자극을 향한 욕구를 성장 욕구라고 한다.

③ 완성 욕구

완성 욕구는 도전의 수준을 높이고 강력하고 적극적으로 매달려 끝없는 완성을 하려는 욕구로서 다양한 종류의 활동에 동기를 부여한다. 어떤 활동이든 완성의 수준이 지속적으로 향상되는 기회가 제공되면 동기부여는 가중된다. 열심히 노력하여 완성의 수준에 도달하면 또 다른 완성을 위해 더 노력을 하는 행동을 반복한다. 이러한 과정을 반복적으로 행하는 것을 완성 욕구라고 한다.

④ 자아실현 욕구

결핍 욕구가 충족되면 자아실현을 이루고 싶은 마음이 나타난다. 자아실현 욕구는 개인이 가지고 있는 가능성을 현실화하려는 경향을 말한다. 자아실현이란 궁극적으로 한 개인이 인간화되는 과정으로 비자아실현자보다 창조적이고 효율적인 삶을 영위할 수 있기 때문에 개인적으로나 사회적으로나 중요한 의미를 지닌다.

생리적 안녕, 안전, 보안 등의 1차적인 수준의 욕구가 충족되면 사회적 욕구를 충족시키기 위한 동기가 부여된다. 사회적 욕구가 충족되면 타인으로부터 존경, 가치 인정 등의 욕구가 생겨나고 더 높게 평가받고 더 높은 지위를 가지고 싶은 욕구가 나타난다. 이러한 욕구들이 충족되면 마지막으로 최고 수준인 자아실현의 욕구에 도달한다. 이 단계에 인간은 자신의 능력을 인식하고 타인과의 사회를 소중히 여기며 이를 위해 기여하여 개인을 성장시키게 된다. 긍정적인 성과와 이타행동을 통해 이러한 욕구를 충족시켜주는 것이 바로 타인의 성장이나 자신의 성장을 돕는 방법이다.

❙표 1-2❙ 자기이해를 통한 가치

내용	전혀 아니다	아니다	보통 이다	그렇다	매우 그렇다
1. 내 능력을 최대한 발휘할 수 있는 직업을 갖고 싶다.					
2. 나는 내 직업 분야에서 인정받고 싶다.					
3. 나의 주변인이 가지고 있는 것을 나의 가족들도 갖기를 원한다.					
4. 나는 내 직업 분야에서 타인들보다 일을 더 잘하고 싶다.					
5. 누구를 만나는가에 따라 직업에서 성공할 수 있다					
6. 직업에서 타인의 간섭 없이 소신대로 일을 진행할 수 있어야 한다.					
7. 직업을 가지는 가장 중요한 이유 중 하나는 친구를 만들 수 있는 기회를 가질 수 있다.					
8. 수입이 많아도 사회에 유해한 직업이면 다시 고려해본다.					
9. 내 직업에 대해 타인에게서 간섭을 받으면서 지내는 것은 힘든 일이다.					
10. 직업은 안정된 생활보다 새로운 기회를 제공할 수 있어야 한다.					
11. 나의 흥미와 적성에 맞는 직업보다 타인이 평가할 때 반듯한 직업이 좋다.					
12. 인생에서 성공하고자 한다면 돈을 버는 일에 관심을 가져야 한다.					
13. 직업을 선택하는 데 중요한 점은 승진할 기회를 가질 수 있는가 하는 것이다.					
14. 나에게 직업이란 생계유지의 수단일 뿐이다.					
15. 성공하는 데 주요 관건은 노력보다 운이 얼마나 좋으냐에 있다.					
16. 가끔 성공을 위해서 친구를 잃는다고 해도 어쩔 수 없다.					

자료원 : 황매향(2005). 진로탐색과 생애설계. 서울 : 학지사.

2. 진로탐색

현대 사회는 급속히 발전하는 기술과 지식기반 사회로서 변화와 발전 속도가 점점 빨라지고 있다. 이에 직업과 기술 또한 급격하게 변화하여 다양한 사회구조를 만들었고, 직업의 종류도 단기간에 생겨나고 없어지는 일이 반복되어 어떤 직업이 존재하는지, 자신은 어떤 직업을 선택해야 하는지 결정하기 어렵고 복잡한 시대가 되었다. 이러한 변화에서 과거와 달리 평생직장이라는 개념이 없어지고 평생학습과 직업능력 개발의 필요성이 대두되고 있으며, 다양한 정보 속에서 필요한 정보를 선택하여 활용할 줄 아는 능력이 요구되고 있다. 이러한 능력을 발휘하기 위해서는 어떻게 문제를 해결할 것인가를 인지할 수 있는 능력이 무엇보다 필요하다.

진로탐색이란 한 개인이 자신이 종사하게 될 직업을 선택하기 위해 사전에 행동하고 사고하는 것을 말한다. 개인이 선택하고 수행하게 될 직업이 무엇인가에 대한 정보수집부터 그 직업을 갖고 일하는 것이 개인과 사회에 얼마나 가치 있는 일인지 예측하는 것도 진로탐색에 해당된다.

진로탐색활동은 진로를 선택하거나 준비하면서 또는 취업한 후에 이직을 하려고 할 때 수행하는 활동으로도 이야기할 수 있다. 즉 가치관, 성격, 흥미, 능력 등 개인이 가지고 있는 특징에 대한 평가와 직업에서 선택, 제약 및 요구사항 등을 이해하기 위한 관련 정보를 수집하고 분석하는 행동이라 할 수 있다. 또한 진로탐색활동은 자기자신에게 적합한 직업을 찾는 행동, 다양한 역할을 실험하는 행동, 직업에 대해 모호하거나 기대했던 것들을 검증하는 행동 등을 포함한다.

진로탐색에 대한 4가지 관점이 있다. 첫째, 진로문제를 해결하기 위한 정보수집활동이다. 이는 진로탐색에서 가장 기초적인 개념이며, 보편적으로 진로탐색 개념의 중심에 있다. 실제로 많은 진로탐색 프로그램에서 자신의 환경에 대한 정보를 수집하고 검토하는 활동을 우선적으로 하고 있다.

둘째, 진로탐색을 진로발달의 하위단계로 규정하는 것으로 진로발달이론에서 진로탐색을 개인의 생애주기에 걸쳐 생겨나는 하나의 단계로 간주한다.

셋째, 진로탐색을 진로의사결정의 중요한 단계로 설명하는 입장으로 진로를 결정하는 데 있어 반드시 수행되어야 하는 것을 진로탐색으로 보는 것이다.

넷째, 진로탐색을 전 생애에 걸쳐 수행되고 정서적인 활동이 수반되는 것으로 인지하는 최근에 대두된 관점이다. 이 관점에서는 진로탐색을 단순한 정보수집활동에 국한하지 않고 수집한 정보에 대한 만족도, 탐색과정에서 오는 스트레스 그리고 탐색활동과 결과에 대한 기대 등의 심리적 특성을 포함한다.

이처럼 진로탐색은 인지적 태도에서 의사결정이 이루어진 것으로 실제적이고 구체적인 행위 차원의 행동으로 전환되는 과정이다. 즉 스스로 결정한 진로목표를 달성하기 위해 개인이 구체적으로 행하는 노력이라 할 수 있다. 따라서 본격적인 직업세계로 입문하기 전인 대학은 진로탐색에 있어 개인적 · 사회적으로 중요한 의미를 갖는다.

1) 진로인식의 개념

한국교육개발원은 진로교육을 단계별로 구조화하였고 그 단계를 진로인식, 진로탐색, 진로준비 등의 3단계로 구분하였다.

진로인식단계는 진로를 처음으로 생각하고 탐색하는 것으로 개인의 진로발달과정에서 일의 의미와 진로선택의 준거를 이해하고, 다양한 직업에 대한 소양을 갖추는 것을 말한다. 이 단계에서 개인은 직업관 개발, 직업 종류에 대한 이해, 직업과 여가활동의 관계 이해, 진로를 추진하는 데 필요한 기초능력 · 학력 · 기술 등에 대한 소양, 자신의 잠재적 능력과 사회인으로서 역할을 개발하고 이해하게 된다.

진로인식은 각자가 가지고 있는 소질, 미래에 가지게 될 직업과 연관지어 생각하는 의식, 사회에 익숙해질 수 있는 자아인식 개발, 직업세계의 이해 그리고 다양한 직업에 대한 소양을 준비하는 것이다. 또한 자신의 능력, 적성 및 특기에 대한 이해, 직업과 일에 대한 이해, 일에 대한 태도 및 가치관 등, 앞으로 직업인으로서 갖추어야 할 기본 소양을 포함하는 것을 말한다. 다시 말해 자기자신을 이해하고 다양한 직업에 대한 소양을 갖추어 미래에 가지게 될 직업에 대한 긍정적인 태도와 가치관 그리고 의사결정능력 등을 형성하는 총체적인 과정이다.

2) 진로인식의 하위요인

진로인식단계는 학생들이 자기자신의 문제에 관심을 가지고 탐구하여 자기자신의 소질이나 적성이 무엇인지 생각하고 탐구할 수 있는 기회를 제공하고, 일에 대한 긍정적인 태도를 갖고 올바른 가치관을 형성하는 일이 진로인식단계에 있는 학생들에게 매우 중요한 활동이다.

진로인식 하위요인에 대한 구분은 다음과 같다. 한국교육개발원에서는 자아이해, 일의 세계 이해, 일에 대한 긍정적 태도, 의사결정능력, 인간관계기술, 일과 직업의 경제적 측면 이해, 일과 직업의 교육적 측면 이해 등 7가지로 구분하고 있다. 한국직업능력개발원에서는 자아이해, 일과 직업세계 이해, 일과 직업에 대한 태도와 습관 형성, 일과 학습, 진로계획 등 5가지로 구분하고 있다. 국외의 경우에 미국 중앙직업정보조정위원회는 자아발달, 학업 및 직업적 탐색, 진로계획 등 3가지로 구분하고 있다. 호주 교육과학훈련부에서는 개인관리, 학습과 일 탐색, 진로설계 등 3가지로 구분하고 있으며, 일본 국립교육정책연구소에서는 진로설계능력, 진로정보 활용능력, 의사결정능력, 인간관계 형성능력 등 4가지로 구분하고 있다.

이처럼 진로인식 구성요소에 대해서는 기관마다 다양하게 접근하고 있으나 대부분 중복되는 핵심 개념들이 있다. 즉 자기이해, 직업세계 인식, 진로태도영역, 의사결정능력이 진로인식의 주요 개념이라고 볼 수 있다.

(1) 자아인식

자아인식은 자신을 살펴보는 계기와 기회를 통해 보다 구체적으로 자신을 이해할 수 있도록 한다. 개인의 장점, 소질, 흥미, 가치를 이해하는 일은 교육과 직업선택의 기초가 된다는 점을 인식하고, 현재를 계획하고 준비함으로써 미래의 목표를 달성할 수 있는 에너지가 되는 것으로 이해된다. 또한 자신의 행동에 책임을 져야 한다는 것을 인식하게 한다.

(2) 일과 직업의 세계 이해

학생들은 주변, 지역, 국가, 세계를 대상으로 어떤 직업이 있는지를 인식하고 직업에 대한 흥미, 필요성을 확장시켜 직업의 세계를 인지하여야 한다. 그리고 인간이 여러 유형의 일을 한다는 것을 지각할 수 있으나 그 차이를 개념화하지 못하므로 일의 세계가 무엇인지, 일이란 무엇이며, 왜 사람은 다양한 유형의 일을 추구하는지, 왜 직업이 존재하는지 등을 이해할 수 있어야 한다. 또한 부모의 직업 이해에서부터 지역사회 협조자들에 이르기까지 광범위하고 다양한 직업인에 대하여 학생들은 인식하여야 한다. 임금이나 봉급의 형태로서의 보상 등 일에 대한 보상의 다양함을 알고 수많은 생계유지방법과 취업할 수 있는 직업의 다양함을 인식하고 일의 성질, 훈련, 작업조건 등과 같은 영역을 이해해야 한다.

(3) 일에 대한 긍정적인 태도 및 가치관

다양한 직업이 있고 그 직업마다 각각의 가치가 있고 보람이 있으며 어떤 개인이든 그로부터 해택을 받고 있다는 사실을 인지해야 한다. 돈을 버는 수단으로만 일을 하는 것이 아니라 일을 해서 생겨나는 보람과 기쁨이 있고, 이는 자아를 실현할 수 있다는 인식을 가져야 한다. 그리고 직업은 자신과 더불어 가족, 사회, 국가와 연결되어 있고, 지역사회의 각 산업체, 기관 및 단체들이 하는 일에 대한 이해를 통해 모든 직업이 소중하다는 것을 알아야 한다. 직업의 세계가 변화하고 있다는 것을 인지하고 일과 직업에 대한 유연한 태도를 가져야 한다.

(4) 합리적인 진로 의사결정

학생들은 장래의 꿈과 목표를 설정하고 그것을 성취하기 위한 방법을 구상하거나 구상하기 힘들 때에는 주위의 도움을 요청한다. 장래의 직업에 대해 결정하기 어렵지만 여러 대안 중에서 선택해야 하는 상황이라면 의사결정을 하는 데 심사숙고하는 태도를 길러야 한다. 부모의 권유, 가족의 요청이나 필요에 의해 자신의 직업을 선택하기보다는 자신의 적성, 능력, 성격 등을 고려하여 결정해야 됨을 인식한다.

3) 진로발달이론

진로발달이론은 인간발달의 하위영역으로 인정하면서 시능발달, 성격발달과 같은 발달적 관점으로 인식하게 되었다. 진로발달이론은 학자에 따라 다소 차이점이 있지만 구조론적 관점과 발달론적 관점으로 크게 구별할 수 있다.

(1) 구조이론

구조론적 이론은 개인의 성격구조, 심리적 특성에 초점을 두고 직업에서 요구하는 여러 요인을 분석하여 적합한 심리적 특성과 직업적 특성을 가장 합리적으로 연결하려는 데 초점을 둔다. 파슨스(Parsons)의 특성이론, 로(Roe)의 욕구이론, 홀랜드(Holland)의 유형이론이 해당된다.

① 파슨스의 특성요인이론

파슨스(Parsons, 1950)의 특성요인이론은 현재까지도 직업선택에 많은 영향을 주고 있는 이론이다. 이 이론은 단계적으로 직업지도가 진행된다는 점을 강조하여 개인적 자료의 수집 → 자아분석 → 개인적 선택과 결정 → 상담자의 분석 → 직업세계의 전망 → 권유와 조언 → 선택할 일에 적응을 위한 조언의 순서로 직업지도가 이루어진다는 이론이다. 이는 개인의 흥미, 태도, 적성, 능력 등의 여러 변인들을 분석하는 한편, 일과 직업에서 요구되는 특성과 전망 등을 개인의 변인과 연결시키려는 시도로 해석할 수 있다.

② 로의 욕구이론

로(Roe, 1956)의 욕구이론은 사람들은 직업을 선택하는 데 있어 심리적인 욕구가 충족되길 원하며 그에 맞는 직업을 선택하려고 한다는 이론이다. 욕구이론은 흥미와 욕구의 근원에 대해 5가지 명제를 제시하였는데, 개인의 흥미와 능력 발달은 유전적인 영향을 받고, 개인의 흥미나 가정에서의 경험과 문화적인 차이에 의한 영향은 성별 또는 인종에 따라 다르게 형성되기도 하며, 유전적인 재능과 환경적인 영향의 상호작용으로 개인은 자신의 근본적인 욕구를 충족시키는 방법으로 무의식적으로 자신의 주의와 힘을 기울이게 된다. 이러한 심리적 힘은 습관적으로 집중되어 다양한 활동에서 개인의 흥미를 결정하고, 성취동기의 정도에 따라 개인의 욕구 강도, 만족성, 심리적 힘을 조절한다.

로(Roe)의 욕구이론은 부모와 자녀 간의 관계를 알아내기 어렵다는 점과 부모의 태도는 자녀가 성장함에 따라 달라지는 등 여러 가지 문제점 때문에 충분히 입증되지는 못했지만 초기 가정의 정서적 분위기와 부모, 자녀 간의 상호작용의 유형에 대한 정보를 진로상담 진로지도에 이용할 수도 있다고 본다.

③ 홀랜드의 유형이론

홀랜드(Holland, 1985)는 개인이 가진 성격이나 행동 특성 등이 직업환경의 유형과 밀접한 관계가 있는 것으로 보고, 성격유형을 현실적, 관습적, 설득적, 사회적, 심미적, 탐구적 유형 등 6가지로 구분했다. 직업환경도 6가지로 구분하여 인성적 유형과 작업환경의 유형을 관련지으려고 했다.

(2) 발달이론

발달이론은 인간을 진로정보, 진로에 대한 태도, 가치관 등의 발달단계로 구분하고 포괄적인 진로의식과 능력이 개인에 따라 차이가 있음을 가정하고, 개인의 진로발달 수준과 영역이 어떻게 진행되고 있는가를 파악하려는 이론으로 개인의 내적인 발달에 초점을 두었다. 여기에는 긴즈버그(Ginzberg, 1972)의 진로발달이론, 수퍼(Super, 1957)의 생애발달이론, 오하라와 타이드만(O'Hara & Tiedeman, 1963)의 진로발달이론, 크라이티스(Crites, 1961)의 진로성숙이론, 터크만(Tuckman, 1974)의 진로개발 교육이론이 있다.

① 긴즈버그의 직업선택이론

긴즈버그(Ginzberg)의 직업선택이론은 개인의 성장과 발달의 과정적 개념으로 직업을 선택한다는 종합적인 이론이다. 일시적인 것이 아니라 장기간에 걸쳐 이루어지는 직업선택과정은 연령에 따라 환상적 단계(출생~11세), 시험적 단계(11~17세), 현실단계(17~20대 초반)로 분류하여 구분하였다. 3단계 중 시험적 단계를 중요시했는데 이 단계는 11세부터 17세까지의 시기로서 선택의 과정에서 흥미, 능력 및 가치관이 이용된다. 현실적 요인이 적당하게 고려되고 있지 않기 때문에 선택은 시험적이다. 긴즈버그는 그 후 직업선택 및 발달과정은 생애적이고 개방적이라 하여 본인의 초기이론을 수정하였다. 긴즈버그의 이론은 진로지도에 필요한 개인의 직업적 성숙의 규준을 제공하고 직업선택과정에서 각각 단계적 문제의 발견과 지도에 도움을 줄 수 있는 것이 장점이다.

② 수퍼의 생애발달이론

수퍼(Super)의 생애발달이론은 긴즈버그의 이론을 보완한 이론으로 긴즈버그의 이론을 비판하는 것에서부터 출발하고 있다. 그는 진로발달이란 아동기에서 성인 초기에 걸쳐서만 발달하는 것이 아니라 생의 전반에 걸쳐 발달하는 것이라고 보았다. 수퍼는 발달단계를 성장기(출생~14세), 탐색기(15~24세), 확립기(25~44세), 유지기(45~64세), 쇠퇴기(65세 이후)로 구분하고, 각 단계에서 다음 단계로 넘어가기 전에 수행해야 할 발달과제의 독특한 행동특징을 기술하였다. 정상적인 사회생활을 하는 사람은 대개 이러한 발달단계를 거친다고 하였다. 또한 수퍼는 진로발달에 영향을 주거나 그와 관련된 생활 · 심리적 요인을 규명하는 일에도 관심을 가졌는데, 연령, 성, 자아개념, 사회경제적 지위, 주거지역, 그 밖의 다양한 사회 · 심리적 요인이 진로발달에 영향을 줄 것이라고 가정하고 그 타당성을 검증하기 위하여 많은 연구를 수행하였다.

③ 기타 발달이론

오하라와 터크만(O'Hara & Tiedeman)은 진로발달이론을 직업정체감을 형성해 가는 과정으로 보았다. 새로운 경험이 많을수록 정체감은 발달하고 분화와 통합의 과정을 거치면서 개인은 자아정체감을 형성하고, 이것이 직업정체감의 형성에 중요한 기초요인이 된다. 오하라와 터크만은 개인이 자신의 특성을 파악하고 자아를 실현시킬 수 있는 것이 무엇인지를 인식해가는 과정을 중요하게 생각하였다. 이들은 발달과업이란 개인이 일에 직면했을 때 분화와 통합을 통해 직업정체감을 형성하는 과정이라고 정의하였다. 개인이 일에 대한 자신의 특성을 파악하고 자아실현을 할 수 있는 일은 무엇인지 각 개인이 인식하고 생각하는 것이 이 이론의 형성 목적이다.

크라이티스(Crites)는 수퍼가 주장한 진로선택의 일관성과 현실성의 두 요인에 진로선택의 능력과 태도를 추가한 것으로 수퍼의 2개 요인을 진로선택으로 하고, 능력과 태도요인을 진로선택의 과정요인으로 구분하였다.

터크만은 자아인식, 진로인식 및 진로의사결정이라는 세 가지 주요 요소를 포함하는 일방적 의존성단계(유치원~초등학교 1학년), 자아주장단계(초등학교 1~2학년), 조건적 의존성단계(초등학교 2~3학년), 독립성단계(초등학교 4학년), 외부지원단계(초등학교 5~6학년), 자기결정단계(중학교 1~2학년), 상호관계단계(중학교 3~고등학교 1학년), 자율성단계(고등학교 2~3학년) 등 8개의 단계로 진로이론을 제시하여 진로개발 교육에 기초를 제공하고 있다. 터크만의 이론은 유치원에서 고등학교까지의 발달에 관한 것으로 하나의 결정적인 이론이라기보다는 검증해볼 만한 가설을 제시한 것이라고 평가되고 있다.

3. 직업가치관의 개념

직업에 대한 의미는 사회 · 문화적 전통에 따라 다르고, 직업가치관 역시 시대와 공간에 따라 변한다. 과거 중세시대에는 상인들은 천대를 받았지만 오늘날에는 기업들이야말로 막강한 자본력과 정보력을 바탕으로 사회를 이끌어간다. 우리나라는 IMF 이후에 경제적인 생계를 중시하는 보수지향적 직업관이 더욱 강조되었다. 또한 우리나라는 직업을 단순한 일이라기보다는 사회적 지위로 보는 경향이 강해서 힘든 직업을 기피하고 사무직과 같은 노동력을 많이 필요로 하지 않는 직업을 선호한다. 이러한 상황 속에서 올바른 직업가치관을 형성한다면 개인의 능력과 만족을 가지고 행복한 삶을 이끌어갈 수 있을 것이다.

일반적으로 가치관은 사람이 관심을 갖고 원하며 되고자 하는 것을 포괄하는 것으로 인간의 행동을 조직하거나 유도하는 감정과 의미가 부여된 원칙이다. 또한 가치관은 행동의 목적이나 목표와 관련되는 동시에 수단 선택에 사용된다. 따라서 가치관은 인간이 추구하는 생활에 동기화되어 개인 또는 집단의 행동에 기준을 제시하기 때문에 행동연구의 중요한 변수라고 할 수 있다. 직업가치관도 가치관의 한 형태로 특성 직업이 아닌 일반적인 직업에 대한 개인의 태도를 뜻하며, 가족이나 학교 등의 환경뿐만 아니라 사회매체와의 상호작용을 통해서 발달한다.

직업가치관에 대한 개념정의를 살펴보면 [표 1-3]과 같다.

| 표 1-3 | 직업가치관의 개념

연구자	직업가치관의 개념정의
Kinnane & Pable(1962)	특정 직업이 아닌 일반화된 개념으로서의 직업에 대한 개인의 태도
Kalleberg(1977)	개인이 자신의 직업에 관하여 가지는 생각, 즉 무엇을 원하는가에 대한 관점
Nord 외(1990)	직업가치관은 사람들이 일을 통하여 실현하기를 원하고 또 실현할 수 있어야 한다고 생각하는 궁극적인 상태
양한주(1988)	직업이나 직무에 대해 일반인들이 갖게 되는 일종의 사고방식 또는 가치기준
김기홍(1999)	직업세계의 전체적인 이해를 주체적 · 주관적으로 자각하여 자기자신이 직업의 절대성을 실천적으로 이해하는 가치관
노미호(2002)	개인이 어떠한 직업 또는 직업적 활동에 대하여 어떠한 생각과 태도를 가지고 있으며 이들에 대해서 어떠한 가치를 부여하는가를 포괄하는 개념
김나원(2003)	하나의 직업에 대한 인식 또는 가치를 보는 관점 혹은 개인 또는 사회가 일 또는 지위에 대하여 지니고 있는 가치관

자료원 : 정주영(2013), "대학교육만족도, 직업가치관, 직업만족도에 관한 구조적 분석", 고려대학교 박사학위논문.

선행연구를 종합하면 직업에 대한 가치관은 외재적 가치와 내재적 가치로 구분할 수 있다. 외재적 가치는 경제적인 측면, 권력추구 및 사회적 위세에 대한 인식을 중요하게 생각하는 것으로 직업을 도구적 가치로 본다. 외재적 직업가치는 임금, 후생복지, 직업안정 등과 같이 일과 연관된 물질적 보상이나 조건을 중요하게 생각한다. 이와 반대로 내재적 가치는 직업생활을 통해 자신의 능력을 발휘하고 사회에 기여하고 인간관계를 중시하고 이상을 추구하며 자신을 표현하고자 하는 의식을 중심으로 생각한다. 내재적 직업가치는 일과 관련된 것들을 얼마나 중요하게 여기는지와 같이 일 자체에 의미를 부여한다.

직업가치관의 주요 요인에 관해 자세히 살펴보면 다음과 같다. 첫째, 부모의 영향에 따른 직업가치의 차이이다. 남학생은 다른 사람에게 영향을 주거나 경제적인 대가를 얻는 측면을 주요 직업가치관으로 두는 반면에, 여학생들은 다양한 사람 또는 환경과 접촉할 수 있는 기회가 있는 직업 및 직업적 활동을 더욱 선호한다. 류인자

(1999)는 청소년들의 직업관과 직업선호도에 대한 연구에서 여학생들은 자아실현을 통한 성취감과 명예를 얻는 것에 더 가치를 두고 사회적 봉사와 같은 행동을 통해 보람을 찾는 것을 중시하는 한편, 남학생들은 생계유지와 같은 경제적 보수를 중시하고, 경영관리와 감독하는 직업에 관심과 가치를 두며 외적이고 활동적인 직업을 선호하는 것으로 파악되었다.

▎표 1-4▎ 직업가치관의 구성요인

연구자	직업가치관의 구성요인
Ginzberg (1952)	• 내재적 형태(직업활동 자체) • 외재적 형태(경제 및 위신) • 부수적 형태(사회적 · 환경적 영역)
Super (1970)	• 내재적 영역(기여, 창의성, 독립성, 지적 자극, 심미성, 성취, 관리) • 외재적 영역(생활방식, 안정, 지위, 보수) • 부수적 영역(환경, 경영주와의 관계, 동료와의 관계, 다양성)
Miller (1974)	• 내재적 영역(성취감, 이타주의, 창의성, 심미성, 지적 자극, 경영관리 등) • 외재적 영역(협동성, 경제적 보수, 독립성, 명예심, 안전성, 감독과의 관계, 환경조건, 다양성, 생활방식 등)
Kanzanas 외 (1975)	• 내재적 영역(독립성, 만족감, 이타성, 자기훈련, 자아발견, 직업흥미, 자아실현) • 외재적 영역(경제적 독립, 직무여건, 지위, 대인관계, 사회적 지위, 인지, 안정)
Kalleberg (1977)	• 내재적 가치(직업 자체) • 외재적 가치(임금, 복리후생, 직업안정)
Mortimer 외 (1979)	• 존경, 지위, 보수, 기여, 대인활동 기회, 능력발휘 기회, 흥미, 독창성 발휘 기회
임인재 (1990)	• 탐구성, 실용성, 자율성, 주도성, 질서정연성, 사회적 안정성, 심미성, 사회봉사성
김병숙 외 (1998)	• 내재적 가치(자기능력, 사회헌신, 인간관계 중심주의, 이상주의, 자기표현) • 외재적 가치(권력추구, 경제우선, 개인주의, 사회인식 중시, 안정추구)
안강현 · 이용환 (1998)	• 내재적 가치(능력, 기여, 성취) • 외재적 가치(보수, 지위, 안정)
양한주 · 정철영 (1998)	• 내재적 영역(봉사성, 독창성, 독립성, 욕구충족성, 자아실현성, 리더십) • 외재적 영역(수익성, 존경성, 안정성, 장래성) • 부수적 영역(대인관계, 다양성)

임언 외 (2001)	• 능력발휘, 다양성, 보수, 안정성, 사회적 인정, 지도력 발휘, 더불어 일함, 사회봉사, 발전성, 창의성, 자율성
박정란 (2006)	• 내재적 영역(자기능력, 사회국가헌신, 인간관계 중심주의, 이상주의 자기표현) • 외재적 영역(경제우선, 개인주의, 사회인식 중시, 안정추구)
이정금 (2009)	• 성취감, 이타심, 창의성, 심미감, 지적 자극, 경영관리, 협동성, 경제보수, 독립성, 명예성, 안정성, 다양성
오성욱 · 이성구 (2009)	• 내재적 가치(전공 분야와의 관련성, 업무내용, 개인의 발전가능성 및 직업 자체의 미래 전망) • 외재적 가치(급여, 직장안정성, 회사규모, 근로시간, 근무환경 및 복리후생, 출퇴근 거리)
임은미 (2010)	• 돈, 권력, 사회적 명예, 시간적 여유, 쾌적한 환경, 안정성, 발전가능성, 사회봉사, 인간관계, 업무 재량권, 다양한 기회, 새로운 시도 가능

자료원 : 정주영(2013), "대학교육만족도, 직업가치관, 직업만족도에 관한 구조적 분석", 고려대학교 박사학위논문.

둘째, 급여와 근로시간 등을 포함한 근무환경 및 복리후생 요인을 살펴보면, 과거 영국의 경우 직업의 안정성이 직업선택의 중요한 가치였으나, 2000년대로 들어서며 보수를 가장 중요한 진로선택의 요소로 인식하고 있는 것으로 나타났다. 보그(Borg, 1996)는 직업선택이 이루어지는 과정에서 직업적 가치의 역할을 설명하고 있는데, 어떤 일 자체의 개별적인 가치뿐 아니라 그 일이 제공하는 보상, 즉 급여가 개인의 직업발달에 내재화됨으로써 결국 개인의 직업선택에 영향을 미친다고 주장하였다. 또한 성별로 구분하여 직업가치를 분석하였더니 여성의 경우 흥미로운 경험이 중요한 직업가치였으나, 남성의 경우 안정성과 독립성을 선택하였다. 즉 사회변화에 따른 직업가치가 어떻게 변화하는지를 연구하였는데, 가장 많은 변화를 보인 것은 보상지향 동기로 나타났다.

셋째, 전공에서의 학업성취와 관련성을 살펴보면, 일반적으로 직업의 종류에 따라 다른 수준의 능력과 자격이 요구되는데 학업성취에 따라 상이한 기대와 영향을 준다. 선행연구에 따르면 학생의 교육포부 수준은 그들의 직업포부와 밀접한 연관이 있다. 교육에 대한 기대감이 높은 경우 직업에서도 높은 지위가 보장되는 일을 하고자 하는 열망이 크고 선택한 전공에 따라 직업가치에 차이가 있어 효과적인 진로선택은 반드시 개인의 가치와 목표에 근거를 두어야 한다는 주장이 있다.

넷째, 적성과 흥미, 개인의 발전가능성 요인, 자아개념에 대한 선행연구에서의 직업가치관 분석결과는 다음과 같다. 대학생의 자기효능감과 직업가치 및 진로의식 성숙과의 관계연구에서 이은경(2003)은 자기효능감이 높은 집단이 낮은 집단보다 내적·외적 직업가치 모두에서 높게 나타났다고 보고하였다. 또한 자기효능감이 높을수록 직업을 갖는 목적과 이유가 분명하다는 결론을 얻었다. 즉 진로선택 시 자기효능감이 높을수록 내·외적 직업가치관에 대한 인식 수준이 높아져 직업에 대한 진정한 의미와 가치를 알고 물질적인 요소인 경제적 보수보다는 직업을 통한 자아실현은 물론 사회발전에 기여하는 직업을 추구하는 것에 더 관심을 둔다는 것이다. 일에 대한 동기와 직업을 바라보는 가치는 사회적 변화 양상이나 교육 수준에 따라 변화한다. 일에 대한 동기는 내재적인 일의 목표가 경제목표보다 중요하게 평가되고 있으며, 산업사회로 발전되면서 유물론적 가치의 중요성이 커진다. 그리고 교육 수준이 낮을수록 외재적 보상가치를 중요시하고, 교육 수준이 높을수록 내재적, 이타적, 사회적 가치를 더 중시한다.

4. 직업흥미

1) 직업흥미의 정의

흥미는 학습에 대한 동기를 부여하는 가장 중요한 요인 중 하나로 학습능률을 좌우하기 때문에 흥미가 없으면 학습이 일어나지 않는다. 학생들은 자기가 좋아하는 일에 많은 시간과 노력을 기울인다. 이로 인해 더 나은 결과를 얻고 그것이 강화되어 본인이 흥미롭게 생각하는 활동을 점점 더 잘하게 된다. 이와 같이 흥미는 학생들의 활동 근거가 되어 행동을 효과적으로 이끌어가는 원동력이 된다.

흥미라는 단어를 어원적으로 볼 때는 '사이에 있는 것(inter-esse)'으로 거리가 있는 두 사물을 관련짓는다. 어떤 것에 흥미를 가지고 있다는 것은 그 대상에 몰두하고 있다는 것을 뜻한다.

또한 흥미란 특정 대상이나 활동영역에 대해서도 적극적으로 참여하려는 심리적 태도를 말하기도 한다. 흥미를 "사람 내부로부터 스스로 생겨서 사람과 외부대상을 연결해주는 것"으로 보고, 사람의 의식과 행동 사이에 있는 요소의 통합을 의미한다.

특정 대상에 주관적인 생각과 감정이 생겨나는 행동의 경향성을 흥미라고도 하는데, 일반적으로 어떤 대상에 흥미를 느끼게 되는 것은 개인의 성장배경, 가치관 및 행동양식 등에 영향을 받고, 이러한 원인들이 상호작용을 일으켜 다양한 영역에서 흥미가 유발된다. 다양한 영역에서 특정 직종이나 직무, 직업환경 등에 흥미를 일으키는 것을 직업흥미라고 한다. 직업흥미는 특정 직업에 대해 관심을 가지고 일정한 패턴을 가지고 선호하는 경향을 말하는 것으로 일종의 가치관으로서 개인의 요구 및 동기 자기효능감, 직업유지, 진로 관련 의사결정, 지능 및 성격과도 높게 연관되어 있으며 다양한 경험이 반영되는 것으로 알려져 있다.

2) 홀랜드의 성격이론

홀랜드(Holland)이론 혹은 리아섹(RIASEC)이론이라고 불리는 홀랜드의 성격이론은 직업흥미와 선택, 직무만족과 평가에 중요한 단서가 되고 있으며 현재까지 직업심리학과 진로상담 분야에 가장 큰 영향을 미치는 이론이다.

홀랜드의 성격이론은 개인의 흥미와 특성에 관한 연구와 개인-환경이론에 이론적 배경을 두고 있다. 린튼(Linton, 1945)은 사람들의 특성을 바탕으로 그 사람이 속해 있는 환경의 특성을 규정하였고, 인간은 환경에 영향을 받는 동시에 주위환경을 자신에게 적절한 방향으로 변화시키려고 노력하는 존재라고 보았다. 홀랜드는 이러한 린튼의 견해를 바탕으로 교육, 군대, 임상치료과정에서 상담활동을 하면서 겪은 경험을 접목시켜 여러 직업에 종사하는 사람들에 대한 다양한 정보와 직무환경 정보를 통합하여 개인의 성격유형과 이에 맞는 직무환경에 관하여 연구하였다. 이에 따라 홀랜드는 직업 성격유형은 직무환경과 개인의 발달에 따라 변화될 수 있는 것으로 보고 성격모형과 환경모형을 동시에 발달시키면서 직업 성격유형론을 정립하였다.

홀랜드 성격이론은 성격의 유형과 선택의 과정에 관한 네 가지 주요 가정에 기초를 두고 있다. 첫째, 대부분의 사람이 실재형(Realistic type : R), 탐구형(Investigative type : I), 예술형(Artistic type : A), 사회형(Social type : S), 기업형

(Enterprising type : E), 관습형(Conventional type : C) 등 6가지 성격유형 중에서 하나로 분류될 수 있다고 하였다. 둘째, 직업환경 역시 실재적, 탐구적, 예술적, 사회적, 기업적, 관습적인 6가지 환경모형으로 분류될 수 있으며, 각 환경모형은 주어진 성격유형에 의해 결정된다고 보았다. 실재적 환경은 실재형의 사람들에 의해, 탐구적 환경은 탐구형 사람들에 의해 지배를 받게 되며, 유사한 사람들이 모이는 환경에는 구성원의 성격과 유사한 환경이 생성된다고 보았다. 셋째, 사람들은 자기자신의 능력과 기술을 발휘할 수 있고, 태도와 가치를 표현할 수 있는 환경을 찾는다는 것이다. 사교적인 사람은 대인관계를 할 수 있는 환경을 찾고, 예술형인 사람은 아이디어와 감정을 자유롭게 분출할 수 있는 환경을 찾고자 한다. 넷째, 개인의 성격과 환경의 상호작용으로 행동이라는 결과가 나타나기 때문에 사람과 환경의 특성을 파악하고 그 결과를 이해하면 직업선택, 직업에서의 성취도와 만족도 역시 예측할 수 있다고 하였다.

3) 홀랜드의 직업적 성격유형

(1) 실재형

실재형의 직업 성격유형을 가지고 있는 사람들은 정확하고 체계적인 일을 선호하고 사회성이나 그와 관련된 업무를 하는 분야를 기피하는 경향이 있다. 다소 폐쇄적인 신념을 가지고 있고 기존의 신념과 배치되지 않는 선에서 사고하고 행동하는 경향이 있어 전기나 기계 분야와 같은 실재적이고 규칙적인 행동양식이 존재하는 분야를 선호한다. 스스로 사회성을 요구하는 일과 학문적이고 창의적인 일은 서툴다고 생각하여 일반적인 상황에서 문제해결을 할 때 원칙적이고 명확한 방법을 선호하고 비판적이고 창의적으로 행동하지 않는 경향이 있다. 실재형의 사람들은 현실적, 물리적, 완고한, 단순한, 남성적, 직선적, 경직된, 비융통성 등의 특징을 가지고 있다.

(2) 탐구형

탐구형의 직업 성격유형을 가지고 있는 사람들은 반복적인 활동이나 리더십을 필요로 하는 활동을 싫어하고, 어떤 현상에 대해 비판적이고 분석적으로 관찰하고 체계적이며 창조적으로 탐구하는 것을 선호한다. 인간적 감정이나 사회환경에 대한 민감성은 다소 떨어지는 편이다. 자연현상 등에 관심을 두고 탐구하는 것을 좋아하며, 문제를 해결하고자 할 때 객관적인 정보를 수집하고 자료를 분석하는 과정을 통해 해결하고자 한다. 주로 과학 및 수학적 능력이 있는 유형으로 분석적, 비판적, 합리적, 정확한, 내성적, 독립적, 지적인 등의 특성을 가진다.

(3) 예술형

예술형의 직업 성격유형을 가지고 있는 사람들은 표현력이 풍부하고 다양하며 독창적인 생각을 하는 유형이다. 심미적인 활동에 대한 선호도가 높고 관습적이거나 체계적인 활동을 기피하는 성향을 가진다. 음악, 미술, 글쓰기, 공연 등과 같은 활동에서는 자신의 능력을 발휘하지만 규칙적이거나 객관적인 사실을 추구하는 활동에는 약한 특징이 있다. 6가지 직업 성격유형 중에서 가장 개방적인 사고방식을 가지고 있으며, 자신의 예술적인 감각에 의존하여 문제를 해결하고자 한다. 일반적으로 직관적, 감정적, 충동적, 독창적, 비순응적, 민감한, 비실용적 등의 특성을 가진다.

(4) 사회형

사회형의 직업 성격유형을 가진 사람들은 타인과의 감정적 공유를 잘해서 도와주고 치료해주는 것을 선호하여 사람을 상대하는 직업이나 활동에서 능력을 발휘한다. 일반적으로 사회형의 사람들은 이타적이고 배려심이 깊은 것으로 알려져 있다. 실제적인 일을 수행하는 것보다 사람과 사람 사이의 관계에 주목하는 경향이 강하다. 따라서 타인과의 감정적인 공유나 가르치는 것과 같은 활동을 선호하여 교사, 종교인, 상담가 등과 같은 사회성이 필요한 직업을 선호한다. 사교적, 외향적, 협조적, 따뜻한, 관대한, 친화적, 비체계적 등의 특성을 가진다.

(5) 기업형

기업형의 직업 성격유형을 가진 사람들은 경영, 판매 등과 같은 자신이 기획하고 그것을 실행시키는 데 뛰어난 능력을 보이는 유형으로 관리지향적인 특성을 보인다. 또한 목표지향적이고 진취적인 경향이 있어 목표달성을 위해 다른 사람들을 조직화하여 활동하는 것을 좋아한다. 도전적인 과제나 과업의 달성에 성취감을 느끼며 직장 내의 위계구조에서 진급하기 위해 노력한다. 리더십은 뛰어난 편이지만 과학적인 분석과 체계성은 미흡한 편이다. 정치인, 기업가, 군인, 관리직 등의 직업에서 많이 나타난다. 모험적, 자신감, 경쟁적, 의욕적, 열정적, 통솔하는, 독단적인 등의 특성을 가진다.

(6) 관습형

관습형의 직업 성격유형을 가진 사람들은 단시간 내에 효율적으로 일을 조직화시키고 체계화된 구조에서 일하는 것을 좋아한다. 창의성과 독창성은 다소 부족하나 사무적이고 수학적인 능력은 뛰어난 편이다. 규칙을 선호하기 때문에 문제를 해결할 때에도 기존의 관례를 따라 해결하고자 한다. 은행원, 비서, 공무원 등이 여기에 속하며 일반적으로 체계적, 계획적, 효율적, 조직적, 보수적, 경직된, 사무적, 규칙적, 엄격한, 비융통성 등의 특성을 가진다.

표 1-5 홀랜드의 직업적 성격유형 및 권장직업

유형	성격 특징	직업활동 선호	적성	대표직업
현실형	• 남성적, 솔직함 • 검소함, 말이 적음 • 단순함	분명하고 질서정연하고 체계적인 조작을 주로 하는 기술을 좋아하지만 교육활동을 좋아하지 않음	기계능력은 있으나 대인관계능력이 부족함	• 기술자 • 농부 • 운동선수
탐구형	• 지적 호기심이 많음 • 비판적이고 내성적임 • 신중함	물리적 · 생물학적 · 문화적 현상의 창조적 탐구에 흥미를 느끼지만 사회적이고 반복적인 활동에는 관심이 부족함	학구적이고 지적인 자부심은 높으나 지도력과 설득력이 떨어짐	• 과학자 • 의사 • 생물학자 • 인류학자
예술형	• 상상력이 풍부함 • 개성이 강함 • 협동적이지 않음	변화와 다양성을 좋아하지만 체계적이고 조직화된 활동에는 관심이 없음	미술, 음악적 능력은 있으나 사무기술이 부족함	• 예술가 • 감독 및 배우 • 소설가

사회형	• 사람들을 좋아함 • 어울림을 좋아함 • 이상주의적임	타인의 문제를 듣고 이해하는 것에는 관심을 보이지만 질서정연하고 체계적인 활동에는 관심이 없음	사회적, 교육적 지도력과 대인관계 능력이 있으나 기계적이고 체계적인 능력은 부족함	• 사회복지사 • 간호사 • 교육자
진취형	• 지배적이고 통솔적임 • 외향적이며 낙관적임 • 열성적	조직의 목적과 경제적 이득을 얻기 위해 타인을 선도하고 통제하는 일과 위신과 인정을 얻는 일을 중시하지만 관찰적 · 체계적 활동에는 관심이 없음	적극적 · 사회적 언어능력이 있지만 과학적이고 체계적인 능력은 부족함	• 기업경영인 • 정치가 • 영업사원
관습형	• 정확하고 빈틈이 없음 • 조심하고 세밀함	정해진 원칙과 계획에 따라 자료들을 정리하고 조직하는 일을 좋아하지만 창의적이고 자율적이며 모험활동에는 혼란을 느낌	사무 · 계산의 정확성은 있으나 탐구 · 독창성은 부족함	• 회계사 • 은행원 • 법무사

자료원 : 김희수(2012), 자기이해와 직업탐색, 경기 : 한세대학교 출판부.

표 1-6 직업흥미에 따른 직업 유형

직업흥미 선택	직업흥미에 대한 설명
실재형	• 사물, 도구, 기계 및 동물들에 대한 명확하고 질서정연하며 체계적인 조작을 필요로 하는 활동들을 선호하고 교육적이거나 치료적 활동을 싫어하는 경향이 있음 • 이러한 행동경향성은 조작, 기계, 농경, 전기 및 기술적인 능력을 가지고 있지만 사회적 능력 및 교육적 능력에서는 결함을 보여주게 됨
탐구형	• 물리적, 생물학적 혹은 문화적 현상들에 대해 호기심을 가지고 관찰하는 것을 즐기고, 상징적이고 체계적이고 창조적인 활동을 요구하는 조사나 연구활동을 선호하지만 설득하거나 사회적으로 반복적인 활동을 혐오함 • 이러한 행동경향성은 과학적이고 수학적인 능력을 가지고 있지만 설득적 능력에서는 결함이 나타남
예술형	• 예술적 형태를 창조하는 신체적, 언어적 활동이나 자유스러우며 체계화되지 않은 활동들을 선호하지만 질서정연한 활동들을 싫어하는 경향이 있음 • 이러한 행동경향성은 예술적인 능력을 가지고 있지만 사무적인 능력의 결함을 보여줌

사회형	• 다른 사람들을 훈련시키고 발달시키고 치료해주기 위한 활동들을 선호하지만 자료나 도구 혹은 기계를 포함하는 명확하고 체계적인 활동을 싫어하는 경향이 있음 • 이러한 행동경향성은 사회적 · 교육적 능력에서의 능력을 가지고 있지만 조작, 기계, 농경, 전기 및 기술적인 능력들에서는 결함을 보여줌
진취형	• 조직적인 목표나 경제적인 이익을 얻기 위한 다른 사람과의 상호작용활동을 선호하지만 관찰적 · 상징적 · 체계적인 활동을 싫어하는 경향이 있음 • 이러한 행동경향성은 리더십, 대인관계능력 및 설득적인 능력을 가지고 있지만 과학적인 능력에서 결함을 보여줌
관습형	• 자료에 대한 명확하고, 질서정연하며 체계적인 조작을 필요로 하는 활동들을 선호하지만 모호하거나 자유스러우며 탐색적이고 체계적이지 않은 활동들을 싫어하는 경향이 있음 • 이러한 행동경향성은 사무적이고 계산적인 능력은 가지고 있지만 예술적인 능력에서는 결함을 보여줌

자료원 : 김희수(2012), 자기이해와 직업탐색, 경기 : 한세대학교 출판부.

제2절 창업의 기초

1. 창업의 개념 및 정의

창업에 대한 정의는 다양하게 사용되고 있는데 이는 창업이 학문으로 발전하게 된 것이 최근이기 때문이다. 홍성도(2001)는 창업이란 사업의 기초를 세우는 것으로 기업가능력을 가지고 있는 개인이나 집단이 아이디어를 갖고 사업목표를 세운 후 적절한 자본, 인원, 설비 및 원자재 등의 경영자원을 확보하여 재화를 생산하거나 서비스를 제공하는 것이라고 하였다. 박춘엽(2004)은 창업자가 이익을 얻기 위해 자본을 이용하여 재화나 서비스를 생산하는 조직이나 시스템을 설립하는 것이라고 하였다. 송은실(2011)은 내 · 외부 환경으로부터 얻은 아이디어에 인적 · 물적 자원을 투입하여 재화나 서비스를 생산하여 제공하는 것이라고 정의하였다.

베스퍼(Vesper, 1990)는 창업을 자원, 노동, 재료 및 자산을 결합하여 보다 가치 있는 조직으로 변화함으로써 더 많은 수익을 창출하는 것이라 하였다. 돌링거

(Dollinger, 2005)는 창업을 위험과 불확실성에서 성장과 이익을 추구하는 혁신적이고 경제적인 조직의 탄생이라고 정의하였다.

창업은 기업가정신의 구체적인 발현이고 실천으로 새로운 사업기회를 포착하여 이를 실현하는 것으로 전통적으로 창업기업은 모기업이 없이 새롭게 만들어진 기업을 의미한다. 기존기업의 자회사나 모기업이 있는 형태는 창업으로 보지 않는다.

슘페터(Schumpeter, 1934)는 기업가정신을 하나의 과정으로 보고 기업가는 창업과정에서 새로운 결합과 상업방법으로 기존시장과 차별화시키는 혁신가로서 기술하고 있다. 그래서 기업가정신을 새로운 방법으로 기존의 시장 균형을 깨고 낡은 방식을 파괴하는 '창조적 파괴'로 정의하였다. 슘페터의 정의에 따르면 기업가정신을 발휘할 수 있는 것은 혁신을 통해 시장에서 새로운 사업기회를 포착하는 행위, 즉 창업이라고 할 수 있다. 창업의 핵심은 혁신적인 활동에 있으며 통상적인 사업과정에서 이루어지는 신규사업은 창업과 구별된다.

기업가정신의 핵심은 혁신은 새로운 아이디어와 자원을 가지고 기존시장에 없는 제품이나 서비스를 만들어가는 과정을 의미하고, 창업은 기업가가 아이디어와 자원을 새로운 방법으로 결합 또는 분배함으로써 새로운 부를 창출하고 증식하는 기회를 제공하는 창조적 활동으로 정의할 수 있다.

클레이톤(Clayton, 1989)은 창업은 새로운 기업을 시작하는 사람들이 시장을 파악하고, 평가하며 기업을 설립하는 과정과 요구라고 하였고, 소기업 경영은 기존에 설립된 기업을 중점관리하여 운영하는 것으로 구분하였다. 창업가와 소기업 경영가를 유사한 개념으로 볼 수 있으나 추구하는 경향이 다르다고 하였다.

한편 국내에서 법률적으로 새로운 사업을 시작하는 것을 창업이라고 하며, 「중소기업창업지원법」(법률 제13453호, 2015.7.31., 타법개정, 시행 2016.8.1.)에서의 목적 및 정의는 다음과 같다.

제1장 총칙

제1조(목적) 이 법은 중소기업의 설립을 촉진하고 성장기반을 조성하여 중소기업의 건전한 발전을 통한 건실한 산업구조의 구축에 기여함을 목적으로 한다.

제2조(정의) 이 법에서 사용하는 용어의 뜻은 다음과 같다. 〈개정 2016. 1. 27.〉

1. "창업"이란 중소기업을 새로 설립하는 것을 말한다. 이 경우 창업의 범위는 대통령령으로 정한다.

   1의2. "재창업"이란 중소기업을 폐업하고 중소기업을 새로 설립하는 것을 말한다. 이 경우 재창업의 범위는 대통령령으로 정한다.

2. "창업자"란 중소기업을 창업하는 자와 중소기업을 창업하여 사업을 개시한 날부터 7년이 지나지 아니한 자를 말한다. 이 경우 사업 개시에 관한 세부 사항은 대통령령으로 정한다.

   2의2. "재창업자"란 중소기업을 재창업하는 자와 중소기업을 재창업하여 사업을 개시한 날부터 7년이 지나지 아니한 자를 말한다. 이 경우 사업 개시에 관한 세부 사항은 대통령령으로 정한다.

3. "중소기업"이란 「중소기업기본법」 제2조에 따른 중소기업을 말한다.
4. "중소기업창업투자회사"란 창업자에게 투자하는 것을 주된 업무로 하는 회사로서 제10조에 따라 등록한 회사를 말한다.
5. "중소기업창업투자조합"이란 창업자에게 투자하고 그 성과를 배분하는 것을 주된 목적으로 하는 조합으로서 제20조에 따라 등록한 조합을 말한다.
6. "중소기업상담회사"란 중소기업의 사업성 평가 등의 업무를 하는 회사로서 제31조에 따라 등록한 회사를 말한다.
7. "창업보육센터"란 창업의 성공가능성을 높이기 위하여 창업자에게 시설 · 장소를 제공하고 경영 · 기술 분야에 대하여 지원하는 것을 주된 목적으로 하는 사업장을 말한다.

제2조(정의) 이 법에서 사용하는 용어의 뜻은 다음과 같다.
〈개정 2016. 1. 27., 2016. 5. 29.〉

1. "창업"이란 중소기업을 새로 설립하는 것을 말한다. 이 경우 창업의 범위는 대통령령으로 정한다.

   1의2. "재창업"이란 중소기업을 폐업하고 중소기업을 새로 설립하는 것을 말한다. 이 경우 재창업의 범위는 대통령령으로 정한다.

2. "창업자"란 중소기업을 창업하는 자와 중소기업을 창업하여 사업을 개시한 날부터 7년이 지나지 아니한 자를 말한다. 이 경우 사업 개시에 관한 세부 사항은 대통령령으로 정한다.

   2의2. "재창업자"란 중소기업을 재창업하는 자와 중소기업을 재창업하여 사업을 개시한 날부터 7년이 지나지 아니한 자를 말한다. 이 경우 사업 개시에 관한 세부 사항은 대통령령으로 정한다.

   2의3. "초기창업자"란 창업자 중에서 중소기업을 창업하여 사업을 개시한 날부터 3년이 지나지 아니한 자를 말한다.

3. "중소기업"이란 「중소기업기본법」 제2조에 따른 중소기업을 말한다.

> 4. "중소기업창업투자회사"란 창업자에게 투자하는 것을 주된 업무로 하는 회사로서 제10조에 따라 등록한 회사를 말한다.
> 4의2. "창업기획자"(액셀러레이터)란 초기창업자 등의 선발 및 투자, 전문보육을 주된 업무로 하는 자로서 제19조의2에 따라 등록한 자(이하 "액셀러레이터"라 한다)를 말한다.
> 5. "중소기업창업투자조합"이란 창업자에게 투자하고 그 성과를 배분하는 것을 주된 목적으로 하는 조합으로서 제20조에 따라 등록한 조합을 말한다.
> 6. "중소기업상담회사"란 중소기업의 사업성 평가 등의 업무를 하는 회사로서 제31조에 따라 등록한 회사를 말한다.
> 7. "창업보육센터"란 창업의 성공가능성을 높이기 위하여 창업자에게 시설 · 장소를 제공하고 경영 · 기술 분야에 대하여 지원하는 것을 주된 목적으로 하는 사업장을 말한다.
>
> [시행일 : 2016. 11. 30.]

원시적으로 사업의 개념은 기존사업의 변경이 아닌 법인 또는 개인사업자가 새로운 사업을 창출하여 개시하는 것을 말한다. 또한 「중소기업기본법」 상 중소기업이란 상시근로자 및 자산규모가 중소기업기본법에서 정한 범위 내이며, 실질적인 독립성이 있는 기업의 범위를 창업으로 정하고 있다.

따라서 타인으로부터 사업을 승계하여 승계 전의 사업과 동종의 사업을 계속하는 경우, 개인사업자인 중소기업자가 법으로 전환하거나 법인의 조직변경 등 기업 형태를 변경하여 변경 전의 사업과 동종의 사업을 계속하는 경우 등은 창업의 법률적 범위에 들지 않는다고 볼 수 있다. 다만 이 경우에도 사업을 영위하던 자와 사업을 개시하는 자 간에 사업분리에 관한 계약을 체결하거나 사업을 개시하는 자가 새로이 설립되는 기업의 대표자로서 당해 기업의 최대주주 또는 최대출자가가 되는 경우는 분사에 해당되어 창업의 범주에 포함된다.

2. 창업의 유형

피셔와 니캄프(Fishcer & Nijkamp, 1988)는 신규사업의 시작을 독립적인 창업인지 아니면 모기업으로부터 분리되어 나온 형태인지와 기업의 형성이 독창적인지 아니면 파생적인지를 기준으로 크게 4가지 유형으로 구분하였다. 이러한 기준에 따라

2×2 매트릭스를 만들면 [그림 1-1]과 같다.

첫 번째 유형인 독립적 독창기업은 공식 및 비공식 경제부분에 있어 독립적인 기업가의 창의적 노력에 의해 새롭게 형성된 기업을 의미한다. 이 유형은 종업원이 기업을 소유하고 있는 협동기업 형태도 창업으로 포함하였다.

두 번째 유형인 독립적 파생기업은 기업의 운영은 독립적이긴 하지만 타 회사의 상표, 기술 및 판매권을 이용하여 기존업체와 기능적인 관계를 유지하는 형태이다. 이러한 유형은 상표권계약이나 기업인수 등이 포함된다. 그리고 이 유형은 대기업이 기업 내 관리층으로 하여금 최적의 조건으로 회사의 업무 일부를 계약으로 맡기는 기업창설도 포함된다. 이러한 경우에는 퇴직자가 창설한 회사는 법적으로 독립적이지만 타 기업을 위해서 영업활동을 할 수 있다.

그림 1-1 **창업의 4가지 유형**

	독립적	의존적
독창적	독립적 기업인의 주도에 의한 새로운 설립	기존회사의 분공장 설치
파생적	상표사용권 연계망 형성 기업 인수	기업조직 분할 관리권 매입

아이다로트(Aydalot, 1988)는 프랑스 지역 사례조사를 바탕으로 환경변화에 적응하는 대기업의 변화과정을 8가지 유형으로 제시하였다.

첫째, 생산 및 인력관리 등에 유연성을 높이기 위해 자회사를 설립하는 창업유형으로 대기업은 재정 및 경영적 위험부담에도 불구하고 중소규모의 자회사 창업을 증가시킨다.

둘째, 소기업은 기술개발 투자를 지속하는 것이 어려워 운영과정상 대기업이 재정부담을 하는 과정에서 자회사로 전략하는 기술혁신적 소기업의 자회사 전환에 따른 창업유형이 있다.

셋째, 합작회사의 설립에 의한 창업은 두 번째 유형과 유사한 것으로 대기업과 합작 형태를 취하지만 보다 독립적으로 움직일 수 있는 형태이다.

넷째, 하청업체에 의한 창업유형으로 전통적인 생산하청이나 연구 및 개발지식의 교환과 같은 새로운 정보와 기술을 연계하여 대기업에 의해 통제되는 생산연계망 통합이다.

다섯째, 벤처자본에 의한 창업으로 대기업이 지배하는 벤처자본이 있고, 지역의 경제발전을 위해 설립되어 지방의 중소기업 지원 역할을 하는 중소단위 벤처자본이 있다.

여섯째, 연구의 상호조정에 의한 연계창업유형으로 대기업의 경우 일반적으로 자신의 실험실 및 연구시설을 중소업체에 공개하거나 대학 등 연구기관과 협력체제로 운영하고 있다.

일곱째, 지역협회활동을 통한 창업 또는 중소기업지원에 의한 창업유형으로 대기업은 지방 소기업에 기술적 노하우나 정보 및 재정적 지원을 제공하는 데 적극적인 역할을 수행하고 있다. 따라서 이를 통해서 지역 내의 기술 및 상품개발의 변화를 포착하고, 이를 위하여 전환회사를 이용하는 경우가 많다.

여덟째, 대기업으로부터 파생된 창업유형으로 대기업 근무경력의 기술자나 과학자 등이 설립하는 기업이 증가하고 있다. 대부분의 대기업에서는 이 같은 파생창업을 기술적 협력 및 재정참여의 기회로 생각하고 있다.

3. 창업의도

1) 창업의도의 개념

창업은 하나의 조직을 창조하는 과정으로 개인의 창업의사 결정과 행동이 있기 위해서는 창업에 대한 긍정적인 태도가 필요하며, 개인의 창업의도에 대한 이해는 창업과 관련된 전반적인 현상을 이해하는 데 필수적인 요소라고 할 수 있다.

창업이 활성화되기 위해서는 우선적으로 잠재적 창업가와 예비창업자들이 창업 여부를 결정해서 실천해야 하며, 실제 창업이 일어나려면 창업에 대한 긍정적인 태도와 인식이 필요하다. 과정적인 측면에서 창업은 시간이 지남에 따라 일어나는 일련의 과정이기 때문에 창업의도를 기업을 설립하기 위한 첫 번째 단계로 본다. 창업의도는 새로운 조직을 설립하기 위한 기초를 형성하기 때문에 창업과정을 이해하기 위해서 가장 핵심적인 개념으로 창업에 대한 의도적 태도를 의미하며, 태도와 경험을 창업이라는 행동으로 이끄는 역할을 한다고 할 수 있다.

창업의도와 관련해서 아이젠(Ajzen, 1991)의 TPB(Theory of Planned Behavior, 계획행동이론) 모델이 많은 연구의 이론적 배경을 제공하였으며, 이 모델은 현재까지 사회심리학연구에서 행동의도를 설명하는 데 보편적으로 사용되고 있다.

아이젠이 제시한 TPB 모델에 의하면 행동의도에 영향을 주는 인지적 변수들이 동기부여의 선행변수라고 명명하였다. 제한된 시간, 과업의 어려움, 사회적 압력 등과 같은 영향들을 창업의도를 높이고 창업가의 의도에 영향을 미치는 선행변수라고 하였다. TPB 모델은 행위 자체를 행동과 주관적 규범으로 설명하였던 TRA(Theory of Reasoned Action, 합리적 행동이론)에 '행동에 대한 지각된 통제력'이라는 제3의 변수를 추가하여 태도와 행동의 관계를 더욱 정교하게 예측하고자 하였으며, 행동을 예측하는 행동의도는 행동에 대한 태도, 규범, 자기통제 그리고 주관적 지각을 의미하는 것으로 나타냈다. 행동의도는 계획된 행동을 예측할 수 있어 개인의 행동은 개인의 의도에 의해 결정되므로 행동의도는 행동을 이해하는 데 필요한 가장 정확한 예측변수다. 이와 같이 창업은 창업행동의 실행 여부를 정확하게 예측하고 설명해주는 창업의도 개념을 통해 논하는 것이 더욱 설득력이 높다.

창업은 계획적이고 의도적인 행동과 경험을 바탕으로 시간의 흐름에 따라 이루어지므로 진행되는 일련의 과정으로 창업을 이해해야 한다. 크루거 등(Krueger et. al., 2000)은 창업의도를 기업의 설립 여부를 결정짓는 중요한 요소로 규정하고, 창업의도를 기본으로 한 사전 조직화 현상을 매우 중요한 것으로 주장하였다. 또한 창업의도를 파악하기 위해서 개인의 특징적인 요소나 인구통계학적 특징에 대한 이해와 행동에 대한 의도를 관찰함으로써 창업이 계획된 행동에 의해 발생된다고 하였다.

2) 창업의지

창업에 대한 의지를 결정하는 요인이 무엇인지에 대해서는 매우 다양하게 논의되고 있는데, 이는 한 개인이 창업에 대한 의지를 갖고 실행하는 데 있어 설명이 필요한 변수가 매우 다양하기 때문이다.

창업의지와 관련된 다양한 변수들을 살펴보면, 페리리아 등(Ferreira et. al., 2012)에 의하면 통제에 대한 내적 요인, 위험인식 또는 위험감수성, 자기신뢰, 성취욕구, 불확실성에 대한 인정, 혁신성 등을 창업의지를 결정짓는 요인으로 제시하였다. 또한 크루거(Krueger, 2000)는 업무에 대한 통제와 불확실성에 대한 인식 정도에 따라 창업의지가 달라진다고 하였으며, 다른 연구에서는 성취욕구의 정도, 업무통제에 대한 인식, 불확실성에 대한 수용 정도, 위험요소 인식 등이 창업의지에 영향을 미치는 요인이라고 하였다.

국내에서는 창업의지를 개인의 특성과 경험, 창업에 대한 태도, 창업능력 및 사회적 평가 등이 창업의지에 영향을 미치는 결정요인으로 제시하였다. 유연호(2008)는 경력지향성과 사회문화적 요인을 창업의지에 영향을 주는 요인으로 제시하면서 경력지향성에는 안전지향성, 자율지향성, 기술지향성, 관리지향성, 사업지향성의 하위 변수가 있고, 사회문화적 요인으로는 사회적 위상과 사업가치관, 기업이미지와 네트워크 환경, 대학의 창업문화를 하위 변수로 제시하였다.

이와 같은 견해를 보면 창업의지에 영향을 주는 요인은 창업에 대한 인식 정도, 경력지향성, 사회환경적 특성이 주요 요인임을 알 수 있다. 즉 성취욕구, 자기효능감, 위험감수성, 혁신성, 개인역량 등과 같은 개인적 특성이 있고, 안전지향, 자율지향, 기술지향, 관리지향, 사업지향과 같은 경력지향성이 포함되는 것을 알 수 있다. 그리고 창업과 관련된 멘토와 네트워크, 창업에 대한 사회적 인식과 창업정책 또한 주요 요인이다.

(1) 개인적 특성

① 성취 욕구

성취 욕구가 강한 사람은 목표설정을 중요하게 생각하고 항상 도전적인 자세를 갖고 있다. 성취 욕구는 자신의 일에 몰두하는 성향으로 설정된 목표를 달성하고자 하는 욕구를 의미한다.

② 자기효능감

자기효능감은 어떤 상황이나 문제가 발생하여도 그 일을 잘 해결할 수 있다고 믿는 정도로 자신의 능력에 대한 확실성을 의미한다. 이러한 관점에서 볼 때 창업에서의 자기효능감은 창업활동을 성공적으로 할 수 있다는 믿음으로 이야기할 수 있다.

③ 위험감수성

위험감수성은 어떤 위험이 온다고 해도 설정한 목표를 달성하겠다는 것으로 불확실성에 대한 포용과 도전정신이라 할 수 있다. 또한 위험부담은 있으나 그에 상응하는 보상이 있을 것이라는 기대감으로 새로운 것을 창조하는 과정으로 창업에서는 사업기회를 획득하고 제한된 자원을 가지고 사업을 하려는 행동으로 정의할 수 있다.

④ 혁신성

혁신성이란 사회조직 내에서 타인보다 비교적 빨리 변화를 수용하는 정도를 의미하는 것으로 오랫동안 지속된 관습이나 인습을 버리고 새로운 변화를 추구하려는 경향을 말한다.

⑤ 개인역량

개인역량은 개인이 보유하고 있는 특징, 경력, 성향 등을 종합적으로 의미하는 것으로 창업에서는 일반적인 경력사항뿐만 아니라 성취욕구, 자기효능감, 위험감수성 및 혁신성과 같이 개인의 심리적인 부분도 포함한다.

(2) 경력지향성

① 안전지향성

안전지향성은 조직이나 집단에 안주하려는 속성으로 자신의 능력을 인정받지 못하거나 자유가 침해되더라도 현재의 조직이나 집단을 떠나지 않으려는 성향을 말한다. 이러한 성향을 가진 경우에는 일정 수준의 위험성이 있는 창업에 대해 적극적이지 못하고, 비교적 안정적인 공직이나 일반기업에 종사하려는 경향이 강하다.

② 자율지향성

일반적인 자율성은 스스로 설정한 원칙에 따라 일을 진행하거나 자기를 통제하는 기질이나 성격 등을 말하는 것으로 자율지향성은 항상 자기가 원하는 인생을 살고자 하는 욕구를 의미한다. 자율지향성이 강한 사람은 비교적 창업에 대한 의지가 높아 창업을 하면 조직의 목표나 규칙에 순응하지 않고, 자신이 설정한 목표를 달성하기 위한 주도적인 활동을 하며 자신의 역량을 발휘하고자 한다.

③ 기술지향성

기술지향성은 제품의 혁신과 창조를 강조하는 것으로 새롭고 독창적인 기술을 보유하고 있어 이러한 능력을 가진 사람은 창업을 통해 그 능력을 발휘하고자 한다. 기술지향성을 추구하는 사람은 창업의 성패가 신기술 개발에 의해 좌우된다고 인식하고 자신만의 기술을 활용하여 큰 이윤을 창출하려는 성향이 강하다.

④ 관리지향성

관리지향성은 특정 조직에서 권한과 영향력을 발휘하는 것을 선호하는 성향으로 조직에서 관리자 역할을 하고, 자신의 능력과 노력을 통해 조직이 추구하는 목표를 달성하고자 한다. 관리지향성이 높은 사람은 기업 내에서 본인의 능력에 대한 보상을 기대할 수 없을 때에는 스스로 창업을 통하여 관리적 역량을 발휘함과 동시에 목표를 달성하여 성과를 도출하려는 의지를 갖기도 한다.

⑤ 사업지향성

사업지향성은 참여하고 싶은 분야에 호기심과 관심을 가지고 이와 관련된 다양한 경험과 전문지식을 습득하고자 노력하는 것으로 항상 새로운 것을 추구하고 창조하려는 욕구가 강해 이를 구체화시키려고 노력하는 사람들이다. 이러한 사업지향성은 창업에서도 중요한 요인으로 창업을 실행하고 성공적으로 진행하기 위해서 기존의 제도 등을 개선하여 긍정적인 변화를 만들기 위해 항상 새로운 것을 추구하고 실현하기 위한 적극적인 의지가 있다.

Part

02 기업가정신

Chapter

02

기업가정신과 창업

제1절 기업가 및 창업자

1. 기업가

1) 기업가의 개념

기업가(entrepreneur)는 사업에 자본을 공급하는 사람이 아니라 기업가정신을 가지고 사업을 조직하고 운영하며, 이익을 위해서 위험을 감수하는 사람을 말한다. 슘페터(Shumpeter)는 기업가를 창조적인 파괴(creative destruction)를 통하여 새로운 제품의 발명, 새로운 생산방법의 도입, 새로운 시장의 개척, 새로운 원재료나 공급처 개발, 새로운 산업에 맞는 조직의 재구성 등 새로운 결합을 창출하는 사람이라고 얘기했다.

또한 드러커(Drucker)는 기업가란 그들이 공급하는 제품은 반드시 수요를 창출한다고 자신하는 사람들로서 경제성장을 위해서는 소비자보다 훨씬 더 중요한 역할을 하는 사람들이라고 얘기했다.

2) 기업가와 경영자의 특성 비교

대다수의 연구자들이 기업가와 경영자는 엄연한 차이가 있다는 것을 인정하고 있

표 2-1 기업가와 경영자의 특성 비교

비교의 준거	기업가	경영자
전략의 출발점	기회를 인식함(외부시장지향)	통제하의 자원(내부자원지향)
기회포착	현실적이고 단기간	점진적이고 장기간
자원확보	많은 단계를 밟지만 각 단계가 잘 드러나지 않음	위임된 권한구조하에 체계적 의사결정으로 이루어짐
자원관리	획일적 활용, 기존자원을 최적 활용	한정된 기존자원을 활용
경영구조	다양한 비공식 네트워크를 가진 평면조직	계층조직(관료조직)
특징(가치창출)	무(無)에서 유(有)를 창출	작은 유(有)에서 큰 유(有)를 창조
책임	최종책임(재산권에 대한 책임)	경영책임(경영권에 대한 책임)

자료원 : 최종열 · 정해주(2013), 벤처창업과 기업가정신, p. 81.

으며, 기업가와 경영자의 비교는 여러 관점에서 이루어져 왔다.

3) 기업가의 유형

(1) 혁신적 기업가

혁신적인 기업가(innovative entrepreneur)는 공격적인 정보의 결합과 제품요소의 신기한 결합이 특징이고, 새로운 사업을 시작하는 창조적이고 혁신적인 아이디어를 갖고 있는 기업가이다. 혁신적인 기업가는 신기술, 신제품이나 신시장을 도입하기 위한 기회를 찾아내고, 기업을 운영할 자금을 조달하며, 다양한 요소를 결합한다. 또한 최고경영자를 선택하고, 결과적으로 새로운 것을 창조한다.

(2) 모방기업가

모방기업가(imitative entrepreneur)는 기존의 기업가를 모방하고 동일한 방법으로 회사를 설립하며, 혁신 대신 다른 사람이 혁신한 기술과 방법을 채택한다. 이러한 기업가 유형은 선진국이나 선발기업에서 이미 사용하고 있는 제조기술의 새로운 결합을 모방한다.

(3) 신중한 기업가

신중한 기업가(fabian entrepreneur)는 기업에서의 변화를 실험할 때 조심성과 많은 회의가 특징이고, 모방하지 않을 경우 기업의 상대적 손실이 예상된다고 명확하게 인식할 때만 모방을 한다.

(4) 단조로운 기업가

단조로운 기업가(drone entrepreneur)는 미래 전망에서 보수적이거나 전통적이며, 심지어 기술이 변화하더라도 제조의 구식기술을 편하게 느낀다. 또 수익을 희생하더라도 결코 전통적인 사업, 오랜기간 사용해 왔던 기계와 회사의 전통적인 시스템을 칠수하지 않는다.

2. 창업자

1) 창업자의 유형

창업자는 크게 기술창업자, 일반(기회)창업자, 사내창업자로 구분할 수 있다.

(1) 기술창업자

기술창업자(artisan/technical entrepreneur)는 기술적 경험과 아이디어를 중심으로 사업을 시작하는 창업자로, 위험을 회피하고 다양한 투자자와 파트너를 선호하지 않는다. 고성장사업을 경험하지 못하고 변화를 수용하지 않으려는 성향을 가지고 있다.

기술창업자에 의한 창업은 가부장적인 방식으로 사업을 시도하려는 숙련된 기술자중심의 창업이며, 기회창업과는 대조적으로 더 전문적인 방식으로 사업을 시도하고 비기술적 문제에 대해서는 특정 교육을 통해서 보완하려는 경향이 있다.

(2) 일반창업자

일반(기회)창업자(general/opportunistic entrepreneur)는 기술중심의 창업보다는 사업의 관리능력 위주의 창업자를 말하며, 폭넓은 경험과 고학력의 특성을 가지고 있다. 또한 미래지향적이고 관리적, 도전적인 성향으로 환경에 대한 적응능력에 자신감이 있으며, 변화를 기꺼이 수용한다. 이와 함께 조직은 급속히 성장할 뿐만 아니라 다양하고 혁신적인 전략을 추구하고 외부자금조달에 적극적이다.

일반창업자들은 재무적 이득과 성공적인 조직을 구축하기 위한 기회에 의해 동기유발된다는 특징을 가진다.

(3) 사내창업자

사내창업자(intrapreneur)는 조직 내의 실험실, 컴퓨터, 기자재 등 확보된 제반자원을 활용하여 조직 내에서 혁신을 창출하는 자를 말하며, 기업조직 내에서 아이디어를 수익성 있는 사업으로 구체화하는 데 실천적 역할을 수행함으로써 기업의 성장을 주도하는 사람을 말한다.

2) 창업자의 기업가정신

창업자가 갖추어야 할 기업가정신은 다음과 같다.

- 기회에 초점을 준 전략적 성향(현상유지보다는 기회인식 중시)
- 포착한 기회의 과감한 추구(신속하고 과감한 행동)
- 적정한 자원의 확보(필요한 시기에 필요한 양)
- 다양한 자원의 관리(소유, 임차 등의 활용)
- 수평적 관리(상하보다는 수평, 네트워크)
- 가치창조의 보상체계(가치창조 기여, 팀워크 중시)

3) 성공한 창업자의 특성

창업자의 자질이나 능력은 창업의 성패에 중요한 요인이 된다.

(1) 기회포착 및 목표지향적인 성향

좋은 기회를 포착해내는 뛰어난 사업감각은 창업자에게 성공의 핵심요소이다. 달성가능한 사업목표를 설정하여 추진하는 기회지향적인 성향을 가진다.

(2) 책임의식과 적극성

사업의 결과에 대한 책임감과 사업의 전반적인 문제를 주도적으로 해결하기 위한 적극성을 가진다.

(3) 신속한 의사결정

사업의 전반적인 문제해결을 위한 신속한 의사결정과 장기적인 문제와 단기적인 문제를 구분하여 실천하는 성향을 가진다.

(4) 강한 성취 욕구와 자기관리

권력 욕구보다는 성취 욕구에 의해서 행동하며 정직과 신뢰를 바탕으로 한 장기적인 관점에서의 인간관계에 의한 자기관리를 한다.

(5) 독립심

성공한 창업자는 사업목표를 달성하기 위한 집념이 강하고 다른 사람에게 종속 · 고용되고 싶지 않은 성향이 강하다.

(6) 자기개발

성공한 창업자는 자기자신에게 요구되는 능력과 자질을 충분히 인식하고, 스스로 능력을 개발하며 피드백을 효과적으로 활용하는 학습능력이 뛰어나다.

제2절 기업가정신

1. 기업가정신의 개념

기업가정신(entrepreneurship)에 대한 연구는 많은 학자들에 의해 이루어져 왔다. 그들이 말한 기업가정신의 정의는 다음과 같다.

- 기업가가 환경변화에 창조적으로 적응하기 위한 행동양식, 혁신적인 활동을 가능하게 하는 재능이나 능력(Schumpeter)
- 기업을 설립하거나 혁신 또는 위험을 감수하는 정도(Stevenson)
- 기업이 새로운 무언가를 창출하기 위해 이를 탐색하고 혁신적으로 행동하는 것(Baron & Shane)
- 알려지지 않은 수단을 탐색하여 자기자신이 느끼는 불편함을 제거하려는 미래지향적 행동(Mises)
- 기업활동에 수반되는 재무적 · 심적 · 사회적인 위험을 가정하고 결과적으로 얻

을 수 있는 금전적인 보상과 개인적인 만족을 가정하면서 필요한 시간과 노력을 바치면서 가치 있는 무엇을 창조하는 과정(Quinn)

- 조직의 경쟁력(competitiveness)과 조직성과(performance)를 위해 좋은 방법을 끌어내는 것(Goodman)
- 경영의 기본이념이나 기술을 새로운 문제, 새로운 기회에 유효 적절하게 구사하는 예술(Drucker)
- 사업기회의 인지, 위험부담의 적절한 관리, 적절한 자원동원의 기준을 바탕으로 가치를 창출하려는 시도(Kao)
- 위험과 불확실성의 조건하에서 수익과 성장을 목적으로 하는 혁신적 경제조직의 창출(Dollinger)
- 사실상 무(無)로부터 비전을 창출하는 능력(Timmons)
- 위험부담과 그에 상응하는 보상을 전제로 한 가치창조의 과정(Hisrich & Brush)
- 자원의 현실적 제약을 무릅쓰고 포착한 기회를 사업화하려는 행위 또는 과정(이장우)
- 현실적으로 자원의 제약과 리스크의 존재에도 불구하고 모험정신을 발휘하여 창업, 성장, 신사업, 신시장을 일구어 고도화를 꾀하는 기업가의 의지(윤석철)

2. 기업가정신의 구성요소

1) 혁신

혁신(innovation)은 기업가의 궁극적 과업으로 새로운 아이디어를 찾고 활용하며 자원의 새로운 조합을 시도하고, 반복되는 순환활동에서 벗어나도록 경제를 이끄는 것이며, 자본주의 경제성장을 일으키는 필수불가결한 추진동력을 제공한다. 또한 새로운 조직 또는 기술에 의해 무엇인가 새로운 것으로 특징화하는 것을 말한다.

혁신은 슘페터가 처음으로 도입한 개념으로, '상례적(常例的)인 활동에서 벗어나서 모든 물적 요소와 모든 힘을 새로이 결합하는 것', 즉 '신결합'이라 보고 이것이 경제발전의 원동력이 된다고 했다(Schumpeter).

2) 위험감수

위험감수(risk-taking)는 불확실성이 존재하는 사업이 의사결정에 있어서 위험에도 불구하고 기회를 포착하기 위해 위험을 위험으로 보지 않고 높은 불확실성 속에서도 자원을 투입하여 기회를 잡는 능력을 말한다.

3) 진취성

진취성(proactiveness)은 변화의 인식과 자발적인 경쟁에 대한 통찰력을 제공한다. 기업의 환경변화의 창출과 미래 수요의 예상활동 및 경쟁에서 새로운 제품과 서비스를 도입하여 진취적, 적극적으로 경쟁자를 제압하는 자발적인 기업가적 자세를 말한다. 또한 개인 또는 조직 전체가 새로운 기회를 포착하기 위해 기울이는 노력으로 경쟁자들보다 먼저 시장변화에 참여하는 적극적인 행동이다.

진취성에 대해 학자들은 경쟁자들보다 한발 앞서 시장변화에 참여하는 적극적 행동(김종관, 1994), 적극적으로 새로운 시장수요에 부응하려는 경영활동(이춘우, 1999)이라고 정의했다.

4) 기회

기회(opportunity)는 기업가정신의 출발점으로 폭넓은 환경조건을 판단하고 창업을 결정하거나 생산 및 시장조직화의 과정에서 실수 및 실패를 수정하는 비즈니스 기회의 인식을 말한다.

5) 실천

실천(activity)은 새로운 무엇을 창출하기 위해 이를 탐색하고 행동으로 옮기는 것을 말한다. 기업가정신의 실천은 개인 차원뿐만 아니라 전체 조직 차원에서 나타날 수 있으므로 학교, 병원, 공공기관에 이르기까지 확장된다.

3. 기업가정신의 핵심적 요소

기업가정신의 핵심요소는 다음과 같다.

- 새로운 것(newness) 추구 = 개척자(파이오니어, pioneer)
- 사람들이 필요로 하는 니즈에 부합하는 시장기회(market opportunity) 포착
- 선도적(pro−activeness)
- 혁신(innovativeness), 혁명적 변화 추구
- 위험감수(risk taking)와 도전정신
- 현재 상태의 제약 극복(역경 극복) : 무에서 유를 창조
- 자신이 믿고 꿈꾸는 세상의 실현(독립심)
- 가치창출(경제적, 사회적, 심리적, 기술적) : 많은 사람들에게 혜택과 도움을 줌

4. 기업가정신의 중요성

1) 성공창업의 열쇠

기업가정신이 우수한 기업가의 창업성공 확률이 높은 것으로 인식되고 있어, 성공창업을 위해서는 창업가의 기업가정신이 가장 중요한 핵심요인이다.

2) 사회변화의 핵심원동력

글로벌 기업가정신 모니터(Global Entrepreneurship Monitor : GEM)의 조사에 의하면 기업가정신이 충만한 사회, 즉 Entrepreneurial Society가 될 때, 개인의 창업활동이 활발해지고 새로운 일자리가 창출되는 것을 보여주었다.

피터 드러커는 기업가정신이 경제 분야뿐만 아니라, 전 분야로 확산되는 '기업가적 사회(Entrepreneurial Society)의 도래를 예고했다.

기업가적 사회는 사회 전반적으로 도전정신이 충만하여 실패에 대한 두려움이 낮은 사회, 창업에 대한 의도가 높고, 기회를 포착하고, 필요한 창업 스킬이 높은 사회, 기업가를 존경하며 기업가가 되고자 하는 인식이 높은 사회를 의미한다.

3) 경제활성화와 일자리 창출의 원동력

기업가정신은 국가경제발전과 일자리 창출의 원동력으로 인식되고 있으며, 혁신 중소기업은 국가경제를 살리고 지속적인 일자리와 발전을 창출하는 주체라 할 수 있다.

5. 기업가정신 연구의 접근방법

1) 경제학적 접근

기업가정신 연구에서 경제학적 접근(economic approach) 관점은 기업가의 행동이 경제에 미치는 영향을 다루며, 기업가정신의 발휘가 시장균형의 파괴를 통한 경제 수준의 향상이 아니라, 기업가의 업무가 균형을 유지시킨다는 관점을 말한다.

슘페터는 창조적 파괴활동이 기업가정신의 발현이고 이러한 파괴를 통해 새로운 부의 창조를 이룬다고 말했다.

기업가정신은 노화된 사회경제의 갱신을 촉진하는 산업구조조정의 방안이며 사회경제의 새로운 성장력을 제고시켜주는 핵심요인으로 주목받고 있다.

2) 사회문화적 접근

사회문화적 접근(socio/cultural approach)은 기업가정신을 사회문화적 상황과

그림 2-1 기업가적 행동의 사회적 영향요소

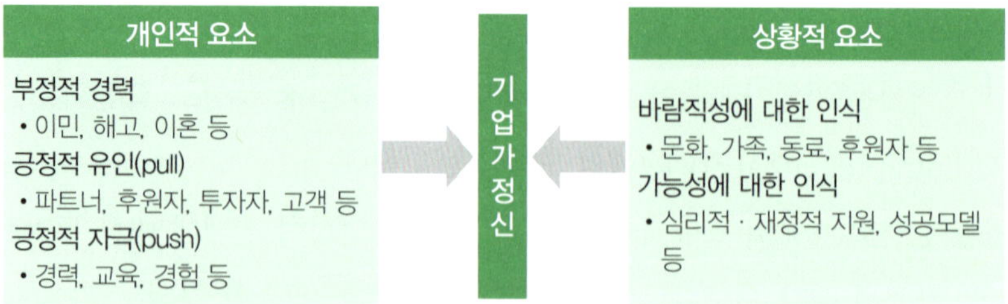

자료원 : 최종열 · 정해주(2013), 벤처창업과 기업가정신, p. 85.

연결시키고자 하는 방법으로, 기업가를 배출하는 문화적 특질을 파악하고자 하므로, 문화를 '기업가적 행동'의 결정요소로 본다. 즉 사회문화적 요소가 기업가정신의 특징을 부여하는 결정적 요인이라고 보는 관점이다.

3) 네트워크적 접근

네트워크적 접근(network approach)은 '기업가적 과정'이 '연속적인 사회관계'라는 네트워크 속에 포함되어, 이것이 기업가, 자원 그리고 기회 사이의 연계를 활성화시키기도 하고 제약시키기도 하는 것으로 보는 관점이다.

4) 개인특성적 접근

기업가의 개인적 특성은 '인구통계학적 요소'와 '심리적 요소'를 의미하며, 이 개인특성적 접근(trait approach)방법은 기업가는 누구인가에 대한 답을 찾는 것으로, 여기서 기업가는 특정한 개성적 유형, 고정된 존재의 상태 또는 그 형상이 표현가능한 사람으로 가정하고 있다.

5) 행위적 접근

행위적 접근(behavioral approach)은 기업가는 무엇을 하는 사람인가에 대한 답을 찾고자 하는 연구방법으로, 조직의 창조를 상황적 사건과 많은 영향요소의 산물로 본다. 행위적 접근방법에 따르는 기업가정신의 연구들은 분석의 수준을 조직으로 보고, 개인은 조직의 존재를 유지하기 위한 행위자로 본다.

개인이 가지고 있는 기업가정신이 반드시 조직의 그것과 일치하는 것은 아니며, 개인의 행위는 조직을 통해 성과로 나타나므로 조직 수준에서 평가될 때 기업가정신과 성과 간의 관계가 보다 명확해진다는 관점이다.

6) 조직이론적 접근

조직이론적 접근(managerial approach)은 경영학적 접근방법을 의미하며, 기업가정신을 개인적 현상에 국한하지 않고 조직 내부의 일반구성원들이나 조직의 하부부서 또는 조직전체 수준의 경영활동 및 성과를 포함하는 조직현상으로 접근하는 관점이다.

조직이론적 접근방법은 조직이론 및 경영학 관련 학문적 배경 및 연구와 기업들이 모두 활용하고 있으며, 새로운 벤처의 형성, 벤처 경영, 벤처캐피털, 혁신, 기술, 공공정책 등의 분야에까지 활용범위를 넓히고 있다.

6. 기업가정신의 본질에 대한 관점

기업가정신의 본질은 연구하는 학자별로 수많은 견해가 있지만, 가장 널리 알려진 관점은 다음의 7가지로 요약할 수 있다.

| 표 2-2 | 기업가정신의 본질에 대한 7가지 관점

구분	관점에 관한 내용
부의 창조	기업가정신은 이익을 추가하기 위해 위험을 감수하여 교환을 실시하고 생산의 간편화를 실시하는 것이다.
기업의 창조	기업가정신은 아무것도 없는 곳에 새로운 벤처기업을 설립한다.
혁신의 창조	기업가정신은 기존의 방법이나 쓸모없는 제품을 보다 가치 있는 것으로 만들기 위해 보유자원을 활용하여 새로운 것을 창조한다.
변화의 창조	기업가정신은 환경에 적응하여 변화를 추구하고 환경변화에 다양한 기회를 포착하여 기술적 변화를 모색한다.
고용창출	기업가정신은 인력의 채용을 통한 고용창출 등 생산요소 개발에 관심을 갖는다.
가치창조	기업가정신은 미개발된 제품의 생산을 통하여 고객을 위한 가치를 창조한다.
성장의 창조	기업가정신은 판매를 통해 그리고 자산의 활용을 통해 고용을 창출하고 성장을 추구한다.

자료원 : Michael H. Morris(2008), *Corporate Entrepreneurship & Innovation*, p. 9.

7. 기업가정신의 유형

기업가정신을 독립적 기업가정신(independent entrepreneurship), 사내 기업가정신(corporate entrepreneurship), 대학 · 공공 기업가정신(university/public entrepreneurship)의 세 가지 유형으로 살펴본다.

그림 2-2 기업가정신의 유형

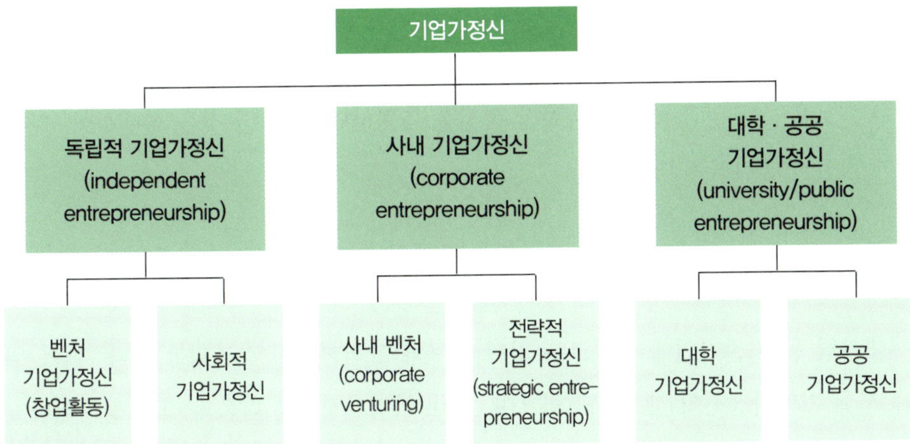

1) 독립적 기업가정신

(1) 벤처 기업가정신

벤처 기업가정신(venture entrepreneurship)은 다음과 같이 정의된다.

- 가능성으로서의 꿈과 비전을 현실에서 구현하려 하고, 시장상황에서나 경제사회 일반에서 전혀 없는 아이디어나 기술을 기반으로 새로운 제품이나 사업영역을 창조하려고 하는 사회혁신가(임현진 · 서이종, 2002)
- 벤처 기업가는 모험을 지향하기 때문에 기업활동의 기존관행이나 질서에 안주하지 않고, 기업조직 내부의 역량이나 이해에 매몰되지 않고 새로운 비전과 가능성을 추구(임현진 · 서이종, 2002)

(2) 사회적 기업가정신

사회적 기업가정신(social entrepreneurship)은 사회적 문제해결을 통해 경제적 가치와 사회적 가치를 동시에 창출하는 것으로 다음과 같이 정의된다.

- 사회적 가치를 창출하기 위한 경영구조나 기금확보전략을 모색하는 비영리조직의 이니셔티브(Austin)
- 외부 파트너십에 중점을 두고 비즈니스 사업활동을 하는 데 있어서의 사회적 책임활동(Sagawa & Segal)
- 사회적 문제를 완화시키고, 사회적 변화를 촉진하는 것(Alvord)
- 새로운 가치를 창출하고 사회적 혁신을 추구하며, 올바른 것을 실행하며, 다른 사람과 공감하는 마음가짐

2) 사내 기업가정신

대기업 등 기존기업에서 새로운 기회 추구와 조직혁신이 강조되고 있다. 이를 위해 사내 기업가정신이 강조되고 있으며, 사내 기업가정신은 다음과 같이 정의된다.

- 기존기업에 소속된 개인이나 소집단이 기존기업 내에 새로운 조직이나 사업을 만들거나 조직전체를 혁신적으로 변화시키는 과정에서 나타나는 기업가정신(Sharma & Chrisman , 1999)
- 설립기업 내에 제품과 공정혁신 및 시장개발을 통해 새로운 사업을 만드는 목적의 공식 또는 비공식적 활동(Zahra, 1991)
- 기존기업 내에서 사내 기업가가 신규사업을 개발하거나 조직을 전략적으로 쇄신하는 과정에서 나타나는 기업가적 사고방식 및 행동양식(배종태 · 차민석, 2009)

(1) 사내 벤처

사내 벤처(corporate venturing)는 다음의 세 가지 유형이 있다.

- 내부창업형(사내에 별도 부서 설치)
- 협력창업형(외부조직과 공동으로 벤처설립)
- 외부창업형(외부 벤처에의 자본참여 또는 인수)

그림 2-3 사내 벤처의 과정모형

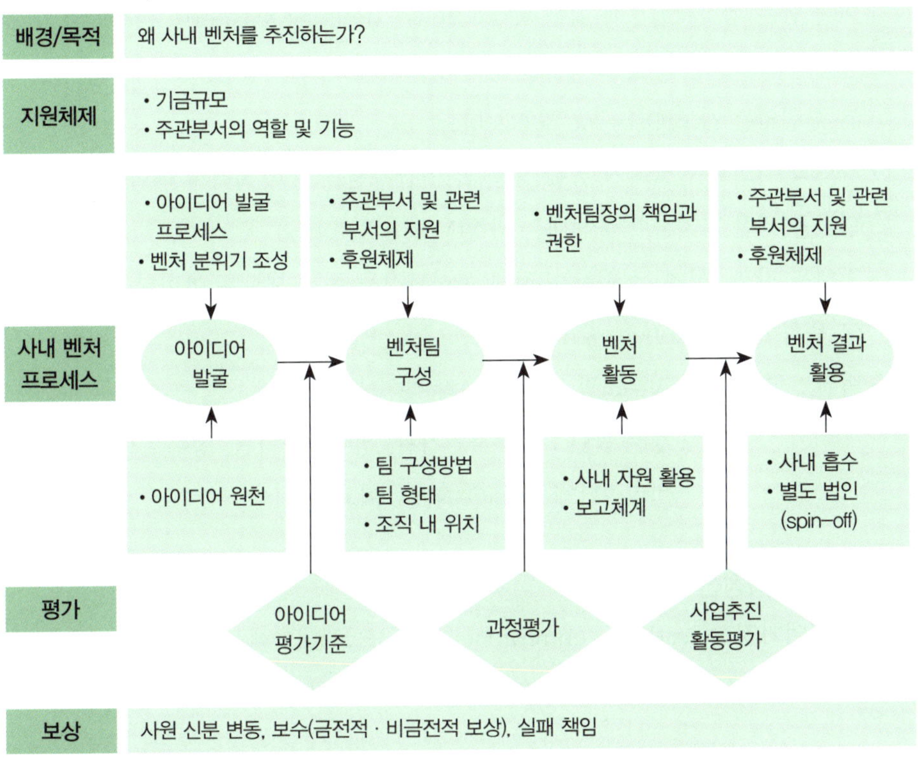

자료원 : 백현기 · 배종태(1998), "국내기업의 효과적인 사내 벤처구축방안", 벤처경영연구, p. 78.

(2) 전략적 기업가정신

전략적 기업가정신(strategic entrepreneurship)은 전략적 개혁(strategic renewal), 지속적 재생산 및 조직활성화, 사업영역의 재정의 및 사업모델 재구축을 가능하게 한다.

3) 대학/공공 기업가정신

(1) 공공 기업가정신

공공 기업가정신(public entrepreneurship)에 대한 여러 학자들의 의견과 범위는 다음과 같다.

• 새로운 세입원을 창출하고 향상된 서비스를 제공하며 시민교육을 늘려 시민참여를 돕는 행정책임성에 대한 적극적인 접근(Bellone & Goerl)
• 공공기관의 효율성 및 효과성을 강화하기 위해 새로운 방법으로 자원을 적용하는 끊임없는 시도(Osborne & Gaebler)
• 사회적 기회를 탐색하기 위해 공공 및 민간자원을 상호 독특한 배합에 의거, 시민들을 위한 가치를 창출해내는 과정(Morris & Jones)
• 정책을 창조, 설계, 실행하는 전체 혁신과정을 통해 새로운 아이디어를 개발하고 육성하는 것(Roberts & King)
• 범위 : 국가기관–정부조직 : 청와대, 각 부처 등
정부 관련 : 정부출연기관, 정부산하기관, 정부투자기관
비영리단체 : NGO/NPO, 학교

(2) 대학 기업가정신

대학 기업가정신(academic entrepreneurship)으로 대학에서의 새로운 기회를 추구한다. [표 2–3]을 통해 대학의 기업가정신을 살펴보자.

표 2-3 대학의 기업가정신

기업가적 대학	리더십(leadership)/거버넌스(governance)
	조직역량, 사람, 인센티브
	교육과 학습에 있어서의 기업적 요소 반영
	기업들을 통한 통로
	대학–기업과의 관계
	국제적 기관으로서의 기업가적 대학
	기업가적 대학의 영향력 측정

자료원 : 이춘우 외 6인 공저(2014), 기업가정신의 이해, 중소기업청, p. 74.

대학 기업가정신의 적용영역은 다음과 같다.

① 교육혁신(education innovation)

시대와 사회의 요구에 능동적으로 대응하여 미래 핵심인력을 양성하는 혁신적 교

육프로그램을 설계하고 운영한다.

② 특허 출원 및 관리(patenting)

- 특허부서(TLO) 설치를 통해 교수, 학생들의 연구성과를 특화하고 효과적으로 관리한다.
- 대학 보유특허를 효과적으로 홍보하고 수요기업을 찾아서 기술이전을 촉진하며, 라이선싱에 대한 연구자 관심을 높이기 위한 제반 인센티브를 제공한다.

③ 창업 촉진 및 보육(business incubation)

- 학생들에 대한 창업교육, 경영교육, 멘토링, 창업동아리 지원 등을 통해 기업가를 꿈꾸는 학생들이 졸업 후나 재학 중에 준비된 창업을 할 수 있도록 도와준다.
- 창업 초기의 기업들을 대학 창업보육센터에 저렴한 임대료로 입주시킨다.

④ 산학협동(university-industry collaboration)

- 대학이 기업과 협력하여 위탁연구, 공동연구를 수행한다.
- 기업이 대학에 연구센터나 연구실을 설치한다.
- 특성학과 개설 등 교육영역에서도 가능하다.

⑤ 국가 · 지역경제 발전(economic development)

지역대학이 협력 허브 및 플랫폼이 되어 지역의 지방자치단체, 기업단체 등과 지역현안 해결 및 경제발전에 기여한다.

제3절 21세기 기업가정신의 방향

1. 전략적 사고의 함양

1990년대 이후, 기업의 이해관계자가 다양한 형태로 등장하고 그들 이해관계자 간의 힘의 역학관계도 지배-종속관계가 아닌 대등한 성격의 관계가 되고 있기 때문에 전략의 수립 여부가 기업의 성패에 중요한 영향을 미친다.

- 기업과 관련된 이해관계자들(고객, 종업원, 경쟁기업, 하청기업, 정부)의 역할이 무엇인가를 파악해야 한다.
- 자신의 부가가치를 정확하게 인식해야 한다.
- 기업활동에 관련된 거래관행, 계약, 관습, 법률 등을 잘 파악해야 한다.
- 경쟁자의 인식을 파악하여 조정하는 전술적 능력이 필요하다.
- 부분과 전체를 고려한 전략적 사고가 필요하다.

2. 상생전략의 중시

상생(win-win)의 전략은 공급자에게만 적용되는 것이 아니며, 경쟁자 간의 상생을 통하여 이익을 극대화할 수 있다. 즉 경쟁자를 경쟁자로 성공하게 하는 것이 최선의 전략이 되는 경우도 있다. 나아가서 기존의 경쟁조건하에서의 상생만이 아닌 경쟁조건을 바꾸려는 노력을 통해 상생의 효과를 더욱 높일 수 있다.

3. 인간중심전략

기술과 조직의 혁신은 구체적으로는 기술과 조직을 담당하는 인간의 혁신 여부에 좌우되는 경우가 많다. 인간중심전략은 경영자와 종업원 간의 신뢰, 종업원 각 계층 간의 신뢰, 또는 계층 내의 신뢰, 기업과 정부 간의 신뢰, 기업과 소비자 간의 신뢰를 중시하는 전략이다. 정보네트워크사회에서 통신기술을 통한 정보축적의 효율성

만이 강조되는 경향이 있으나, 사람 간의 직접적인 교류에 의한 정보축적의 효용성도 매우 중요하다.

4. 정보화전략

인간중심의 상생전략을 통한 기업가정신을 발휘하기 위해서는 효율적 네트워크 구축이 병행될 필요가 있다. 이를 위해서는 다음의 사항이 요구된다.

- 정보화 수준을 향상시키기 위한 정보화 설비에 대한 투자가 요구된다.
- 정보설비의 효율적 이용은 쏟아져 들어오는 정보들을 어떻게 효과적으로 처리하고 실질적인 노하우와 경쟁무기로 실현하느냐에 초점이 맞추어져야 한다.
- 정보를 노하우, 기술, 시스템, 경쟁무기 등으로 전환하는 정보시스템의 구축이 요구된다.
- 입수된 정보에 입각하여 신속하게 판단하고 그것을 실행에 옮길 수 있는 능력이 요구된다.

Chapter

03

기업가정신 사례

1. 유한양행 창업주 – 유일한

유한양행은 1926년 유일한이 설립했다. 유한양행의 창업자 유일한은 가장 합리적인 방법으로 기업을 창업하여 성공한 우리나라의 대표적인 기업가로 대한상공회의소 초대회장으로 활동하면서 민족경제 발전에 크게 이바지하였다. 또한 1969년 경영에서 은퇴하면서 혈연관계가 없는 전문경영인에게 경영권을 인계함으로써 전문경영인의 시대를 열었다. 기업을 경영함에 있어서 가장 좋은 제품을 만들어 보국하고 그 이윤을 사회에 환원하는 일에 앞장섰으며, 종업원의 복지향상을 위해 노력했고 무상교육 등을 통해 기업이익을 아낌없이 사회에 돌렸다.

① 애국애족정신 : 유일한의 기업가정신은 한 마디로 민족주의, 특히 애국애족의 정신에 바탕을 두고 있다.

② 납세보국정신 : 정직한 납세는 기업가의 사회적 책임에도 해당된다.

③ 인재제일주의정신 : 유일한은 기업의 성공요건으로 인재를 중요시하고 인재양성에 힘썼다. 인간성이 좋고 능력이 있다고 판단되면 끝까지 밀어주었다. 그러나 혈연관계나 인척관계에 의한 인재등용은 철저하게 배격하였다.

④ 근검절약정신 : 유일한은 평소 공짜를 바라지 않는 철두철미한 성품과 남다른 근면정신, 기업에서 얻은 이익은 그 기업을 키워준 사회에 환원해야 한다는 철저한 청지기 사상을 준수하였다.

⑤ 합리주의정신 : 유일한은 철저한 합리주의정신에 입각하여 경영을 했고 기업의 영리추구에 대해 적극적인 태도를 보였다. 이윤이 기업의 성장에 필수불가결한 것이며, 이를 통해 기업이 성장하고 기업이 성장해야 고용이 증대되고 국민경제가 발전한다는 이윤관을 가지고 있었다. 국민의 건강을 해치거나 사회악이 되는 행위로 이윤을 얻으려는 행위를 단연코 거부했다.

⑥ 기술개발과 혁신주의정신 : 유일한은 당시 창조적 기업가로 불리고 있었으며, 기술개발에 관한 유일한의 관심은 매우 높았다.

⑦ 사회적 책임의 정신 : 유일한은 기업의 사회적 책임에 대해 매우 광범위하고 적극적인 생각을 가지고 있었다. 무엇보다 기업을 사회적 이익을 증진시키기

위한 기구로 생각하였다. 따라서 기업이 마케팅활동을 벌이기 이전에 어떠한 제품이 사회에 가장 크게 이바지될 수 있는가를 먼저 고려하였다. 또한 사회적 책임관은 교육을 통해서 이루어진다고 믿었고 기업의 이윤은 반드시 사회적 환원이 되어야 한다고 생각하였으며 기업을 통하여 국가와 사회에 공헌할 길을 찾는 데 노력하였다.

2. 삼성그룹 – 이병철

사업에 뜻을 두고 아버지로부터 300석 추수의 토지를 분배받았다. 1936년 첫 사업으로 정현용(鄭鉉庸), 박정원(朴正源)과 동업으로 마산에서 협동정미소를 운영했다. 같은 해 6월 일본인 경영의 히노데자동차회사(日出自動車會社)를 인수했으며, 토지에 투자하여 200만 평의 대지주가 되었으나 중 · 일전쟁 발발로 실패하여 협동정미소와 히노데자동차회사를 매각, 부채를 청산했다. 1938년 대구에서 삼성상회(三星商會)를 설립하고, 1941년 주식회사로 개편하여, 청과류와 어물 등을 중국에 수출하였다. 1942년 조선양조를 인수하였고, 1947년 상경하여 1948년 삼성물산공사(三星物産公司)를 창설, 무역업에 착수하였다. 1950년 일본경제시찰단원으로 업계를 시찰하였고, 6 · 25전쟁 때 부산에서 삼성물산주식회사를 설립, 운영하였으며, 환도 후 본격적으로 사업에 착수하였다. 1953년부터 상업자본에서 탈피하여 제조업에 투자함으로써 산업자본화하였다. 같은 해 제일제당주식회사를 설립하고, 1954년 제일모직주식회사를 설립하였다.

① 현대성을 추구하는 기업가정신 : 이병철의 기업가정신은 1973년부터 사업보국, 인재제일, 합리추구정신으로 집약되어 삼성의 지도원리가 되었다. 또한 이병철의 기업가정신은 애국적 · 소유경영적 · 합리적 측면이 부각된다. 애국적 · 소유경영자적 경영이념은 사회적 · 전문경영자적 경영이념에 비하여 전통적 성격이 강하고, 근대화과정에서 많이 나타나는 특징적 조건이다. 이와 같은 의미에서 이병철의 기업가정신은 전통적 경영이념에 현대적 경영이념을 접목시키

는 경영의 지도원리를 기본으로 하였다.

② 사업보국주의정신

③ 인재제일주의정신

④ 합리주의정신

⑤ 일등주의정신 : 이병철의 기업가정신은 그의 상호제정에 있어서도 나타나고 있다. 제일제당이나 제일모직의 상호제정에서 보는 바와 같이 그는 철저하게 제일이 되기를 추구하였고, 실현시키려고 노력하였다. '삼성'과 '중앙'이란 상호에도 최고, 즉 1등주의, 제일의 뜻이 함축되어 있다.

⑥ 책임주의정신 : 창업 초기와 같이 기업규모가 작았을 때에는 경우에 따라 일인다역(一人多役)이 불가피하였으나 기업규모가 커지면서 권한위임의 신념은 더욱 강력하게 작용하였다. 거대한 조직을 운영함에 있어서 권한위임과 책임주의가 필수적일 수밖에 없다고 생각하였던 것이다.

⑦ 기술혁신주의정신

⑧ 무노조 산업평화주의정신

⑨ 리더십경영 : "의심이 가는 사람은 고용하지 말라. 의심하면서 사람을 부리면 그 사람의 장점을 살릴 수 없다. 그리고 고용된 사람도 결코 제역량을 발휘할 수 없을 것이다. 사람을 채용할 때는 신중을 기하라. 그리고 일단 채용했으면 대담하게 일을 맡겨라"라는 원칙은 삼성상회의 출발과 함께 터득하고 실천했던 사람 쓰는 방법으로 그 후 그의 경영철학이 되었다.

3. 현대 – 정주영

1937년 9월 경일상회라는 미곡상으로 사업을 시작했으며, 1946년 현대자동차공업사를 설립했다. 1940년 아도서비스공장 대표, 1950년 현대건설(주) 및 현대상운(주) 사장 등을 거쳐, 현대가 그룹체제로 전환한 1971년부터 현대그룹 회장을 지냈다.

① 근검절약정신(요만니정신) : 한국재벌 창업자의 대표적 경영이념 중 하나가 근검절약주의와 정신일도하사불성이다. 근면하고 검소하며, 절약하고 저축하며, 신념을 다하여 부를 쌓았다고 기록하고 있다.

② 인간존중정신 : "인간존중과 사원들의 자기실현", 이것은 현대의 경영이념 제2조이다. 즉 인간존중의 이념으로 사원의 자기실현을 지원하며 사원복지를 최우선으로 한다.

③ 신용제일주의정신 : "쓰러지더라도 신용을 지켜라" 현대를 창업하면서 가장 중요하게 생각한 것은 정직을 무기로 한 신용이라고 술회했다.

④ 고객최우선정신 : 현대의 경영이념 제4조는 고객최우선정신으로 고객만족을 극대화한다. 정주영은 사업의 존재 근거는 고객에게 있으므로 고객이 그 어떤 것보다 우선하는 고객중심경영을 일찍이 터득하였다.

⑤ 창의와 기술개척정신 : 현대를 있게 한 경영사상은 바로 창의와 기술주의로서 항상 새로운 분야를 개척하는 정신이다. 기술경쟁력과 새 분야의 개척은 기업발전은 물론이고 국가발전의 원동력이 된다는 신념을 항상 가지고 있다.

⑥ 신념의 정신 : 정주영은 현대를 이끌고 오면서 시련이 오히려 스스로를 강하게 한다는 신념을 갖게 되었다. 그것은 긍정적이며 적극적인 사고방식으로 큰일을 이뤄낸 사람이나 집단이 갖는 한결같은 자세이다. 시련의 시기를 새로운 학습의 결과로 삼았고, 새로운 비약의 기회로 삼아 도전과 성장의 시기로 역이용하였다.

⑦ 산업평화주의와 노사화합정신 : 산업평화를 위한 노사화합정신은 정주영의 경영이념이며 경영사상이다. "노사는 적대의 관계가 아니라 한솥밥을 먹는 가족의 입장이며 비 온 후의 땅이 더 굳어지듯 종업원을 아낀다"고 하였다. 산업평화를 위한 인력관리 지침은 산업평화를 바라는 노사쌍방의 큰 이정표가 되었다. 정주영은 자신이 배고픈 인생을 경험해보았고 막노동도 해보았으므로 근로자의 어려움을 누구보다 잘 이해하며, 노동자들과 어울리는 것을 스스로 즐기기도 하였다.

⑧ 도전과 개척정신, 사업보국주의정신 : 현대의 경영이념 제5조는 "풍요로운 국가건설과 인류사회 발전에 공헌한다"이다. 국가와 인류사회에 봉사하는 기업

을 지향하는 사업보국주의에 기본을 두었다.

4. LG – 구인회

1931년에 진주에서 동생 구철회(具哲會)와 함께 구인회상점을 설립하여 포목상으로 첫 사업을 시작하였다. 1947년 화장품을 생산하는 락희화학공업사(樂喜化學工業社)를 설립하여 제조업에 참여한 후 수지(樹脂)·치약 등을 생산하면서 기업을 키워나갔다. 1959년에는 주식회사 금성사를 설립하여 국내 최초로 라디오·선풍기·텔레비전 등 전기·전자기기를 생산, 수출하였다. 1969년에는 반도체 생산회사인 금성전자주식회사를 설립하여 첨단산업 분야에도 진출하였고, 호남정유 여수공장을 완공함으로써 정유업에도 참여했다. 일제식민지하에서는 상업에 종사하였으나, 광복 이후에 기업을 설립하여 1960년대 이후의 경제성장과정에서 럭키금성(지금의 LG)을 형성하였다.

구인회의 생애와 기업경영의 활동을 통하여 표명되고 명시된 기업가정신은 다음과 같다.

① 인화단결주의 : 창업자 구인회의 생활철학이며, 경영사상이기도 한 인화단결의 개념은 여러 사람의 마음을 하나로 서로 화합하여 한마음, 한뜻으로 한데 뭉쳐 단합하는 것이라고 정의한다.

② 삼기론에 근거를 둔 화기 : 화기(和氣)란 인생을 살아가는 기본인 삼기론에 근거를 두는데 첫째는 패기(覇氣), 둘째는 의기(義氣), 셋째는 화기이다. 화기란 여러 구성원들이 서로 믿고, 서로 이해하고, 서로 아낄 때 이루어지는 분위기이다.

③ 근검절약정신 : 대표적 경영이념의 하나인 근검절약주의로 근면하고 검소하며, 절약하고 저축하는 정신이다. 그러나 돈을 쓸 때는 허세부리지 않고, 낭비하지 않고, 필요한 곳에 서슴없이 썼다. 구인회는 이것을 용전철학(用錢哲學)이라고 하였다.

④ 도전과 개척정신 : 구인회의 전 생애는 '창업과 개척시대'로 규정한다. 그의 도전과 개척주의 이념은 첫째로 유교적 인습을 과감히 타파하고 당시로서 택하기 어려운 상업의 길로 투신하는 도전정신, 둘째로는 락희의 창업과 화학공업, 전자공업의 새 지평을 여는 도전과 개척주의정신, 셋째로는 기간산업의 개척정신 등으로 명시할 수 있다.

⑤ 신념주의 : "신념이 있을 때 인간은 놀라운 힘을 발휘한다"는 말을 몸소 체험하고 그것을 기업의 경영활동에 참여하는 구성원에게 주지시켰다. 구인회는 "할 수 있다, 하면 반드시 된다"라는 신념을 항상 가지고 있었다.

⑥ 인재중용주의

⑦ 기술혁신주의와 연구개발

⑧ 국민생활편의주의 : 구인회의 제조업에 향한 의지는 결국 국민생활 편의주의로도 집약된다. 연암은 "남이 미처 안 하는 것을 선택하라. 국민생활에 없어서는 안 될 것부터 착수하라. 착수하면 과감히 밀고 나가라. 성공해도 거기서 머물지 말고 그보다 한 단계 높은 것, 한층 더 큰 것, 보다 어려운 것에 새롭게 도전하라"고 역설하였다.

5. SK – 최종현

최종현은 1962년에 선경직물(주) 이사직을 맡으면서 전문 기업경영인으로서 본격적인 사회활동을 시작하였다. 그 뒤 선경직물 대표이사, 선경합섬(주) 대표이사, 선경건설(주) 대표이사, 선경그룹 대표이사 회장을 거쳐, 1997년부터는 선경그룹 회장으로 활동하였다. 이듬해 선경그룹이 SK그룹으로 명칭이 변경되면서 SK그룹 대표이사 회장이 되었다. 그는 SK그룹을 이끄는 한편으로 수원상공회의소 회장, 한·브라질경제협력위원회 한국 측 대표위원, 경영자총연합회 회장 등 경제 관련 단체의 주역으로서도 적극 활동하였다. 최종현의 New Innovation System을 크게 두 가지로 구분하여 보면 첫째로 기업가정신시스템이고, 둘째로는 경영혁신기술시스템이다.

기업가정신시스템은 ① 도전정신, ② 신념정신, ③ 조정 · 협동정신, ④ 커뮤니케이션(communication)정신이며, 경영혁신기법시스템은 ① 연구개발혁신, ② 마케팅혁신, ③ 인력관리혁신, ④ 생산관리혁신, ⑤ 정보관리혁신 등으로 구분된다.

6. 아남산업 – 김향수

1956년 설립된 아남산업(주)은 1968년 국내 최초로 반도체사업에 착수했다. 1973년 반도체 개발과 수출에 기여한 공로로 금탑산업훈장을 수상했으며, 1977년 국내 최초로 전자 손목시계를 개발했다. 1977년에는 주식을 증권거래소에 상장했다. 1982년 뉴코리아 전자공업(주)을 흡수 · 합병하고, 미국 암코사와 합작으로 사업영역을 확장했다. 1998년 회사명을 아남반도체(주)로 변경했다. 그러나 국제통화기금 구제금융체제하에서 아남반도체(주), 아남전자(주), 아남환경(주)의 기업구조조정을 신청했으며, 아남건설(주)과 아남전자(주)는 법정관리에 들어갔다. 나머지 계열회사도 아남반도체(주)에 합병하거나 정리작업을 거쳐 2000년 그룹 구조조정을 완료했다. 아남반도체(주)는 2004년 동부그룹에 합병되었다.

우곡 김향수의 경영이념은 그의 생애와 기업활동에서 표출된 경영신조와 신념 그리고 반도체사업의 창업과정에서 나타난 창업이념, 창업정신 등을 기본으로 한 실천이념으로 다음의 9가지로 체계화하고 정립할 수 있다.

① 지성일관의 신념주의(can-doism)
② 신의제일주의(reliability)
③ 사업보국주의
④ 인간중심경영주의
⑤ 인재육성주의
⑥ 책임 · 완벽주의
⑦ 기술혁신주의
⑧ 고객만족주의

⑨ 순리정도주의와 사정(四正)경영사상

7. 교보생명보험(주) – 신용호

1958년 8월 신용호(愼鏞虎)는 대한교육보험(주)를 설립하였으며, 교육과 보험의 원리를 합성한 세계 최초의 교육보험제도를 창안하였다. 기업들이 재벌에 흡수되어 재벌의 후광으로 성장하는 실정이었지만 신용호는 교보생명을 어려운 여건하에서도 단독기업으로서 설립하고 대기업으로 성장시켜 왔다. 신용호의 대표적인 기업가정신은 다음과 같다.

① 교육진흥 · 자본형성 보국정신
② 인재양성 최우선주의
③ 성실경영주의
④ 사회적 책임주의

8. 한진 – 조중훈

한진은 1945년 11월 한진상사로 출발하여 1956년 11월 주한 미8군 구매처와 군화물수송계약을 체결함으로써 발전의 터전을 마련했다. 이후 1958년 3월 한진상사(주) 설립, 1969년 대한항공공사 인수, 1972년 4월 한진관광(주) 흡수 · 합병 후 상호를 (주)한진으로 변경, 같은 해 9월 한국원면창고(주)를 흡수 · 합병했다. 1974년 5월부터 인천항 한진컨테이너터미널 운영을 개시했고, 같은 해 8월 증권거래소에 주식을 상장하고 기업을 공개했다. 조중훈의 기업가정신은 다음과 같다.

① 신념주의
② 예술주의
③ 신용제일주의

④ 사업보국과 국익우선주의

⑤ 인간중시주의

⑥ 공익정신과 사회적 책임주의

⑦ 민간외교의 경영사상

조중훈의 훌륭한 기업가정신과 '창업의 효'를 승계하는 후계자들의 기업가정신을 기대해본다.

9. 알리바바 – 마윈

알리바바는 전직 영어강사였던 마윈이 1999년 설립한 온라인 쇼핑회사다. 마윈은 인터넷의 시대가 열릴 것으로 예측하고 인터넷 관련 사업을 이것저것 하다가 실패했는데 그가 만리장성 가이드를 하다 우연히 만난 야후 창업자 제리 양에게 투자받아 만든 회사가 알리바바이다. 직원 17명과 시작했는데 창업 이후에도 단 한 건의 거래도 성사시키지 못해 실패 위기를 맞았으나, 일본의 손정의 회장을 설득해 2천만 달러를 투자받게 되면서 국내외 주목을 받아 사업의 활로를 찾게 됐다. 이후 중국 각지에서 생산된 제품들을 중국과 세계 소비자들과 온라인으로 연결시키는 것이 들어맞았고 그동안 중국 온라인 쇼핑시장을 지배하던 이베이를 제치고 시장을 석권하게 되었다. 현재 알리바바의 직원 수만 3만 5천 명에 이르고, 기업가치는 경쟁업체인 미국의 아마존을 뛰어넘어 1,600억 달러 이상이 됐다. 알리바바는 중국의 고도 성장과 맞물리는 시기에 고속 성장한 대표적인 기업이다.

마윈은 "지금! 바로! 빨리!"의 생각과 실천을 통해 알리바바를 인터넷 최고봉의 지위에 올려놓았다.

알리바바의 사훈(社訓)은 "즐겁게 일하고 즐겁게 살자"이다.

"'당신이 아무리 대단해도 일생은 3만 6,000일의 여정이다. 이 세상에 돈 벌러 온 것도 아니고, 기업을 이루려고 온 것도 아니다. 인생을 즐기러 온 것'이다. 따라서 나는 모든 직원이 미친 사람처럼 일하고 웃으며 퇴근하기를 바란다. 업무에 부담을 느끼고 고행하는 스님처럼 살아가기를 원치 않는다. 웃음이 사라진 회사는 괴롭다. 사람을 판단하기 위해서는 어느 대학 출신인지를 볼 게 아니라 일을 할 때 미친 듯이 하는지와 매일 웃으면서 퇴근하는지를 봐야 한다. '진정으로 위대한 것은 평범한 것이다. 우리는 어디로 와서 어디로 가는지 안다. 나는 하찮은 사람이다'"라는 말과 함께 "'마윈은 껍데기에 불과하다. 마윈을 사랑하는 사람도 있고 미워하는 사람도 있다. 내가 바라는 것은 마윈이 마윈이라는 자리에 연연하지 않는 것'이다. 스스로 포로가 되면 피곤해진다. 그리고 '젊은이에게 기회를 주어야 한다.'"며 2013년 5월 10일 CEO에서 물러난 후 마윈은 회사 경영보다는 공익기금관리와 운용, 대기오염 개선, 식량 안전, 수질 개선 등을 위한 활동에 대부분의 시간을 보내고 있다. 급속한 경제성장의 부작용으로 나타난 환경과 소외문제를 못 본 체할 수 없다는 생각에서 비롯한 활동으로, 이는 그가 평소 강조해 왔던 '기업가정신'과 통하는 면이 있다.

10. 두산 – 박승직

1896년 지금의 종로 4가에 면직물을 판매하는 박승직상점으로 출발, 1925년 (주)박승직상점으로 상호를 변경했다. 1945년 소화기린맥주회사를 인수하고 동양맥주(주)로, 1951년 (주)두산상회를 설립한 후 1953년 두산산업(주)으로 상호를 변경했다. 박승직은 개항 초기에 적수공권(赤手空拳)으로 상업에 투신하여 꾸준히 상업자본을 축적하고 두산그룹의 기초를 만든 입지적인 창업자이다. 박승직의 상인정신과 경영이념은 다음과 같이 분류된다.

① 정직과 신용의 정신
② 타협주의
③ 판단과 결단력의 정신
④ 인화주의정신
⑤ 근검절약정신
⑥ 전문성 제일주의

⑦ 4대 경영이념(인화, 근검, 정직, 신용)의 실천

11. 애경 – 장영신

장영신은 자타가 공인하는 '국내 1호 여성 CEO'다. 평범한 가정주부로 살다가 1971년 애경의 사장을 맡아 비누와 세제회사이던 애경을 유통과 항공, 부동산, 호텔 등 국내외 46개 계열사를 거느린 연매출 6조 원(2015년 기준)의 중견그룹으로 키워냈다. 애경유지공업(주)을 애경그룹으로 성장시킨 장영신의 기업가정신은 다음과 같다.

① 도전과 개척주의 : candoism
② 산업평화주의 : 노사공존공영 상생 · 화합
③ 고객만족주의 : 소비자는 장미
④ 학습과 상식주의 : 실패를 통한 학습과 상식
⑤ 신용제일주의 : 비리 · 부패척결
⑥ 인간관리주의 : 24시간=1,440분 활용

12. 세이펜전자 – 김철회

말하는 책 전문출판사 '세이북'은 1996년 2월 '하우콤'으로 창사 이래 100여 종 이상의 컴퓨터 그래픽 & 디자인 분야 도서를 출판하였고, 동남아 지역과 국내 최초로 IT종주국인 미국에 국내 도서를 수출하는 쾌거를 이루었다.

김철회는 "나는 지금 당장 먹을 수 있는 사과를 한 상자 원하는 사람이 아니라 사과 씨 하나를 원하는 사람이다. 사과 한 상자는 다 먹고 나면 끝이지만, 사과 씨 하나에는 수백 개가 될지 수천 개가 될지 모르는 미래의 수많은 사과가 들어 있기 때문이다."

아무 자본도 기반도 없이 맨주먹으로 기업을 성장시키려면 뛰어난 리더도 필요하지만 리더를 믿고 따르는 팔로워가 있어야 한다는 것을 강조했다.

"인생의 반전 드라마는 남보다 특별한 능력을 가지고 있는 사람이 만들어내는 게 아니다. 사과와 사과 씨를 구분해내는 작은 차이가 인생에서 반전 드라마를 만든다. 또한 인재를 육성하기 위해 시간, 정성, 돈, 젊음을 아낌없이 투자해서 지극정성을 다했더니 그들 역시 사업과 인생의 든든한 조력자가 되어 어려움을 함께 이겨냈다"고 말했다.

"기업가는 45도 언덕을 내 가족을 업고 자전거를 타고 올라가는 것이다. 힘들다고 페달을 밟지 않는다면 점점 뒤로 밀려나서 자기가 사랑하는 아이와 가정에 고통이 함께하게 된다. 그렇기 때문에 더욱더 열심히 페달을 밟고 앞으로 나아가야 한다. 물론 업을 위해 열심히 하는 것도 중요하다. 하지만 이제는 그 업을 이루어내는 것뿐만 아니라 내가 가지고 있는 생각을 내가 같이 일하는 동료와 지인에게 나눠주는 쉐어밸류, 즉 기술을 나누고, 교육을 나눠 인재를 배출시키는 의로운 경영을 통해 가치 있는 기업을 일궈야 한다. 가치 있는 기업은 대한민국 경제를 살릴 수 있다. 이제는 나라를 지킨다는 생각으로 기업을 이끌어야 하는 자세가 필요한 시점"이라고 설명했다.

13. 성주인터내셔널 – 김성주

성주인터내셔널은 1991년 김성주 사장이 독일의 MCM핸드백 수입 · 판매를 시작하면서 설립한 토털 패션 유통회사이다. 1996년부터 영국의 종합 유통회사인 막스&스펜서의 국내 판권도 들여와 수입 · 판매하였다. IMF 직전까지 구치, 이브생로랑 브랜드를 직수입 판매하다가 본사로 되팔기도 했다. 2002년 여성경제포털서비스 iwillb.com을 인수하고 SJ Desgin Tech를 설립하였다. 2005년에는 독일 Global MCM을 인수하고 SMI법인을 설립하였다. 김성주의 기업가정신은 다음과 같다.

① 투명경영이 성공의 지름길

② 여성을 비즈니스 파트너로 만들기

③ 글로벌시장에 맞서는 한국의 대표브랜드 만들기

14. Microsoft – 빌 게이츠

1975년에 빌 게이츠와 폴 앨런이 베이직 인터프리터를 개발하여 판매하기 위해 미국 뉴멕시코주 앨버커키에 마이크로소프트(Micro-Soft)라는 이름의 회사를 세웠다. 빌 게이츠의 기업가정신은 다음과 같다.

① 도전과 개척정신 : 20세에 Microsoft사를 창립하고 컴퓨터 업계의 선두 주자로 안주하는 것보다는 변화와 혁신의 주도자로서 역할을 수행하였으며 시장확대에 대한 캔두이즘(candoism)의 정신 실현
② 근검, 절약정신
③ 일등기업주의정신
④ 분석력과 예측능력
⑤ 사업 보국주의정신 : 빌 앤드 멀린다 게이츠 재단을 설립하여 지역사회에 기여, 영재육성에 주력, 환경에 대한 책임강조
⑥ 창조정신과 아이디어 창출 : 인류의 생활 전반을 바꾸어 놓은 소프트웨어 분야의 선구자정신
⑦ 시테크정신 : 철저한 시간관리와 시간의 귀중함 인식, 1인 5역의 역할을 실행
⑧ 인재제일주의정신
⑨ 강력한 리더십 : 카리스마적 경영방식, 사업에 승리, 전략에 승리, 전술에 승리한다는 전투성을 바탕으로 한 기업문화의 특성
⑩ 반성의 정신
⑪ 워크홀릭(work-holic)정신

15. 소프트뱅크 – 손정의(손 마사요시)

소프트뱅크는 1981년 9월 3일 일본 도쿄에서 설립된 고속인터넷, 전자상거래, 파이낸스, 기술 관련 분야의 일본기업이자 이동통신사이다. 사장은 한국계 일본인인 손 마사요시(손정의)이다. 손정의의 기업가정신을 나타내주는 경영사상은 동양적인 정신에 기초를 두고 있는데, 이를 살펴보면 다음과 같다.

① 일류공수군(一流功守群)) : 제일인자가 되려는 자는 시대의 흐름에 미혹되지 않고 시대의 흐름에 흘러가지 않으며 공격과 수비에 균형을 이루어 무리를 지어 싸워야 한다.

② 도천지장법(道天地將法) : 자기와 상대방의 전력을 분석하는 기본요건으로 도–방침, 천–시기, 지–상황, 장–지휘관, 법–조직 형태를 전략으로 갖는다.

③ 지신인용엄(智信仁勇嚴) : 지휘관에게 요구되는 조건으로 지, 신, 인, 용, 엄이 있다.

④ 정정략칠투(頂情略七鬪) : 7할의 승산이 있다고 생각되면 일을 실행에 옮겨야 한다.

⑤ 풍림화산해(風林火山海) : 빠르기가 바람과 같고, 조용함이 숲 속 같으며, 공격함이 불 같고, 움직임이 산과 같으나 삼키는 것은 바다 같이 하라.

16. GE – 잭 웰치

1980년 12월, 잭 웰치는 GE의 최고경영자이자 회장에 임명되었다. 2000년 퇴임까지 20년간 잭 웰치의 경영이념, 기업가정신은 다음 7가지이다.

① 인재제일주의

- 사람들과 지속적으로 대화를 나누어라.
- 고립을 피하라.

- 현재뿐 아니라 미래를 위해 직원의 능력을 계발하라.
- 경영권 승계를 준비하라.

② 최고지향주의

- 성공을 위한 명확한 지표를 설정하라.
- 누구라도 쉽게 이해할 수 있는 명확한 지표를 제시하라.
- 결단력을 가져라.

③ 혁신주의

- 사람들의 열정을 자극하라.
- 당신 자신의 일을 파악하라.
- 변화시켜라.

④ 서비스 제일주의

⑤ 학습주의

⑥ 반(反) 관료주의

⑦ 단순경영주의

17. 포드 – 헨리 포드

1903년 일반 소액주주들과 함께 포드자동차회사를 설립했다. 1908년 T형 포드를 선보였고 이 모델은 그 후 19년 동안 미국, 영국, 캐나다 등지에서 전 세계 차량생산의 절반을 차지했다. 1913년에 도입한 일관작업공정으로 T형 포드의 대량생산이 가능하게 되어 판매가격을 낮출 수 있었으며 그 결과 중산층들도 구매자로 포섭할 수 있었다. 양과 효율에 기초한 저렴한 판매로 시장구매력을 높여 판매량을 증가시킨다는 포드의 경영철학은 규모의 경제에 기초해 단위생산비용을 낮추고, 최저생계비를 상회하는 생활임금으로 노동자들의 잠재적인 구매력을 높임으로써 사회구조 자체를 혁명적으로 변화시켰다.

포드의 경영신념은 "최저생산비로 사회에 봉사한다"는 것으로 그는 최저생산비를 실현하여 고객에게 튼튼하고 좋은 자동차를 싼 가격으로 제공하고 종업원에게는 보다 높은 임금을 지급하도록 하는 것이다. 그의 사회봉사정신은 최저생산비로 고객에게 좋은 제품을 그리고 종업원에게 고임금을 지불하는 정신이다.

① 포드 기업가정신의 기초철학

- 끊임없는 탐구정신과 발명가적 창의성
- 근면하고 검소한 생활
- 도전정신과 과단성

② 경영합리화의 정신

- 헨리 포드는 대량생산 일반원칙 3S, 즉 제품단순화(simplification), 부품규격화(standardization), 기계 · 공구 전문화(specialization)를 생산표준화에 적용
- 생산성향상, 생산원가절감, 균일품질 확보 유지
- 흑자경영으로 종업원에게 임금인상 지급

③ 포디즘(fordism)

- 미래에 대한 공포와 과거에 대한 동경을 버릴 것
- 경쟁을 위주로 일하지 말 것

18. 사회적 기업가정신 – 딜라이트보청기

소셜 벤처로 시작하여 지난 2010년 설립 이래 표준화 보청기를 개발하여 고가의 보청기시장에 34만 원의 저가의 보청기를 도입하였다.

① 사회적 가치지향성 : 난청어르신들 대상 저가 보청기 개발, 청각장애인들에게 실질적 무상 제공가능한 보청기 생산 판매, 사회적 약자들에 관심을 갖는다.

② 혁신성 : 생산가, 유통마진을 낮춰 혁신적 가격(150만 원 대 34만 원), 한국사람 귀에 표준화된 표준보청기 생산방식을 도입한다.

③ 진취성 : 사회적 기업동아리 → 창업 → 사업확장(직영점 운영, 해외진출)의 과

정을 거친다.

④ 위험감수성 : 외국의 실패사례 조사(아라빈드 안과병원의 보청기사업 실패사례)를 통한 분석과 연구개발을 통한 사업 모델을 수립한다.

⑤ 주도적인 문제해결 경험

⑥ 불확실성에 대한 스트레스와 불안도 낮음

⑦ 자율적인 내재적 동기 부여

⑧ 자원의 한계와 제도적 방어에 맞서 변화를 만들어내는 소신과 저항력

⑨ 사회적 비전실현을 위해 건설적인 파트너십 선호

19. 애플 – 스티브 잡스

스티브 잡스는 매킨토시 컴퓨터 등 혁신적인 기술과 디자인의 개인용 컴퓨터를 개발해 보급했고, 아이폰을 통해 스마트폰 시대를 이끌었다. 1976년 고등학교 친구 스티브 워즈니악과 애플사를 설립했다. 세련된 디자인의 컴퓨터 애플 Ⅱ는 즉각적인 성공을 거두었다. 이어 매킨토시 컴퓨터, 일명 맥(MAC)을 개발했으나, 맥의 초반 문제를 신속하게 바로잡지 못해 회사에서 나와야만 했다. 그 후 넥스트사를 창업했으며, 픽사를 주요한 애니메이션 스튜디오로 키워냈다. 1996년 후반 파산 위기에 처한 애플이 넥스트사를 인수하며 다시 애플의 경영자로 복귀했고, 다시 혁신을 단행했다. 2001년 디지털 미디어 플레이어 아이튠즈와 휴대용 MP3 플레이어인 아이팟을 개발했고, 2007년 아이폰을 출시하며 스마트폰의 새 시대를 열었다. 기업가정신이 기업에 어떠한 영향을 미치는지 극명한 사례로 보여준 애플과 스티브 잡스의 기업가정신은 다음과 같다.

① 자기주도적 삶을 끊임없이 갈구

② 창의성과 새로운 시장을 보는 안목

③ 신속한 결단과 인내

④ 높은 사업 몰입도 : 시장의 필요를 읽다.

⑤ 계산된 위험의 감수와 공유 : 애플의 이사회는 30살의 창업주 잡스를 해고하지만 잡스의 방황은 오래가지 않았고 새로운 시장을 읽어내고 새로운 사업에 도전한다.

⑥ 강한 성취 욕구와 성장 욕구

⑦ 낙관적인 자세와 유머감각

⑧ 사회환원을 통한 인류공헌(노블리스 오블리제)

20. 구글 – 세르게이 브린, 래리 페이지

1996년 스탠포드대학 박사과정에 재학 중이던 래리 페이지(Larry Page), 세르게이 브린(Sergey Brin)은 '페이지랭크'라는 검색기술을 개발했다. 웹사이트의 중요도를 그 사이트로 연결되는 백링크를 따져 결정되도록 한 이 기술이 구글의 시초이다. 이들은 이 기술을 기반으로 1998년 공동으로 구글을 설립했다. 구글이 전 세계인들이 가장 많이 사용하는 검색엔진이 될 수 있게 한 구글의 CEO 래리 페이지와 세르게이 브린의 기업가정신은 다음과 같다.

① 사용자 입장에서 생각 : 초기의 검색엔진들이 속도가 느리고 검색어와 검색결과가 정확치 않은, 무질서함이 불만이었던 그들은 좀 더 빠르고 정확한 검색엔진이 있었으면 좋겠다는 사용자의 생각에서 시작하여 좀 더 편리한 검색엔진을 연구하였다.

② 끊임없는 발전 : 전 세계 사람들이 언어의 장벽 없이 정보를 이용할 수 있도록 하였다. 이를 위해 전 세계 60개국 이상에 지사를 두고 180개 이상의 인터넷 도메인을 관리하여, 검색결과를 본인의 언어로 기록된 콘텐츠로만 제한하는 기능을 제공할 뿐 아니라 가급적 많은 언어로 번역하여 다른 나라의 사용자들에게 제공하였다.

③ 창의적인 생각과 행동 : 구글 창업자들은 항상 창의적인 생각과 행동이 가장 중요하다고 말해 왔다. 이에 따라 1년 365일 중 350일 이상이 각 나라의 기념

일에 따라 디자인이 바뀌는 구글 홈페이지의 구글 로고, 당구대가 갖춰진 오락실, PC, 닌텐도, 비디오게임기 등을 설치하고 스낵바와 낮잠공간을 만들어서 언제든지 이용할 수 있게 하였다. 또한 회사 내에서 롤러스케이트나 스케이트보드를 타고 다니는 사람이 많을 만큼 자유로운 분위기를 만들었다. 직원들의 아이디어를 키우기 위해 '20%룰'이라는 독특한 제도를 도입했는데, 근무시간의 20%를 현재 맡고 있는 일과 전혀 상관없는 일을 하거나, 자신이 하고 싶은 프로젝트에 참여하는 등 업무와 상관없는 일을 하면서 새로운 아이디어를 얻게 하였다. 그 결과 구글 직원들은 직무의 경계 없이 일을 이해하고 어떤 일을 맡겨도 해결할 수 있는 인재로 성장할 수 있었다.

21. SC존슨

"회사 직원을 가족처럼 소중히 여긴다." 114년 전통을 자랑하는 세계적인 생활용품 제조회사인 SC존슨의 새 회장 겸 최고경영자인 H. 휘스크 존슨이 내세우고 있는 경영철학이다. 존슨은 창업자인 샘 존슨의 5대손이다.

SC존슨의 성장 배경에는 직원들을 소중히 여기는 경영철학이 주요했다. SC존슨은 아직까지 주식시장에 상장하고 있지 않은데 자금을 외부시장에서 조달하지 않고 개인소유 기업 형태를 유지할 수 있는 이유는 내실경영이 탄탄하기 때문인 것으로 전문가들은 분석한다. 이러한 내실경영의 이면에는 직원들의 복지를 소중히 여기는 직원복지시스템을 향상시키고, 이와 함께 환경보호운동을 펼치고 있다. 존슨은 직원들이 회사에 애착을 가지고 일할 때 회사가 안정된 성장을 구가할 수 있다고 믿고 있다.

Part

03 벤처 창업

제4장 | 벤처기업 설립

제5장 | 벤처기업 운영

Chapter

04

벤처기업 설립

제1절 | 벤처의 정의
제2절 | 창업이란?
제3절 | 창업아이템 선정
제4절 | 사업타당성분석
제5절 | 사업계획서
제6절 | 입지 선정
제7절 | 회사의 설립
제8절 | 공장의 설립 및 등록

제1절 벤처의 정의

벤처기업이란 창조적 아이디어와 첨단기술을 바탕으로 도전적인 사업을 운영하는 중소기업을 말한다. 중소기업이라 하더라도, 창업한 지 오래된 중견기업은 일반적으로 벤처기업이라 부르지 않는다.

벤처기업이란 venture와 企業의 합성어로, 대한민국과 일본에서 주로 사용되는 단어이다. venture란 단어는 원래 모험을 뜻하는 말로 투기적 사업을 의미한다. 영어에 해당하는 단어는 'startup'으로, 주로 첨단기술 분야의 업종에서 갓 시작한 소기업을 의미한다. 법률상으로는 기술평가보증기업으로부터 보증승인을 받거나 매출액 대비 연구개발비 비율 등의 요건을 충족하여 벤처기업 인증을 받은 회사를 칭한다.

대한민국에서는 「벤처기업육성에 관한 특별조치법」에서 다음과 같이 일정요건을 갖춘 중소기업을 벤처기업으로 정의하고 있다.

1. 벤처투자기업 : 벤처캐피털이 기업 자본금의 10% 이상 투자하고, 투자금액이 5천만 원 이상인 기업
2. 연구개발기업 : 기업부설연구소를 보유한 기업으로서 연구개발비가 총매출액에서 차지하는 비율이 중소기업청장이 정하여 고시하는 비율(5~10%) 이상이고, 5천만 원 이상인 경우
3. 기술평가보증기업 : 기술보증기금 또는 중소기업진흥공단이 기업의 기술평가를 실시한 후 담보 없이 총자산의 10% 이상, 최소 8천만 원 이상을 보증하는 경우
4. 기술평가대출기업 : 기술보증기금 또는 중소기업진흥공단이 기업의 기술평가를 실시한 후 자금 대출을 하는 경우
5. 예비벤처기업

대한민국의 벤처기업 개수는 2010년 5월 19일자로 2만 개를 돌파했다. 2014년 6월 기준 한국의 벤처기업 개수는 28,543개이다.

자료원 : http://www.k-startup.go.kr/main.do
http://www.kibo.or.kr/src/start/kbs000.asp

제2절 창업이란?

창업이란 재화와 서비스를 생산하고 판매하는 시스템을 새롭게 만드는 과정으로, 창업자가 사업의 기회를 포착하여 사업 목표를 설정하고, 자본, 인력, 설비 등 경영자원을 확보하여 사업을 시작하는 것을 말한다.

창업자는 자금조달에서부터 중요한 기업의 의사결정에 주도적인 역할을 수행한다. 창업자는 창업아이템을 갖고 있어야 할 뿐 아니라 기업의 자금조달에서부터 조직관리와 의사결정 등을 최종적으로 책임지는 사람이다.

그림 4-1 창업자의 역할

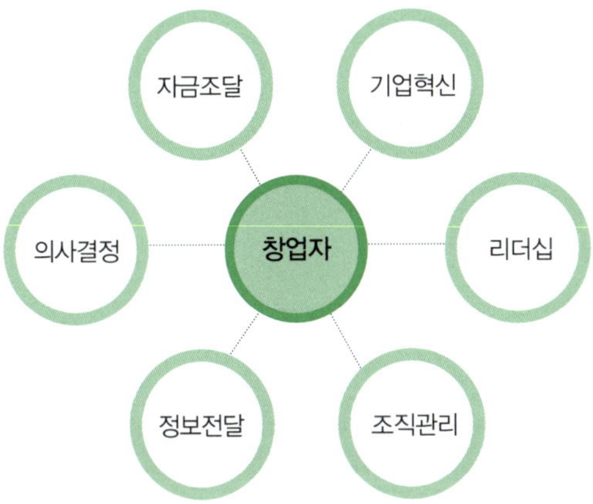

창업을 위해서는 우선 창업아이템 혹은 아이디어로 대표되는 사업기회가 있어야 한다. 또한 이런 사업기회를 바탕으로 실질적으로 창업이라는 구체적 행동으로 실행하는 창업조직이 있어야 한다. 이상적인 창업조직은 리더의 높은 성취도와 함께 조직에 몰입하고 헌신하는 구성원을 필요로 한다. 사업기회와 그것을 실행할 창업조직 외에 경영자원도 중요한 요소이다. 경영자원은 창업 아이디어를 구체적인 상품이나 서비스로 개발하는 데 필요한 투입요소를 말하는 것으로서 인적자원, 재정자원, 유형자원을 포괄한다.

| 표 4-1 | 창업의 3대 핵심요소

사업기회	창업조직	경영자원
• 창업과정은 사업에 대한 기회를 추구하는 과정 • 기회에는 아이디어, 아이템, 기술, 시장수요, 시장구조, 시장규모와 성장가능성 등이 포함	• 창업조직(또는 창업가)은 창업 성공의 가장 중요한 핵심요소 • 가장 이상적인 조직은 성취도 높은 리더에 의해 주도되고, 구성원이 조직에 몰입하고 헌신하는 형태여야 함	• 창업 아이디어를 구체적인 상품이나 서비스로 개발하는데 필요한 투입요소 • 경영자원은 인적자원, 재정자원, 유형자원으로 구분 • 성공적인 창업을 위해서는 우수한 자원을 확보하는 것이 중요

제3절 창업아이템 선정

1. 창업을 위한 업종 선택 원칙

1) 경쟁업체보다 유리한 업종 선택

창업 시작부터 경쟁업체보다 우위에 있어야 시장경쟁에서 주도권을 잡을 수 있다. 동종산업 내에서도 고객들의 니즈에 부응하고, 고객에게 좀 더 다가갈 수 있는 업종이 있는지를 우선 생각해 볼 필요가 있다. 다만, 모든 면에서 경쟁업체보다 우위에 있어야 하는 것은 아니며, 우위에 있는 측면이 많을수록 유리하다.

2) 자신의 적성에 맞는 업종 선택

수익성이 높다고 해서 창업을 시도하는 것은 금물이며 가급적 일정기간 이상을 직접 체험하면서 자신의 적성 여부를 점검하고 이를 통해 업종을 선택하는 것이 바람직하다. 적성이 맞는지 안 맞는지 알아보는 가장 좋은 방법은 관심 있는 업종의 구체적인 정보와 사업 애로사항을 파악한 후 자신의 적성과 부합되는가를 스스로 사전 체크하는 것이다.

3) 성장성이 있는 업종 선택

1~2년 반짝 히트를 치고 사양화하는 유행 업종보다는 최소 5년 이상 지속적으로 성장할 수 있는 유망 업종을 선택해야 한다. 성장성 있는 업종을 선택하기 위해서는 관심 업종 관련 경험자 또는 전문가들로부터 정보를 수집하여 판단하는 것이 바람직하다. 창업 전에 해당 분야를 직접 체험하는 것도 좋다.

4) 자신의 사업조건에 맞는 업종 선택

자신의 사업조건과 맞는지 충분히 검토해야 한다. 우선 자신의 자본규모에 맞춰 업종을 선택할 때는 창업 준비자금뿐만 아니라 창업 초기 운영자금을 고려해야 한다. 또한 건강상 문제가 있는 사람이나 육아 등 부담을 안고 있는 사람은 업종 선택 시 신중히 생각해 판단해야 한다.

2. 아이디어의 유형

창업 아이템으로서 아이디어의 유형은 다양한 형태로 구분할 수 있다. 기존시장에서는 존재하지 않는 제품과 서비스를 제공하는 새로운 시장을 개설하는 형태일 수도 있고, 새로운 기술을 활용하여 새로운 제품과 서비스를 제공하는 형태일 수도 있

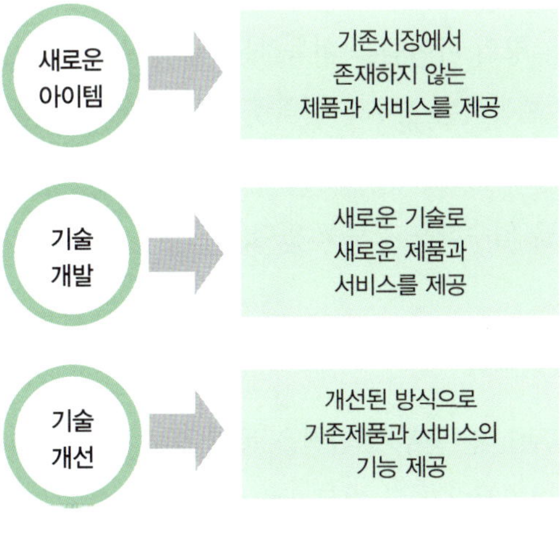

다. 또는 기존제품과 서비스를 개선된 방식으로 제공하는 형태일 수도 있다.

3. 창업아이템 탐색

창업아이템을 탐색하는 방법으로는 제품탐색법과 욕구탐색법이 있다. 제품탐색법은 기존제품을 기존시장에 적용하는 기존제품 탐색방법과 신제품을 개발하여 기존시장에 적용하는 신제품 탐색방법의 두 가지가 있다.

그 외에 욕구탐색법은 외적인 환경요소와 창업자 개인의 욕구가 효과적으로 결합된 아이템을 선정하는 방법이다.

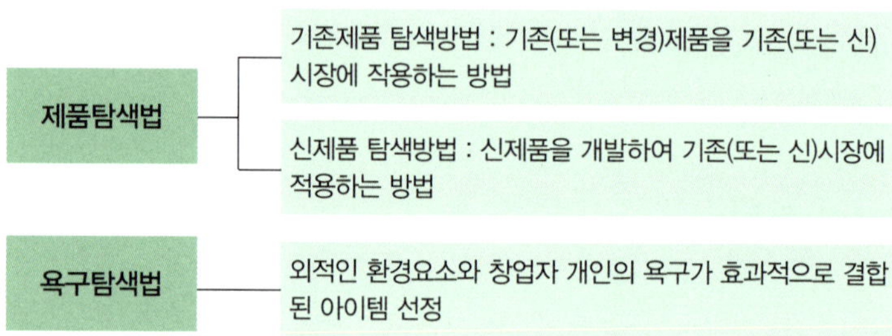

4. 창업아이템 입수경로

창업을 고려할 때, 창업 아이템을 획득하는 경로에는 창업자가 인적 네트워크 및 면담을 통하여 직접 획득하는 경우와 인터넷 및 미디어 등과 같은 매체들을 통해 정보를 습득하는 간접 경로가 있다. 또한 창업박람회나 세미나 등 관련 이벤트에 참가하여 전문적인 지식을 입수하는 경로도 있다.

1) 인적 네트워크 및 면담

- 동창, 친구, 선후배, 전 근무지 인맥을 통한 정보 습득
- 산업연구원, 창업컨설턴트 등 전문가를 통한 정보 습득

- 창업 경험자 및 실제 소비자 면담을 통한 정보 습득

2) 인터넷 및 미디어

- 인터넷 카페, 블로그 등 소셜미디어를 통한 정보 습득
- 창업정보사이트, 정책정보사이트 등을 통한 정보 습득
- 신문, TV, 잡지 등 미디어를 통한 정보 습득

3) 창업박람회 및 세미나

- 창업박람회, 전시회, 관련 이벤트 행사 등을 통한 정보 습득
- 창업 관련 세미나를 통한 정보 습득
- 창업 전문기관 및 지원기관을 통한 정보 습득

5. 아이템 선택의 기본조건

유망 아이템의 기본조건을 제시하면 다음과 같다.

- 시대의 흐름에 적합해야 함
- 성장성과 장래성이 있어야 함
- 대기업이 참여하기 곤란한 새로운 분야의 사업이어야 함
- 유동성이 크고, 경쟁이 심하지 않아야 함
- 안정적인 매출과 이익이 가능해야 함
- 자금회전율이 높아야 함

제4절 사업타당성분석

1. 사업타당성분석의 의의

사업의 성공가능성을 체계적으로 점검하는 것으로 계획 중인 사업과 관련된 제반 요소들을 분석하는 것을 말한다.

2. 사업타당성분석 시 필수 고려사항

사업타당성 분석절차와 내용은 표준화된 방법이 없으므로 분석방법과 형식에 지나치게 얽매이지 말아야 한다. 사업타당성분석은 분석자료를 활용할 사람이 누구냐에 분석 포인트를 맞춰야 한다.

사업타당성분석을 단순히 사업계획서를 작성하기 위해 할 것인가, 투자를 받기 위해 할 것인가 등 사용목적과 용도를 고려해야 한다. 사업타당성분석 시 정보의 범위와 분석방법은 계획사업의 규모, 복잡성, 위험도 등의 특성에 따라 신축적으로 결정해야 한다.

3. 사업타당성 분석단계

1) 시장성 및 시장환경분석

시장성분석이란 제품 및 서비스를 판매할 수 있는 시장을 찾아 판매(수요)를 예측하는 것으로 계획 중인 제품 혹은 서비스를 얼마나 팔 수 있는가에 초점을 맞추어야 한다.

2) 기술성분석

기술성분석이란 제품 생산에 필요한 물적 · 기술적 요소를 파악하고 관련 비용을 추정하는 것으로 기술적 타당성 평가와 원가추정을 위해 반드시 시행해야 하는 단계이다. 물리적인 생산기술에 대한 평가를 의미한다.

3) 수익성 및 자금수지분석

수익성 및 자금수지분석이란 계획사업의 손익추정, 재무제표 작성 등을 통해 경제성을 평가하고, 소요자금을 추정하여 적정한 자금조달 및 운영계획을 수립하는 단계이다.

제5절 사업계획서

사업계획서란 사업에 대한 밑그림으로 성공적인 사업추진을 위해 사업 전반에 대한 내용을 문서화한 것이다. 즉 사업의 목적달성을 위해 기업활동 범위, 자원 활용 방법, 경영전략 등 사업에 관한 제반사항을 체계적으로 작성한 문서이다. 정확한 목적의식을 가지고 체계적으로 사업계획서를 작성하는 것이 사업 시작의 첫걸음이다.

| 표 4-2 | 사업계획서 작성의 필요성

체계적 사업설계	사업 시뮬레이션	이해관계자 설득	사업소개자료
• 단순한 아이디어 또는 경험에 의한 주관적인 사업계획을 방지 • 인사·구매·생산·마케팅·재무 등의 기업 경영활동 전반에 대해 사전에 검토	• 사업수행을 사전에 연습함으로써 시행착오를 예방하고 사업기간과 비용 절약 • 계획 사업의 사전 점검을 통한 실패확률의 감소로 사업자에게 사업성공의 가능성 상승	• 이해관계자(투자자, 금융기관, 정부 및 지자체 등)를 위한 설득자료로 활용 • 사업자의 신뢰도를 증진시켜 자금조달이나 각종 정책지원을 받는 데 활용	• 기업 간의 사업제휴, 납품 또는 입점 계약, 대리점 또는 가맹점 모집, 공공기관 입찰 서류제출, 인허가신청, 기술 및 품질인증 등 사업추진을 위한 회사소개자료로 활용

1. 사업계획서의 작성절차

1) 전체 목차 구성

- 사업내용에 맞게 전체적인 목차를 구성하여 나열
- 제품내용, 서비스흐름, 사업모델 등에 관한 자료를 점검
- 양식이 정해진 경우에는 작성에 필요한 내용을 확인

2) 시장분석 및 계획수립

- 시장, 기술, 경쟁사 등의 동향 및 특징 조사
- 조사내용분석, 사업 방향 및 실행계획 수립
- 유사 사업의 사업계획서 확보, 참조

3) 계량분석

- 투자계획, 매출 및 비용계획, 손익분석 실시

표 4-3 사업계획서 작성항목

● 필수항목 ▲ 권장항목

주요 작성항목	내부운영용	자금신청용	투자유치용	사업제휴용	IR용	입찰제안용
회사개요		●	●	●	●	●
사업개요		▲		●	●	
제품 및 기술현황		●	●	●	●	●
시장환경	●	▲	●	▲		
개발계획	●	●	●		▲	●
투자계획	●	●	●			●
마케팅계획	●	●	▲	●		▲
생산계획	●					
조직 및 인원계획	●	▲		▲		
이익 및 재무계획	●	●	●	●	●	●
투자제안			●			

- 내용상 문제점 점검 및 피드백(실행계획 수정)
- 목표 수치 나올 때까지 반복분석 실시

4) 내용작성 및 편집

- 근간이 되는 항목, 쉬운 항목부터 세부내용 입력
- 유사 사업의 계획서 참조하여 작성
- 서체, 글자크기, 색상 등을 통일하여 편집

제6절 입지 선정

입지란 주택, 공장, 사무실, 점포 등이 위치하는 일정한 범위의 장소를 말한다. 입지 선정이란 입지주체가 추구하는 입지조건을 갖춘 토지(지리적 위치)를 정하는 것으로 사업을 영위하기에 좋은 환경과 조건을 갖춘 지리적 위치를 선정하는 것을 의미한다.

업종과 용도에 따라 입지도 달라진다. 공장, 점포, 사무실 등의 입지를 정할 때 다음 사항에 유의해야 한다. 예를 들어, 의료서비스를 제공하는 병원의 경우, 고객의 접근도가 가장 중요한 요소이다. 노동력, 인건비 등의 요소와 건설 · 토지비용은 중간 정도의 중요성을 가진다. 지역사회 매력도, 운송시설 근접성, 운송비, 전력 및 상하수도, 자재구입 용이성 등은 별로 중요하지 않은 요소라고 할 수 있다. 간략하게 말하면 의료서비스의 경우는 해당 서비스의 성격상 소비지지향적인 입지가 바람직하다는 것이다.

| 표 4-4 | 입지의 선정

공장입지	점포입지	사무실입지
제조업의 경우 최근 환경문제에 대한 관심이 높아지면서 공장 신축을 제한하는 규제가 증가하고 있으므로 공장 확보를 위한 첫 단계인 입지 선정부터 철저한 검토와 준비가 필요하다.	도 · 소매업(생활서비스업 포함)은 판매방식이 고객과의 직접적인 접촉에 의해 이루어지기 때문에 다른 업종에 비해 입지 선정이 더욱 중요하다.	서비스업은 점포가 없어도 사업 영위가 가능한 경우가 있으며, 대체로 이런 경우 사무실의 입지 선정이 중요한 문제가 된다.

| 표 4-5 | 분야별 입지 선정 주요 항목의 중요도

주요 작성항목	연구개발	물류	개인서비스	의료서비스	공공서비스
고객 · 시장 근접도	중	중	상	상	상
노동력, 인건비	중	중	상	중	중
지역사회 매력도	상	하	하	하	하
건설 · 토지비용	중	중	중	중	중
운송시설 근접성	하	상	하	하	하
운송비	하	상	하	하	하
전력, 상하수도	하	하	하	하	하
자재구입 용이성	하	하	하	하	하
지리적 제약	하	하	중	하	하

자료원 : 신용보증기금

제7절 회사의 설립

1. 기업 형태의 결정

창업 시 개인기업으로 할 것인지, 법인기업으로 할 것인지를 결정해야 하는데, 여러 가지 요소를 비교한 후에도 결정이 어려울 경우에는 일단 개인기업으로 시작해서 사업규모가 커지면 법인기업으로 전환하는 것이 좋은 방법이다.

개인기업은 자금조달 면에서는 한계가 있다는 단점이 있으나, 이익금의 사용에 제약이 없고, 설립절차가 간단하다는 장점이 있다. 법인기업은 대체로 소기업보다는 규모가 큰 형태로서 자금조달이 용이하고, 대자본의 참여가 많은 형태이다. 기업의 참여자들은 지분한도 내에서 유한책임을 지게 되며, 설립절차가 복잡하고 비용이 수반되는 단점이 있다. 개인기업의 경우는 소득세의 형태로 조세를 부담하는 데 비해 법인기업은 법인세를 부담하게 된다.

▌표 4-6▐ 법인기업과 개인기업의 비교

비교항목	법인기업	개인기업
설립절차	개인에 비해 복잡	사업자등록만으로 가능
기업영속성	대표가 바뀌어도 계속성 유지	대표가 바뀌면 신규사업자
대표자책임	유한책임	무한책임
대외신인도	대체로 높음	대체로 낮음
설립비용	일정비용 필요	거의 없음
자금조달	자금조달 용이, 대자본 가능	자금조달 한계, 대자본 불가능
이익금 사용	제약 있음(사적 유용 금지 등)	제약 없음(개인 자금 사용)
관리비용	비교적 많음	비교적 적음
외부감사	• 자산 120억 원 이상인 주식회사 • 주권상장법인과 주권상장법인이 되려는 주식회사 • 부채가 70억 원 이상이고 자산이 70억 원 이상인 주식회사 • 종업원수가 300명 이상이고 자산이 70억 원 이상인 주식회사	적용대상 아님
세금부담	과세표준 2,400만 원 초과 시 법인사업자가 유리	과세표준 2,400만 원 이하 시 개인사업자가 유리
과세체계	법인세, 대표 급여의 비용 인정	소득세, 대표 급여의 비용 불안정
복식부기의무	있음	요건에 따라 다름

2. 인 · 허가 개요

인 · 허가 사항은 사업을 시작하기 전에 각 관계 법령에 따라 받아야 하는 행정 절차이며, 세부적으로는 허가, 신고, 등록, 지정, 면허 등이 있다. 창업하려는 업종이 인 · 허가대상 사업인지 여부는 도청, 시청, 구청에 알아보거나 '기업지원플러스 G4B 홈페이지(www.g4b.go.kr)' 또는 '온라인 재택창업시스템 홈페이지(www.startbiz.go.kr)'에서 검색하면 쉽게 확인할 수 있다. 인 · 허가를 받기 위해서는 업종에 따라 그 사업에 관한 인적 요건(자격기준 등), 물적 요건(사업장 및 시설기준 등) 또는 순자산 요건(최소자본금기준 등)을 갖추어야 한다.

3. 주식회사의 설립

법인의 한 형태로서 주식회사를 설립하는 경우, 주식회사의 설립은 발기설립과 모집설립으로 구분된다. 설립 시 발행하는 주식 전부를 발기인들이 모두 인수함으로써 주식회사를 설립하는 방식이 발기설립인데, 이 경우 이사와 감사의 선임은 발기인 의결권의 과반수로 결정된다. 중소규모 기업에 적합한 형태이다. 반면, 모집설립은 설립 시 발행하는 주식의 일부는 발기인이 인수하고, 나머지는 공개모집 등을 통한 주주들에게 인수시키는 형태를 취하는 방식이다. 대규모 기업에 적합한 형태이다.

1) 발기설립

- 설립 시 발행하는 주식 전부를 발기인이 인수함으로써 설립하는 방법
- 이사와 감사의 선임은 발기인 의결권의 과반수로 결정
- 대체로 중 · 소규모 기업에 적합

2) 모집설립

- 설립 시에 발행하는 주식 일부는 발기인이 인수하고 나머지는 주주를 통해 인수

시키는 방법
- 이사와 감사의 선임은 창립총회의 결의로 결정
- 대체로 대규모 기업에 적합

3) 법인설립을 위한 사전 결정 사항

- 상호 : 법인설립 시 발기인 조합에서 가장 먼저 해야 할 일
  - 2008년 5월부터 상호에 로마자, 한자, 아라비아 숫자, 일정기호 병기가능
- 본점 소재지 : 본점 사무실 계약 체결 여부 불문, 소재지 주소 반드시 필요
- 자본금 규모 : 상법상 최저자본금제도(5,000만 원) 규정 폐지
  - 소액의 자본금으로 주식회사 설립가능
- 이사와 감사의 수
  - 자본금 5억 원 이상 : 대표이사, 이사, 감사 각 1인 총 3인 필요
  - 자본금 5억 원 미만 : 이사 및 감사 1인 총 2인 필요(대표이사 없음)
- 사업목적 : 현재 시행하는 사업뿐만 아니라 향후 예상되는 사업까지 포함해야 정관 및 등기 변경비용 절약

4) 법인 등기신청 시 첨부서류

- 정관 : 일반적으로 표준정관양식으로 작성
- 주식인수증 : 주식 인수자별로 각각 인수증을 작성하고 서명 날인
- 주식청약서 : 이사가 회사의 주식을 청약하는 서류
- 잔고증명서 : 주금 납입에 대한 은행 잔고증명서(종전 주금 납입 보관증명서는 폐지)

❙ 표 4-7 ❙ 정관 기재사항

구분	기재사항
절대적 기재사항 (반드시 기재)	• 목적, 상호, 회사가 발행할 주식의 총수 • 1주의 금액, 회사설립 시 발행하는 주식의 총수 • 본점의 소재지, 회사가 공고를 하는 방법 • 발기인의 성명, 주민등록번호 및 주소
상대적 기재사항 (기재하지 않으면 효력 없음)	• 발기인이 받을 특별이익과 이를 받을 자의 성명 • 현물출자자의 성명과 그 목적 재산의 종류, 수량, 가격과 이에 대하여 부여할 주식의 종류와 수 • 회사설립 후 양수할 것을 약정한 재산의 종류, 수량, 가격 및 양도인의 성명 • 회사가 부담할 설립비용과 발기인이 받을 보수금액
임의적 기재사항 (회사의 필요에 의한 기재)	• 이사 및 감사의 수 • 총회의 소집시기 • 영업년도 등

4. 개인회사의 설립

개인회사 설립은 절차가 간소하고, 휴 · 폐업의 절차 역시 간단하다. 사업 시작 전 인허가가 필요한 경우를 제외하고는 관할 세무서에 사업등록증만 교부받으면 된다. 즉 사업인허가를 받은 후 사업자등록을 하면 개인기업의 설립절차는 마무리되는 것이다.

1) 개인회사 설립의 개요

• 개인기업의 설립은 절차가 매우 간소하고 휴 · 폐업절차도 비교적 간단
• 인 · 허가가 필요한 경우를 제외하고는 관할 세무서에 사업등록증만 교부받으면 언제나 영업활동이 가능

2) 개인회사의 설립절차

• 사업 인 · 허가→사업자등록→개인기업 설립

제8절 공장의 설립 및 등록

1. 공장의 유형

창업을 제조업으로 하는 경우 공장이 있어야 하는데, 공장은 도시형과 아파트형으로 구분할 수 있다.

도시형 공장은 첨단산업의 공장, 공해발생 정도가 낮은 공장(「대기환경보전법」, 「수질 및 수생태계보전에 관한 법률」의 규정에 의함) 및 도시민 생활과 밀접한 관계가 있는 공장으로 산업통상자원부 장관이 지정한 공장을 의미한다.

아파트형 공장은 동일 건축물 안에 다수의 공장이 동시에 입주할 수 있는 3층 이상의 집합건축물로서 6개 이상 공장이 입주할 수 있는 건축물에 위치한 공장을 의미한다. 아파트형 공장은 토지이용의 고도화, 관리 운영의 효율화 등을 목적으로 홍콩, 싱가포르 등 공업용지가 부족한 국가에서 활성화되고 있는 형태이다. 우리나라에서는 서울을 비롯한 수도권 지역의 중소제조업체가 수도권 공장입지의 규제로 인해 수도권 내 공장입지에 어려움을 겪고 있는 현상을 타개하기 위해 도입하였다. 아파트형 공장의 사업시행자는 100분의 50의 범위 내에서 규정하는 비율에 따라 일부

그림 4-2 공장설립 프로세스

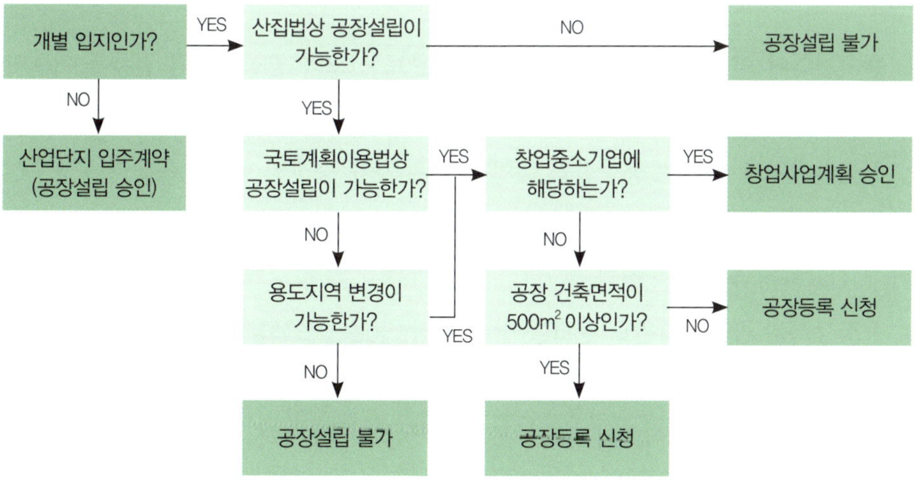

를 임대용으로 공급하도록 되어 있다. 공장설립에 대한 제한이 있는 과밀억제권역 안에서도 아파트형 공장에 대해서는 신설 및 증설이 가능하다. 이 경우 허용되는 용도는 「산업집적활성화 및 공장설립에 관한 법률」에 의해 지정된 지식기반산업집적지구 안의 아파트형 공장과 같은 법에 의한 도시형 공장을 유치하기 위한 아파트형 공장 등이다.

표 4-8 공장설립에 필요한 서류

구분		내용
법정서류	승인신청서	산집법 시행규칙 별지 서식5
	사업계획서	산집법 시행규칙 별지 서식2의 2
	의제처리 인·허가 명세서 등	• 인허가 명세서 : 산집법 시행규칙 별지 서식5의 3 • 관련 첨부서류 : 산집법 시행규칙 별표1
	토지·건축물 사용권 증명서류	토지이용계획 확인원, 지적도, 토지(건축물)대장, 토지(건축물)등기부등본, 토지(건축물) 사용승낙서, 토지(건축물) 소유권자 인감증명 등
기타서류	환경영향 검토서류	환경 및 재해영향 검토서류, 환경오염방지 계획서 등
	설계·배치 관련 서류	부지설계도, 건축물 배치도
	기타	기타 공장설립 승인을 위해 요구하는 서류

자료원 : 산업집적활성화 및 공장설립에 관한 법률

2. 공장등록

벤처기업이 공장을 설치할 경우 공장설립완료 신고와 공장등록의 절차를 거쳐야 한다.

공장설립완료 신고는 공장설립 승인을 얻은 자가 공장의 최종건축물의 사용승인을 얻고 기계, 장치의 설치를 완료한 날로부터 2개월 이내에 시장, 군수 또는 구청장에게 신고하는 것을 의미한다.

공장등록은 공장설립완료 신고를 받은 시장, 군수, 구청장 등이 최종건축물의 준공 및 기계장치 등의 설치 등을 확인 후, 관련 법령에서 정한 기준과 기준 공장 면적률에 적합한 경우 7일 이내에 등록사실을 신청인에게 통보하는 절차를 의미한다.

1) 공장설립완료 신고

공장설립 승인을 얻은 자가 공장의 최종건축물의 사용승인을 얻고 기계, 장치의 설치를 완료한 날(제조시설 설치의 경우에는 기계, 장치의 설치를 완료한 날)로부터 2개월 이내에 시장, 군수 또는 구청장(산업단지의 경우 산업단지관리기관)에게 신고해야 한다.

공장설립 승인을 득한 자가 「건축법」에 의한 임시사용허가를 얻어 제조시설을 설치한 후 최종건축물의 사용허가를 받은 경우는 공장설립완료 신고를 한 것으로 간주한다.

2) 공장등록

공장설립완료 신고를 받은 시장, 군수, 구청장 등은 최종건축물의 준공 및 기계장치 등의 설치 등을 현지 확인 후 「건축법」, 「국토의계획및이용에관한법률」 등 관련 법령에서 정한 기준 등과 기준공장 면적률에 적합한 경우 7일 이내에 등록사실을 신청인에게 통보한다.

공장 건축면적이 500㎡ 미만인 경우에는 별도의 승인절차가 필요 없으며, 관계 법령의 기준에만 적합하면 바로 공장등록이 가능하다.[01]

01 자료출처 : 신용보증기금

Chapter

05

벤처기업 운영

제1절 창업기업의 자금조달

1. 창업자금조달

창업을 위한 자금조달은 자기자금과 타인자금으로 크게 나눌 수 있다. 자기자금은 창업자 자신의 자금, 투자자의 자금 등의 자료투자뿐만 아니라 사무실 등의 현물출자 등의 형태로도 이루어진다. 타인자금은 정부지원자금, 금융기관 대출, 사채 등의 형태로 이루어진다.

그림 5-1 자금조달의 형태

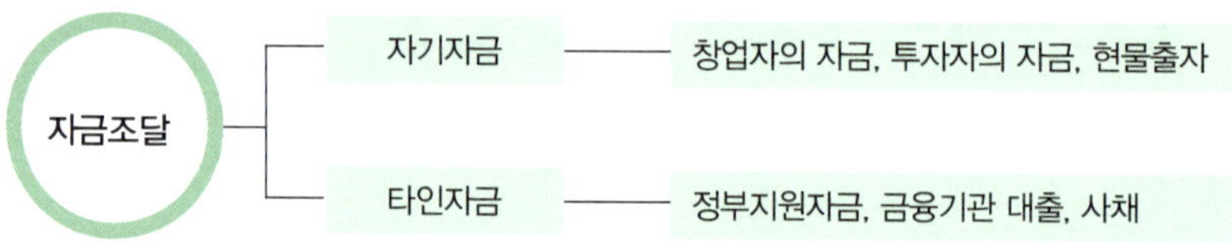

2. 자금조달 프로세스

- 1단계 : 필요자금을 예측하여 가장 기본적인 자금은 자기자금으로 준비한다.
- 2단계 : 정부지원대상이 될 수 있도록 기본요건을 확보한 후 사업화 직전까지 개발자금 등의 정부정책자금을 활용함으로써 위험을 분산한다.
- 3단계 : 성공적인 사업화 이후에는 정부지원에 의존하기보다는 자기자금, 정책자금, 금융권 자금, 투자유치 등의 방법으로 자금을 조달한다.

3. 예비자금의 산출방법

1) 예비자금의 중요성

- 대부분의 창업자가 창업 시 가장 기본적인 소요자금만을 계산하여 자금을 조달

하고 있으며, 예비자금은 거의 반영하지 않는다.

- 예비자금은 여유자금이 아니라 사업계획 수립 시 예상하지 못한 부분을 충당하는 데 더 큰 의의가 있다.
- 예비자금은 창업 후 6개월~1년 동안 매출액이 발생하지 않는다는 것을 전제로 준비하는 것이 가장 안전하지만, 여의치 않을 경우 3~6개월 이상의 소요자금만이라도 마련해야 한다.

2) 창업기업의 예비자금 산출방법 및 사례

예비자금의 산출은 기업규모, 업종 및 아이템의 특성, 사업 준비상태 등에 따라 다르지만, 일반적으로 1회전 소요 운전자금을 산출함으로써 알 수 있다.

창업자금 조달 및 운영원칙

- 시장성이 좋고, 수익성이 높은 사업이라도 사업 추진에 필요한 적정규모의 자금이 적기에 조달되지 않으면 그 사업의 성공가능성은 낮아지게 된다.
- 기업의 자금관리능력이 창업의 성패를 좌우하는 가장 중요한 요소가 되고 있다.
- 창업 초기 기업일수록 자금관리의 중요성을 인식해야 하며, 세심한 자금관리를 시행해야 한다.
- 일반적으로 중소기업은 창업 초기부터 정부지원자금을 이용하는 경우가 많은데, 창업 초기부터 자기자금보다 정부지원자금에 의존하게 되면 기업의 정상적인 성장을 저해할 수도 있다.
- 기업 성장단계별로 용도 및 여건에 적합한 자금을 조달하는 것이 가장 효율적인 방법이다.

자료원 : 신용보증기금

4. 창업 관련 정책자금지원제도

중소기업진흥공단, 소상공인지원센터, 창업선도대학 등의 기관을 통해 다양한 제도적 지원을 받을 수 있다. 창업 관련 자금지원제도에 대해서는 다음의 내용을 참조하기 바란다.

창업 관련 자금지원제도

창업기업지원자금
- 융자규모 : 1조 1,000억 원
- 지원대상 : 업력 7년 미만 중소기업 또는 창업을 준비중인 자
- 융자범위 : 시설자금(3년 거치 5년 분할상환), 운전자금(2년 거치 3년 분할상환)
- 대출한도 : 시설자금 30억 원, 운전자금 5억 원
- 융자방식 : 중소기업진흥공단(www.sbc.or.kr) 직접 대출 또는 은행 대리 대출

긴급경영안정자금
- 융자규모 : 2,500억 원
- 지원대상 : 수출기업, 재해피해기업 및 일반 중소기업
- 융자범위 : 긴급경영안정사업(2년 거치 3년 분할상환), 수출금융지원사업(180일 이내)
- 대출한도 : 긴급경영안정사업 업체당 5억 원 이내, 수출금융지원사업 업체당 20억 원 이내
- 융자방식 : 중소기업진흥공단(www.sbc.or.kr) 직접 대출 또는 은행 대리 대출

소상공인지원자금
- 융자규모 : 3,000억 원
- 지원대상 : 제조업, 건설업, 운송업, 광업 상시종업원 10인 미만 업체
도 · 소매업 등 각종 서비스업 상시종업원 5인 미만 업체
- 융자범위 : 소상공인의 창업 및 경영개선에 필요한 자금
- 대출한도 : 5,000만 원(1년 거치 4년 분할 상환)
- 융자방식 : 국민, 기업, 신한, 우리 등 시중 17개 은행
- 신청접수 : 소상공인지원센터(소상공인진흥원 홈페이지(www.sbdc.or.kr)에서 소상공인지원센터 확인가능) 상담 후 자금신청 접수

창업보육 기술개발자금
- 융자규모 : 100억 원
- 지원대상 : 중소기업청 지정 창업보육센터 입주 또는 입주예정인 기업 중 업력이 5년 이내의 창업기업
- 지원범위 : 선도과제 – 개발기간 2년 이내 최고 3억 원(기업 25% 부담)
실용과제 – 개발기간 1년 이내 최고 1억 5,000만 원(기업 25% 부담)
- 신청접수 : 종합과제관리시스템(www.smtech.co.kr)에서 온라인 신청

1인 창조기업을 활용한 연계형 기술개발(C&D)자금
- 융자규모 : 25개 과제(전체 예산 20억 원)
- 지원대상 : 중소기업 및 1인 창조기업

- 지원범위 : 과제당 1억 원
- 신청접수 : 아이디어비즈뱅크(www.ideabiz.or.kr)에서 신청 및 접수

■ 아이디어 상업화 지원자금

- 융자규모 : 275억 원, 600개사
- 지원대상 : 예비창업자 또는 3년 이내의 창업 초기기업
- 지원범위 : 5,000만 원(기업 30% 부담, 현금부담은 10% 이상 나머지는 현물 부담가능)
- 신청접수 : 창업정보관리시스템(www.changupnet.go.kr)에서 접수

■ 예비기술창업자 육성사업자금

- 융자규모 : 494억 원, 1,200여 명
- 지원대상 : 예비기술창업자로 사업협약 종료일까지 창업가능한 자
- 지원범위 : 5,000만 원(기업 30% 부담, 현금부담은 10% 이상 나머지는 현물 부담가능)
- 신청접수 : 주관기관으로 선정된 대학 · 연구기관을 자율적으로 선택, 창업정보관리시스템 (www.changupnet.go.kr)에서 접수

■ 중소기업 창업투자보조금 지원자금

- 융자규모 : 1,000억 원, 450여 개사
- 지원대상 : 비수도권지역에서 제조업 창업 관련 건축, 설비 또는 기계구입에 5억 원 이상 투자한 경우
- 지원범위 : 2007~2008년 창업기업 – 투자금액 10% 이내 10억 원 한도
2007년 창업기업 – 투자금액 15% 이내 15억 원 한도
- 신청접수 : 창업정보관리시스템(www.changupnet.go.kr)에서 접수

■ 중소기업자금지원 등 정책 종합정보 사이트

- 비즈인포 : www.bizinfo.go.kr
- 창업넷 : www.changupnet.go.kr
- 중소기업청 : www.smba.go.kr
- 1인 창조기업 관련 : www.ideabiz.or.kr

제2절 창업기업의 마케팅

1. 마케팅의 정의

마케팅을 단순하게 정의하면 상품이나 서비스를 소비자에게 이전하는 활동을 말한다. 마케팅 목적을 달성하기 위해서는 소비자 욕구를 면밀히 파악하고 그 결과를 제품계획에 반영시키며 가장 적절한 방법으로 소비자에게 제품을 구매하도록 호소하는 것, 이와 관련한 모든 활동을 마케팅이라고 한다. 간단하게 말하면 시장을 만드는 행위라고 할 수 있다. 제품을 누구에게, 어디에서, 얼마에 팔 것인지, 어떤 방법으로 더 잘 팔리게 할 것인지를 결정하는 것이 마케팅이다. 창업기업에 있어서 상품의 판매가 성공을 좌우하게 되므로 마케팅이 가장 중요한 경영요소라고 할 수 있다.

위키백과의 설명에 따르면, 21세기 이전까지 마케팅(marketing)은 수요를 관리하는 사회과학으로만 정의되어 왔다. 당초 마케팅은 광고, 영업 등을 포함하여 창의성을 갖는 산업으로 여겨져 왔으며, 또한 소비자가 가질 만한 미래의 요구와 욕구를 예측하는 일로 한정되었었다.

21세기 이후의 마케팅은 어떤 잠재적인 욕구를 자극하여 표면상으로 끌어내는 행위나 동기를 포함하는 것으로서, 마케팅이라는 용어는 그 범위가 시장에서 벗어나 일상의 행위에 대해서도 사용되기 시작하였다.

시장 내에서의 마케팅은 상품과 용역을 생산자로부터 소비자에게 원활히 이전하기 위한 비즈니스 활동을 말한다. 소비자는 필요로 하는 여러 가지 상품을 원하는 가격에 원하는 방법으로, 원하는 시기에 구입하고자 한다. 또한 생산자는 대량생산에 의한 표준화된 상품을 낮은 비용으로 빨리 공급하는 것이 바람직하다. 이때 생산자와 소비자의 희망을 결합해서 능률적인 공급을 하는 것이 마케팅이다. 마케팅 활동으로 시장조사, 상품화계획, 판매촉진, 선전광고, 디지털 마케팅 등이 있다.

Sales	Sales와 Marketing	Marketing
• 제품에서 출발 • 제품을 어떻게 광고하고, 판촉하고, 팔 것인가?		• 고객의 니즈에서 출발 • 니즈를 충족시킬 수 있는 제품과 서비스의 창출

2. 마케팅의 중요성

창업기업이 안정적으로 성공하기 위해서는 시장성, 기술력, 경영능력 등이 뛰어나야 하지만, 무엇보다도 판매와 관련된 마케팅 능력이 중요하다.

창업 초기부터 실제 마케팅 역량을 구축하여 차별화된 마케팅을 실행하고 있는 기업은 매우 드물며, 대부분의 기업이 판매를 위한 영업팀만을 두거나, 실제 업무는 영업이면서 이름만 마케팅팀인 부서를 두는 경우가 많다. 이러한 현상이 생기는 원인은 영업과 마케팅을 서로 같은 개념으로 오해하고 있기 때문이다. 따라서 영업과 마케팅의 차이점을 명확하게 인지하여 마케팅 차원에서 전략을 구사해야 한다.

3. 마케팅전략 수립절차

1) 마케팅 환경분석

마케팅의 출발은 마케팅 환경을 분석하여 그 속에서 현 시장의 기회와 위협요소를 찾아내는 데서 시작된다. 환경분석의 궁극적 목적은 시장기회와 위협요소를 파악하여 마케팅의 전략적 과제를 도출하는 것이다. 즉 시장기회와 위협에 대응하기 위한 사업 방향성을 선정하는 것이다.

마케팅 환경분석은 크게 외부환경분석과 내부환경분석으로 구분되며, 다음의 프로세스에 따라 진행된다.

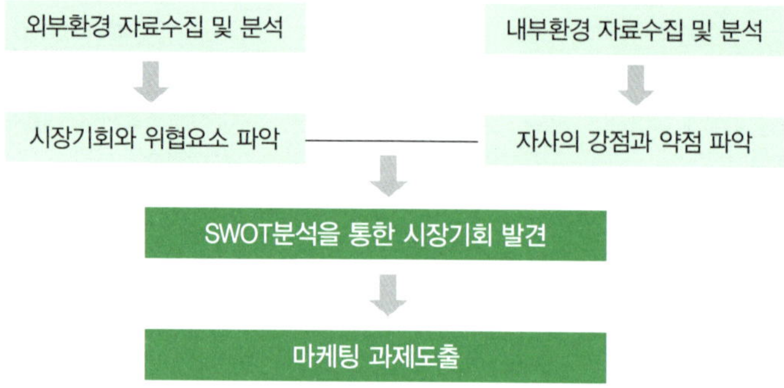

2) 환경분석 항목

구분	외부환경분석 항목	내부환경분석 항목
분석항목	거시환경 정치환경 경제환경 사회환경 기술환경 산업환경 경쟁환경 기술환경	경영지원 사업구조 경쟁우위점 성장경로 투자수익률 목표이익 등

3) SWOT분석

SWOT분석이란 내 · 외부환경분석을 통해 기업 내부역량의 강점(Strength)과 약점(Weakness), 기업 외부환경의 기회(Opportunity)와 위협(Threat) 요인을 규정하고 이를 토대로 마케팅전략을 도출하는 기법이다.

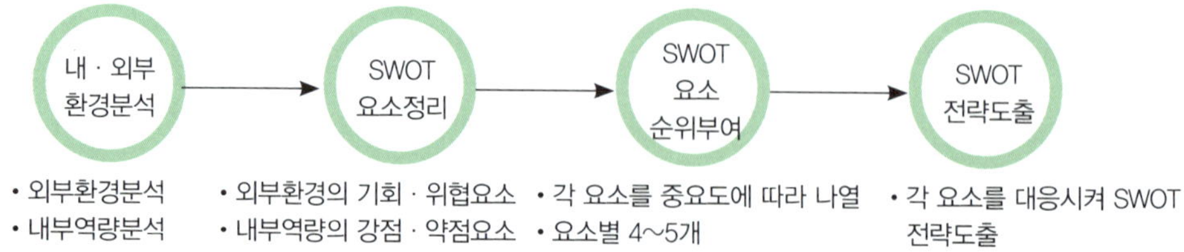

내부역량 / 외부환경	강점요소(S)	약점요소(W)
기회요소(O)	**SO전략** 기회의 이익을 얻기 위해 강점이 이용되는 전략 (시장기회선점전략, 다각화전략)	**WO전략** 약점을 극복함으로써 기회를 활용하는 전략 (핵심역량강화전략, 전략적 제휴)
위협요소(T)	**ST전략** 위협을 회피하기 위해 강점을 이용하는 전략 (시장침투전략, 제품확충전략)	**WT전략** 위협을 회피하고 약점을 최소화하기 위한 전략 (철수전략, 집중화전략)

제 3 절 창업기업의 인적자원관리

1. 핵심인재의 확보방안

- 내부인재의 육성 : 기업 내부적으로 가능성 있는 인재를 육성
- 헤드헌터기업 활용 : 외부의 헤드헌터 전문가를 통한 인재 스카우트
- 사이닝(signing) 보너스 지급 : 인재 영입 시 높은 연봉 및 계약금 지급
- 인재 Pool DB 활용 : 중앙인사위원회 국가인재 DB 등에서 인재 검색
- 별도의 채용팀 운영 : 핵심인재 발굴을 위한 전문 발굴 · 채용팀 구성

근로계약 핵심포인트

- 근로조건의 명시
- 임금(임금 구성항목, 계산 및 지급방법), 소정근로시간, 휴일, 연차유급휴가, 기타 근로조건
- 취업의 장소와 종사해야 할 업무에 관한 사항

- 법령 요지 등의 개시
- 근로기준법과 근로기준법에 따른 대통령령의 요지와 취업규칙을 근로자가 자유롭게 열람할 수 있는 장소에 항상 게시하거나 갖추어 두어 근로자에게 널리 알려야 한다.

4대보험 가입

4대사회보험 정보연계센터(www.4insure.or.kr)의 서비스 내용

인터넷을 통해 4대사회보험 관련 공통신고사항을 신고하고 처리 여부도 바로 확인가능한 시스템

- 4대사회보험 관련 민원 접수 및 처리(동영상 안내)
- 4대사회보험 관련 정보 및 자료 제공
- 4대사회보험 업무를 위한 원클릭 가이드 제공 등

2. 정부의 인력지원제도

정부는 중소기업에 인력을 원활하게 공급하기 위해 다양한 인력지원제도를 운영하고 있다.

1) 산학연계 맞춤형 인력양성사업

- 지원규모 : 95억 원, 전문계고생 및 대학생 2,200명
- 지원대상 : 제조업 또는 지식기반서비스업 영위 중소기업
- 지원 분야 : 기업이 요구하는 기술을 교육 · 훈련받은 전문계고생 및 대학생 채용(최소 2년)
- 신청접수 : 맞춤형 인력양성 홈페이지(idt.smba.go.kr)에서 접수

2) 산업기능요원제도

- 선정규모 : 신규 병영지정업체 신청기업 – 업종별 평가결과 상위 20% 이내
  기존 병영지정업체 – 업종별 평가결과 상위 75% 이내
- 선정절차 : 중소기업청의 업체 선정 및 인원배정을 병무청에 추천

• 신청접수 : 공업, 광업, 에너지산업 분야 – 중소기업중앙회, 각 지방 상공회의소 한국산업단지공단본부 통신기기 제조 및 정보처리 관련 분야 – (사) 벤처기업협회

3) 북한 이탈주민 중소기업 취업알선사업

• 지원규모 : 북한 이탈주민 3,300여 명
• 지원내용 : 중소기업 – 고용지원금 월 50~70만 원 지원
• 문의처 : 중소기업청 인력지원과, 중소기업중앙회 산업인력팀

4) 신규채용 장려금제도

• 지원내용 : 고용지원센터(www.work.go.kr) 또는 국가, 지방자치단체 및 한국산업인력공단 등에 구직신청한 자로서 실업상태에 있는 자를 고용지원센터로부터 알선받아 채용한 경우 1년 동안 일정금액(월 15~60만 원)을 채용장려금으로 지원
• 지원금 수령방법 등
– 대상자 채용 전 3개월~채용 후 12개월까지 사업장 전체 근로자 중 회사 사정으로 퇴사자가 없어야 지원금 수령가능
– 채용 후 6개월 단위로 고용지원센터에 장려금을 신청하여 수령
– 지원금 신청 시 구비서류 : 신규 고용촉진장려금 신청서, 임금대장, 근로계약서 사본, 경영자 통장 사본

3. 외국인 노동자 채용

외국인 근로자를 활용하는 방법도 고려할 만한 대안이다. 외국인 근로자를 채용하기 위한 절차는 다음과 같다.

그림 5-2 외국인 근로자 활용

내국인 구인신청
- 고용지원센터 취업지원과에 7일간 내국인 근로자 구인 노력

→

외국인 구인신청
- 고용지원센터 외국인 담당자에게 특례고용가능 확인 신청 및 발급

→

근로자 알선 및 채용
- 고용지원센터 추천자 중 적격자 선정
- 특례고용허가 유효기간 내 외국동포 채용가능

→

근로계약 및 신고
- 노동부 서식에 의한 근로계약 체결
- 고용지원센터에 근로개시 신고

→

출입국사무소 신고 등
- 채용일로부터 14일 이내 출입국관리사무소에 취업개시 신고
- 4대보험 의무가입, 출국만기보험과 보증보험 가입

4. 정부의 중소기업 고용안정사업

그 외에 정부는 중소기업의 고용안정을 위해 다양한 지원제도를 운영하고 있다.

먼저 실업자를 줄이기 위한 정책으로서, 매출액 감소 등으로 고용조정이 불가피하여 사업주가 고용유지조치를 취할 때 지원하는 고용유지지원금, 고용유지조치의 수단으로 무급의 휴업 또는 휴직을 실시하는 경우 근로자에게 지원하는 고용유지지원금, 취업희망풀의 구직자를 채용하는 사업주를 지원하는 고용촉진지원금제도가 있다.

또한 노인인구에 대한 지원정책으로, 정년퇴직자를 계속 고용하거나 정년을 연장하는 사업주에게 지원하는 고령자고용연장지원금, 60세 이상 고령자고용 사업주에게 지원하는 60세 이상 고령자고용지원금제도가 시행되고 있다.

기혼여성에 대한 취업지원제도로는 임신 중 또는 출산 전후 휴가 중인 계약직 및 파견근로자를 계약기간 종료 즉시 또는 출산 후 15개월 이내에 재고용하는 경우에 지원하는 출산육아기 고용안정지원금제도가 있다. 그 외에도 임금피크제 실시에 대한 지원과 고용창출지원사업제도가 있다.

정부의 지원제도를 자세하게 소개하면 다음과 같다.

1) 고용유지지원금

매출액 감소 등으로 고용조정이 불가피하게 된 사업주가 고용유지조치(휴업, 훈련, 인력재배치 등)를 취하여 근로자를 계속 고용하는 경우에 지원하는 제도이다. 고용유지를 한 조치기간 동안 사업주가 근로자에게 지급한 휴업, 휴직수당 또는 임금액의 일부를 지원한다.

2) 무급휴업 · 휴직 고용유지지원금

고용유지조치의 수단으로 무급의 휴업 또는 휴직을 실시하는 경우 무급휴업 · 휴직 기간 중 근로자에게 고용유지지원금을 지원함으로써 근로자 실직을 예방하고 생계안정을 유지한다. 고용조정이 불가피한 사업주가 법에 따른 무급휴업 · 휴직을 실시하는 경우에도 심사위원회 심사를 거쳐 무급휴업 · 휴직 필요성, 근로자 복귀가능성, 직업능력 향상 계획 등을 심사하여 지원대상을 결정하여 지원한다.

3) 고용촉진지원금

취업희망풀[01]의 구직자를 채용하는 사업주를 지원한다. 월 통상임금이 110만 원 이상이면 860만 원까지 지원하고, 월 통상임금이 110만 원 미만이면 720만 원까지 지원한다.

4) 고령자고용연장지원금

정년퇴직자를 계속 고용하거나 정년을 연장하는 사업주에 대하여 지원한다. 대상자별 30만 원씩 지원하는데 2014년 이후 300인 미만 사업장만 지원한다.

5) 60세 이상 고령자고용지원금

정년 미설정 사업장에서 고용기간이 1년 이상인 60세 이상 고령자를 업종별 평균

01 취업희망풀의 대상자는 고용노동부 장관이 지정한 취업지원프로그램을 이수하거나 중증장애인, 여성가장 등 취업취약계층

고용률을 초과하여 고용하고 있는 사업주에 대하여 지원한다. 업종별 지원기준율 초과 1인당 분기별 18만 원을 지원한다.

6) 출산육아기 고용안정지원금

① 사업주가 임신 중 또는 출산 전후 휴가 중인 계약직 및 파견근로자를 계약기간 종료 즉시 또는 출산 후 15개월 이내 재고용한 경우, ② 근로자에게 육아휴직을 30일 이상 부여하고 육아휴직 종료 후 30일 이상 계속 고용하는 경우, ③ 출산전후 휴가, 육아휴직자에 대한 대체인력을 채용하는 경우에 대하여 지원한다. 지원내용은 다음과 같다.

- 계약기간 종료 즉시 또는 출산 후 15개월 이내 재고용하는 경우 지원
  - 유기계약 : 월 40만 원씩 6개월 지원
  - 무기계약 : 최초 6개월은 월 30만 원, 그 이후 6개월은 월 60만 원 지원
- 육아휴직기간 동안 1인당 월 20만 원 지원(대규모 기업은 월 10만 원)
  육아휴직 종료 후 30일 이상 고용 시 장려금 50% 지원+6개월 계속 고용 시 나머지 50% 지원
- 대체인력 채용기간 동안 월 60만 원(대규모 기업 월 30만 원) 지원

7) 임금피크제지원금

임금피크제를 적용받는 근로자에게 임금삭감액의 일부를 지원한다. 유형에 따라 피크 대비 감액분을 차등 지원한다.

8) 고용창출지원사업

근무체계 개편, 고용환경 개선, 새로운 시간제 직무의 개발 등을 통해 일자리를 늘려 실업자를 신규채용한 사업주에게 인건비 또는 시설비의 일부를 지원한다.

고용창출지원사업은 당해 연도 예산의 범위 내에서 지원하는 사업으로서 사업주로부터 사전에 사업계획을 공모받아 지방 관서(또는 민간수탁기관) 심사위원회의 심사를 거쳐 선정된 경우에 지원한다. 회차별 사업계획서 공모는 당해 연도의 예산 소진 시에는 조기 마감될 수 있다.

I 표 5-1 I 창업을 위한 업종 선택 원칙

구분	내용	납부 · 신고시기	비고
법인세	개인사업자에게 부과되는 소득세와 같은 성질의 세금으로서 1사업연도(회계기간) 동안 그 사업에서 생긴 소득을 기준으로 내는 세금	매년 3월	• 2억 원 이하 : 10% • 2억 원 초과~200억 원 이하 : 20% • 200억 원 초과 : 22%
부가가치세	• 기업이 재화나 용역을 공급할 때 구매자로부터 징수한 부가가치세에서 원재료나 상품 등을 공급받을 때 이미 징수당한 부가가치세를 뺀 차액을 납부하는 제도 • 유통과정에서 생긴 부가가치에 대하여 최종소비자가 부담하는 일반소비세	• 법인 : 1기는 4월/7월, 2기는 10월/1월 • 개인 : 1기는 7월, 2기는 1월	• 부가가치세 면세사업자 일부 생활필수품 판매 또는 의료 · 교육 관련 용역 공급은 부가가치세 면제 • 곡물, 채소, 육류, 생선 등 미가공 식료품 판매 • 연탄, 무연탄, 복권의 판매 • 도서, 신문, 잡지 등(광고는 제외) • 병원, 의원 등 의료보건 용역업 • 인허가를 받은 학원, 강습소 등의 교육 용역업
원천징수	상대방에게 급여 등을 지급할 때 이를 지급하는 자(원천징수의무자)가 그 금액을 받는 사람(납세의무자)으로부터 세금을 미리 떼어서 국가에 대신 납부하는 제도	• 일반 원천징수 : 다음 달 10일까지	• 지급명세서 제출 : 상시근로자의 경우는 다음 해 3월 10일까지 ; 일용근로자의 경우는 1/4분기는 4월 말, 2/4분기는 7월 말, 3/4분기는 10월 말, 4/4분기는 2월 말 ; 이자 · 배당 · 연금 · 기타소득의 경우는 다음 해 2월 말까지
종합소득세	• 개인(또는 개인사업자)이 1년간 얻은 소득에 대해 납부하는 세금으로 모든 소득을 합산하여 다음 해 5월 1일부터 5월 31일까지 주소지 관할 세무서에 신고 · 납부해야 함 • 폐업 또는 사업에서 손실이 발생하여 납부할 세금이 없는 경우에도 신고는 반드시 해야 함 • 대상소득 : 사업소득, 부동산임대소득, 이자소득, 배당소득, 근로소득, 기타소득, 연금소득	매년 5월	• 1,200백만 원 이하 : 6% • 1,200백만 원~4,600백만 원 : 15% • 4,600백만 원~8,800백만 원 : 24% • 8,800백만 원~3억 원 : 35% • 3억 원 초과 : 38%

자료원 : 기업금융나들목(www.smefn.or.kr)

제4절 창업기업 세무관리

창업기업의 형태가 법인인 경우, 법인은 법인소득에 대해 법인세를 납부해야 한다. 우리나라 법인세의 최고세율은 22%, 최저세율은 10%로 되어 있다.

그 외에도 기업은 생산한 상품에 대해, 판매 시 구매자에게서 부가가치세를 징수한 후 이를 세무당국에 납부해야 한다. 다만 벤처기업이 중간생산물로 구매한 중간재 혹은 부품 등에 대해서는 그것의 생산자로부터 세금계산서를 받아서 이 금액만큼을 공제한 나머지 부분, 즉 해당 벤처기업이 생산한 부가가치에 대해서만 부가가치세를 납부하면 된다.

또한 벤처기업은 해당 기업에 고용되어 있는 종업원에게 급여를 지급하는 단계에서 급여소득에 대한 소득세를 원천징수한 후 이를 세무당국에 납부해야 한다. 즉 종업원들이 소득을 획득하는 과정에서 부담해야 하는 소득세를 기업이 급여지급단계에서 미리 징수하여 납부하는 것이다.

벤처 창업 시 3년 이내에 창업벤처기업으로 인정받는 경우에는 법인세, 등록세, 취득세, 재산세, 인지세 등에서 다양한 조세감면 혜택이 적용된다.

벤처기업이 직면하게 되는 조세제도에 대해 좀 더 자세하게 소개하면 다음과 같다.

1. 법인세

법인세란 법인 형태 사업자의 사업소득에 대해 내는 세금으로 각 사업년도 소득에 대해 법인세를 납부해야 한다.

- 법인세의 세율 : 2009년부터 법인세율 인하 및 과표구간 상향조정
  - 과세표준 2억 원 이하분 : 2009년 11%, 2010년 10%
  - 과세표준 2억 원 초과분 : 2009년 22%, 2010년 20%
- 법인세의 신고방법
  - 신고기한 : 사업년도 종료일이 속하는 달의 말일로부터 3개월 내 법인세 과세표준 및 세액 신고서를 작성 관할 세무서장에게 신고

– 신고서류 : 재무제표, 세무조정계산서, 기타 부속서류

- 법인세의 납부
  - 법인세 신고기한 내에 은행 및 우체국에 납부하거나 홈택스서비스, 인터넷, ARS, ATM 등을 이용해 전자납부
  - 법인세 1천만 원 초과 시 초과분 중 일부를 납부기한 경과한 날로부터 1개월(중소기업의 경우 2개월) 내에 분납가능

2. 부가가치세

부가가치세란 상품을 판매 또는 서비스 제공 시 일정금액의 부가가치세를 징수하여 납부한다. 또한 부가가치세는 상품 또는 서비스 가격에 부가가치세가 포함되어 있고 최종소비자가 부담한다.

- 부가가치세 면세사업자 : 일부 생활필수품 판매 또는 의료 · 교육 관련 용역 공급
  - 곡물, 채소, 육류, 생선 등 미가공 식료품 판매
  - 연탄, 무연탄, 복권의 판매
  - 병원, 의원 등 의료보건 용역업
  - 도서, 신문, 잡지(광고는 제외) 등
  - 인허가를 받은 학원, 강습소 등의 교육 용역업

표 5-2 부가가치세의 신고 및 납부기간

기업 형태	구분	제1기		제2기	
		신고대상	신고 · 납부기한	신고대상	신고 · 납부기한
법인사업자	예정신고	1.1~3.31 실적	4.1~4.25	7.1~9.30 실적	10.1~10.25
	확정신고	4.1~6.30 실적	7.1~7.25	10.1~12.31 실적	1.1~1.25
개인사업자	확정신고	1.1~6.30 실적	7.1~7.25	7.1~12.31 실적	1.1~1.25

3. 종합소득세

종합소득세란 개인(또는 개인사업자)이 1년간 얻은 소득에 대해 납부하는 세금으로 모든 소득을 합산하여 다음 해 5월 1일부터 31일까지 주소지 관할 세무서에 신고 및 납부해야 한다.

폐업 또는 사업에서 손실이 발생하여 납부할 세금이 없는 경우에도 신고는 반드시 해야 한다.

❙표 5-3❙ 종합소득세 기본세율

과세표준(소득금액-소득공제)	세율	누진공제
1,200만 원 이하	6%	-
1,200만 원 초과~4,600만 원 이하	15%	108만 원
4,600만 원 초과~8,800만 원 이하	24%	522만 원
8,800만 원 초과~1억 5,000만 원 이하	35%	1,490만 원
1억 5,000만 원 초과	38%	1,940만 원

❙표 5-4❙ 복식부기의무자와 간편장부대상자 판정기준

업종	직전년도 수입금액
농업, 임업, 어업, 광업, 도소매업, 부동산매매업, 기타 업종	3억 원
제조업, 숙박업, 음식점업, 전기 · 가스 · 수도사업, 건설업, 운수업, 통신업, 금융 · 보험업	1억 5,000만 원
부동산임대업, 서비스업(사업 · 교육), 보건업, 사회복지사업, 오락 · 문화 · 운동서비스업, 공공 · 수리 · 개인서비스업, 가사서비스업	7,500만 원

• 사업자는 모든 거래를 복식부기 또는 간편장부에 의해 기록 · 비치, 증빙과 함께 5년 보관
• 법인기업과 전문직 사업자는 수입금액에 관계없이 복식부기의무대상자임
• 상기 금액 이상이면 복식부기의무자이며, 미만이면 간편장부대상자임

4. 원천징수

원천징수란 상대방에게 급여 등을 지급할 때 이를 지급하는 자(원천징수의무자)가 그 금액을 받는 자(납세의무자)로부터 세금을 미리 떼어서 국가에 대신 납부하는 제도이다.

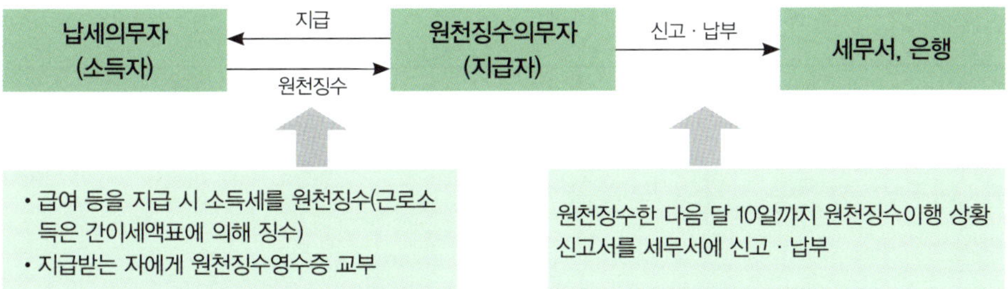

- 원천징수대상 소득 : 근로, 퇴직, 사업, 기타, 연금, 이자, 배당소득 등
- 지급명세서의 작성 · 교부 및 제출 : 지급명세서는 소득자 인적사항, 지급액, 원천징수액 등을 기재한 자료로 미제출 시 미제출금액의 2%를 가산세로 부과한다.
- 지급명세서의 제출기한 : 상시근로자는 다음 해 3월 10일까지, 일용근로자는 매분기 다음달 말까지, 그 외의 경우는 다음 해 2월 말까지

5. 창업기업 조세감면제도

구분	감면내용
대상	• 창업중소기업 : 2012년 12월 31일 이전에 수도권 과밀억제권역 이외 지역에서 창업한 제조업 등을 영위하는 중소기업 • 창업벤처기업 : 창업 후 3년 내에 벤처확인을 받은 기업
법인세(소득세)	창업중소기업과 창업벤처기업의 창업 후 소득발생년도부터 4년간 매년 납부할 법인세(소득세)의 50% 감면

등록세	• 창업중소기업이 창업일로부터 4년 내에 취득하는 사업용 재산의 등록세 면제 • 창업중소기업의 법인설립 등기에 대한 등록세 면제 • 창업벤처기업이 벤처기업확인일로부터 4년 이내 취득하는 사업용 재산에 등록세 면제
취득세	창업중소기업 및 창업벤처기업이 사업을 영위하기 위해 창업일(또는 벤처기업확인일)로부터 4년 내에 취득하는 사업용 재산에 대한 취득세 면제
재산세	창업중소기업 및 창업벤처기업이 소유하는 사업용 재산에 대해 창업일(또는 벤처기업확인일)로부터 5년간 재산세 50% 감면
인지세	중소기업이 창업 후 2년 이내 금융기관 융자 관련 문서에 대한 인지세 면제

6. 제조업 창업중소기업 부담금 면제

2007년 8월 3일~2010년 8월 3일 기간 중 제조업 창업중소기업에 대해 창업 후 3년간 공공시설 수익자 부담금, 농지보전 부담금, 대체초지 조성비, 전력산업기반 부담금, 대기배출 기본 부과금, 수질배출 부과금, 폐기물 부담금, 물이용 부담금 등 11개 부담금을 일괄 면제한다.

Part

04 기술경영론

Chapter

06

기술경영의 이해

제1절 | 기술과 경영
제2절 | 기술경영
제3절 | 기술혁신

제1절 기술과 경영

기술(technology)은 인간과 역사를 함께 하면서 지속적으로 삶의 질을 향상시켜 왔다. 새로운 기술의 발견과 기존기술의 개선을 통해 인간의 능력을 확장시키는 도구로서의 역할을 수행해 온 결과 현재와 같은 인류문명이 가능하게 되었다. 내시경이나 항생제, MRI와 같은 의료기술의 발달은 인간의 수명을 연장시키며, 활자와 사진, 동영상은 유한한 인간이 시간의 기록을 오랜 기간 간직할 수 있게 한다. 또한 전기자동차와 대형비행기와 같은 수송기술은 인간이 공간적인 장애를 효율적으로 극복할 수 있게 한다.

기술은 단계적으로 진화하지만 가끔은 급격한 사회변화를 주도하고 이를 통해 인간의 삶과 생활, 사회구조의 큰 변화를 가져오기도 한다. 예를 들어, 19세기의 산업혁명, 1980년대 말의 PC 보급과 정보통신기술의 발전에 따른 정보혁명, 1990년대의 인터넷 확산과 융합기술, 그리고 2000년대 스마트기기의 보급과 확산은 거의 혁명적인 사회변화를 야기했다. 디지털기술의 발달로 자원과 노동에 기반을 둔 과거의 전통적 산업기술과는 확연히 구분되는 새로운 지식기반의 경제체계가 구축되고 있으며, 이에 따라 산업 간 그리고 기업 간의 기술경쟁도 심화되고 있다.

신기술의 등장과 기존기술의 진화에 따라 상품이나 서비스의 수명주기가 과거에 비해 짧아지고, 신기술 채용에 대한 시장의 반응변화가 심화되고, 대체적인 새로운 산업이 등장하면서, 산업 간의 경계도 애매해지고 있다. 또한 새로운 기술에 대한 정부의 규제도 시장의 변화에 대응하여 변화하고 있으며, 기업 사업범위의 글로벌화도 가속되고 있다.

지식기반의 사회가 도래하고 융합기술이 강조됨에 따라 기업의 경영자에게 요구되는 기능과 지식 또한 변화하고 과거보다 훨씬 다양하고 특화된 역할을 요구하고 있다. 경영학적 사고와 공학적 지식에 대한 이해, 즉 시장과 산업의 트렌드에 대한 분석과 관리능력 이 외에도 엔지니어의 시각이 강조되고 있다. 이와 같은 이유로 최근 기술과 경영의 접목을 도모하는 기술경영(Management of Technology : MOT) 과정이 우리나라의 주요 대학에 신설되어 많은 인기를 얻고 있다.

본절에서는 기술경영과 관련된 기초적인 이해를 위해 기술과 경영에 관한 기본적인 개념을 소개한다.

1. 기술의 개념 및 유형

1) 기술의 개념

'국립국어원의 표준국어대사전(2007)'에 따르면 기술은 "과학이론을 실제로 적용하여 자연의 사물을 인간생활에 유용하도록 가공하는 수단" 혹은 "사물을 잘 다룰 수 있는 방법이나 능력"으로 정의되고 있다. 이는 영어의 technology와 technique을 포괄하여 설명한 것으로, 과학이론을 실제로 적용하여 자연의 사물을 인간생활에 유용하도록 가공하는 수단은 영어의 'technology'의 의미, 사물을 잘 다룰 수 있는 방법이나 능력은 영어의 'technique'의 의미로 볼 수 있다. 일반적으로 과학이나 산업에서 의미하는 기술은 전자에 해당하며, 이를 과학적 기술 혹은 과학기술이라고 한다. 즉 과학기술은 인간의 필요에 따라 도구나 기계, 재료 등을 개발하고 사용하는 과정 등에 대한 일련의 지식체계나 학문이라 할 수 있다.

최근에는 기술의 개념을 보다 확대시켜 인간의 필요와 욕구에 부응하는 제품이나 서비스의 개발, 생산, 판매에 사용될 수 있는 지식, 기술, 관련 물품들의 집합을 지칭하는 것으로 해석하고 있다. 이에 따라 기술을 제품이나 서비스의 가치를 증대시키는 물리적 과정뿐만 아니라 조직여건을 포함하는 것으로 볼 수 있다.

기술(technology)과 과학(science)은 상호 밀접한 관련이 있지만 별개의 독립된 개념이다. 과학은 자연현상의 탐구, 발견, 이해를 목적으로 자연현상의 인과관계를 밝히려는 인간노력의 결과로 경제성과는 무관하다. 반면 기술은 이러한 과학의 성과를 실생활에 응용하는 목적이며, 그 때문에 경제성을 중요한 판단기준으로 삼는다. 또한 기술은 인간의 문제해결을 위해 과학의 종합 혹은 융합을 추구하기도 한다.

또 기술(technology)과 유사한 개념으로 발견(discovery), 발명(invention)이 있다. 발견은 과거부터 존재했지만 인간이 모르고 있다가 찾아낸 것을 지칭하는 반면, 발명은 과거에 존재하지 않았던 새로운 것을 인간이 만들어낸 것을 말한다. 기술은 발견과 발명을 실용화하려는 인간의 노력에 따라 나타난 결과라고 할 수 있다.

2) 기술의 유형

현대의 인간은 기술의 결과나 산출물이 없이는 살아가기 힘들 만큼 인간의 모든 삶의 영역과 기술이 밀접하게 관련되어 있다. 이 때문에 기술은 인간의 삶의 영역만큼이나 다양하고 이 때문에 이들을 하나의 틀로 분류하기 힘들다. 기술의 유형에 대한 공식적인 합의는 존재하지 않지만 일반적으로 분류의 목적에 따라 다음과 같이 구분된다. 분류목적에 따라 일부 중복되는 개념이나 유형도 존재한다.

(1) 고유특성에 따른 분류

고유특성에 따른 기술유형은 제품기술, 공정기술, 정보기술로 나눈다.

① 제품기술(product technology)

특정한, 특히 혁신적인 제품을 만들어내거나 일정한 품질의 혁신적인 제품을 생산할 수 있는 기술을 지칭한다. 신제품 생산뿐만 아니라 기존제품의 개선도 포함한다.

② 공정기술(process technology) 혹은 생산기술

제품의 생산공정에 관련된 기술을 말한다. 화학공장이나 자동차공장과 같은 대규모 시설과 복잡한 절차를 통해 생산되는 제품은 최적화된 공정기술이 필요하다.

③ 정보기술(information technology)

개인과 개인, 개인과 조직 혹은 조직과 조직 간의 정보창출, 정보분석, 정보전달에 관련된 기술로 커뮤니케이션 기술, 컴퓨터 관련 기술, 구체적으로 컴퓨터 소프트웨어와 교육기술을 포함한다. 기업의 주문처리시스템, 재고통제시스템, 회계시스템 등 각종 정보시스템도 여기에 포함시킬 수 있다.

(2) 정형화에 따른 분류

정형화 정도에 따른 기술유형은 명시적 기술과 묵시적 기술로 나눈다.

① 명시적 기술(codified technology)

문서나 그림, 동영상 등으로 나타나거나 표시된 기술을 말한다. 상대적으로 쉽게 파악가능하고 활용가능하다. 이러한 기술은 법에 의한 보호를 확보하는 것이 바람직하다.

② 묵시적 기술(implicit technology)

문서나 그림, 동영상으로 나타나거나 표시되지 않은 경험이나 직관에 의한 기술을 말한다. 대부분 상황에 대응하는 기술이거나 개인적인 성격을 지니기 때문에 쉽게 전수되지 않는 기술이다.

(3) 응용성에 따른 분류

응용성에 따라 기술은 기초 · 원천기술과 응용기술로 나눌 수 있다.

① 기초 · 원천기술(source proprietary technology)

샘물이 솟아 나오는 근원과 같은 기술이라는 의미로서 다른 원천기술이나 응용기술이 지속적으로 파생되어 나올 수 있는 신기술을 말한다. 이와 같은 기술은 대부분 법적인 보호를 받을 수 있는 절차가 있기 때문에 법으로 보호되고 있다는 의미의 'proprietary'라는 단어를 붙여 영어로 표기되기도 한다. 편의상 기초기술과 원천기술을 묶어 분류하였으나 원천기술이 꼭 기초연구를 통해 나타나는 것은 아니다.

② 응용기술(산업기술, 공공기술, applied technology)

고객이나 조직의 필요에 부응하여 기초기술이나 원천기술을 활용하여 구체적인 실제 문제해결에 적용하는 기술을 말한다.

(4) 그 외 분류기준에 따른 기술의 분류

이 외에도 기술단위의 구성, 제품수명주기단계, 제품개발에서의 중요성, 기술의 기능, 전용성의 수준, 산업특성 등 필요에 따라 다음 [표 6-1]과 같이 여러 방식으로 분류되기도 한다.

[표 6-1] 기술의 분류기준과 분류기술

분류기준	분류기술
기술단위	• 요소기술 • 단위기술 • 복합기술
기술수명주기	• 미래기술 • 핵심기술 • 기반기술 • 사양기술
제품개발	• 핵심기술 • 주변기술
기능구성	• 기반서비스기술 • 응용서비스기술
전용성의 수준	• 산업고유기술 • 기업고유기술 • 시스템고유기술
산업특성	• 단일설비형 • 제품중심형 • 연속공정형 • 일관조립형 • 지식집약형

3) 기술과 시장

기술은 인간의 모든 삶의 영역과 밀접하게 관련되어 있기 때문에 그 가치에 따라 기술에 대한 시장, 즉 수요가 존재하고, 기술의 산출물이나 결과물이 지니는 희소가치 혹은 부가가치에 의해 기술의 가격이 결정된다. [그림 6-1]과 같이 선개발된 기술이 시장의 수요에 부응하는 경우(기술 PUSH)와 시장이 특정한 기술(개발)을 끌어

당기는 경우(시장 PULL)가 있을 수 있다. 기술이 시장으로 PUSH되는 경우는 연구 활동이나 실험 등에 의해 개발된 기술이 성능, 파급효과, 표준화, 신뢰성 등의 평가(기술의 관문)를 거쳐 그 경제성, 금융조달, 정부의 규제와 정책, 경영 등의 기준(시장의 관문)을 통과하여 시장에 등장하게 된다. 그 예로는 1960년대 영국에서 개발된 터치스크린기술이다. 이후 이 기술은 많은 R&D 자금을 확보하여 발전하였고, 1980년대에 HP의 터치스크린 컴퓨터, 1993년 애플의 뉴튼PDA, 1996년 팜(Palm)의 파일럿 시리즈를 거쳐 오늘날 스마트폰으로 발전하였다. 기술이 시장수요보다 먼저 개발되는 기술 PUSH의 경우와 달리 시장 PULL의 경우 시장에서 특정한 제품이나 솔루션에 대한 수요가 존재하거나, 사회가 지향하는 특정한 목표가 있거나, 구성원들의 라이프스타일, 가치관의 변화가 있는 경우 그에 대응하는 기술의 개발을 촉진시키는 것을 말한다. 일단 개발된 기술은 기술 PUSH의 경우와 마찬가지로 기술의 관문과 시장의 관문을 통과하게 된다. 시장 PULL의 예는 디지털 카메라가 있다. 과거 필름카메라가 갖는 단점, 즉 결과물을 즉시 볼 수 없고, 촬영매수에 제한이 있으며, 결과물 재생산의 번거로움 때문에 시장에서 이를 대체할 기술에 대한 요구가 있었고, 그에 따라 디지털카메라, 소형저장매체, 프로세서, 배터리 기능향상 등을 위한 기술이 개발되었다. 시장 PULL의 또 다른 예는 석유를 대체할 에너지에 대한 사회적 필요에 부응한 전기자동차가 있다.

기술의 가치는 그 기술이 갖는 차별적이며 내재적인 기술적인 요인에서부터 파생

그림 6-1 기술과 시장의 관계

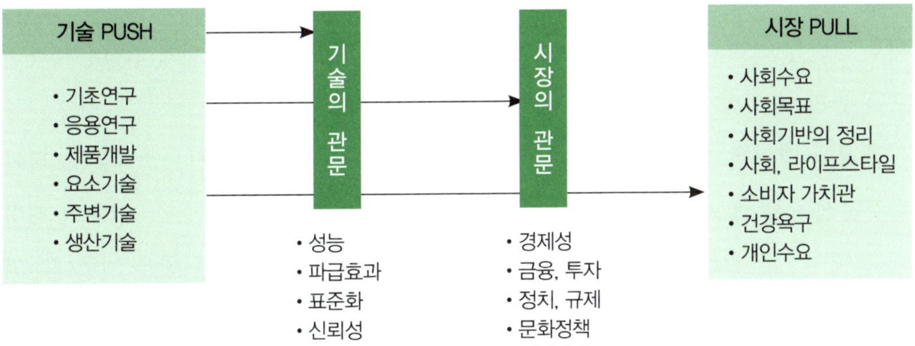

자료원 : SRI, AT&T.

되지만 그 외에도 [표 6-2]에서 보는 바와 같이 시장성, 사업성, 기업규모, 기업전략, 권리범위 등의 사업요인, 이자율, 대출시장 상황, 경기변동, 규제 등의 경제요인 및 평가시점, 평가목적, 분석력 등의 평가요인이 영향을 미친다.

[표 6-2] 기술가치의 원천과 결정요인

요인	내 용
기술요인	기술 완성도, 우수성, 파급효과, 성숙도, 유효수명, 시스템에서의 중요성, 보안기술, 경쟁기술의 존재 여부 등
사업요인	시장성, 사업성, 기업규모, 기업전략, 권리범위 등
경제요인	이자율, 대출시장 상황, 경기변동, 규제 등
평가요인	평가시점, 평가목적, 분석력 등

자료원 : 설성수(2000), "기술가치평가의 분석 틀", 기술혁신학회지, 제3권, 제1호, p. 35.

2. 경영의 개념과 경영자

1) 경영의 개념

경영(management, business administration)이란 조직의 목표달성을 위하여 인적 · 물적 자원을 통합 조정하는 체계적인 활동을 말한다. 여기에서 조직이란 2인 이상의 사람들이 모여 공동의 목표를 설정하고 역할분담과 상호작용하는 것을 지칭한다. 또한 인적 · 물적 자원이란 목표달성에 필요한 인력, 자본, 설비와 기계, 자재, 기술, 정보, 시간 등을 말한다. 일반적으로 경영자원은 수행하는 기능에 따라 인사, 재무, 생산, 마케팅, MIS, 회계 등으로 구분되는데 이들 기능을 체계적이며 효과적으로 관리하는 것이 경영의 중요한 사명 중의 하나이다.

과거에 경영은 기업경영, 즉 영리기관의 경영으로 국한시켰으나 현재는 조직의 목적달성을 위해 자원을 활용한다는 관점에서 영리기관을 포함한 모든 형태의 조직에 경영의 기본원칙과 원리가 적용되고 있다. 즉 경영의 원리와 원칙은 기업에서와 동일하게 정부, 병원, 대학, 지자체, 스포츠, NGO단체 등 광범위한 조직에 적용되고 있다.

경영은 특히 목적이나 목표를 중요시하고 있다. 목표에 의한 관리(Management By Objective) 원칙 이외에도 효과성 혹은 유효성(effectiveness)을 강조하고 있고 이를 의사결정의 기준으로 삼고 있다. 효과성이란 사전에 정해진 목표를 달성했는지의 여부를 말하는데 이는 경제학에서 중요시하는 효율성(efficiency)과는 다른 개념이다. 효율성은 자원의 투입과 산출과의 관계에 한정되는 것에 반해 효과성은 사전에 정한 목표달성의 여부를 말한다. 달리 말하자면 효율적인 것이 효과적인 것은 아닐 수도 있다는 것이다.

최근에는 경영능력 자체를 경쟁력의 요소로 보고 이를 정보화하여 관리하는 것, 이른바 정보관리를 중요하게 여기고 있다. 정보관리란 연구개발(R&D), 생산, 마케팅, 인사관리, 재무 및 회계 등 조직의 기능을 수행하기 위한 기술과 각 기능별 관리 프로세스(계획, 통제, 평가 등)를 지원하는 기술을 말하며, 이를 기업 자산화하는 노력이 진행되고 있다.

경영은 [그림 6-2]에 제시된 것처럼 경영기능, 경영과정, 경영의사결정의 세 가지 관점에서 살펴볼 수 있다. 첫째 경영을 구성하고 있는 인사, 마케팅, 생산, 재무, MIS와 같은 기능별로 설명하는 것이다. 여기에서 인사활동이란 기업에 필요한 인재

그림 6-2 경영을 보는 세 가지 관점

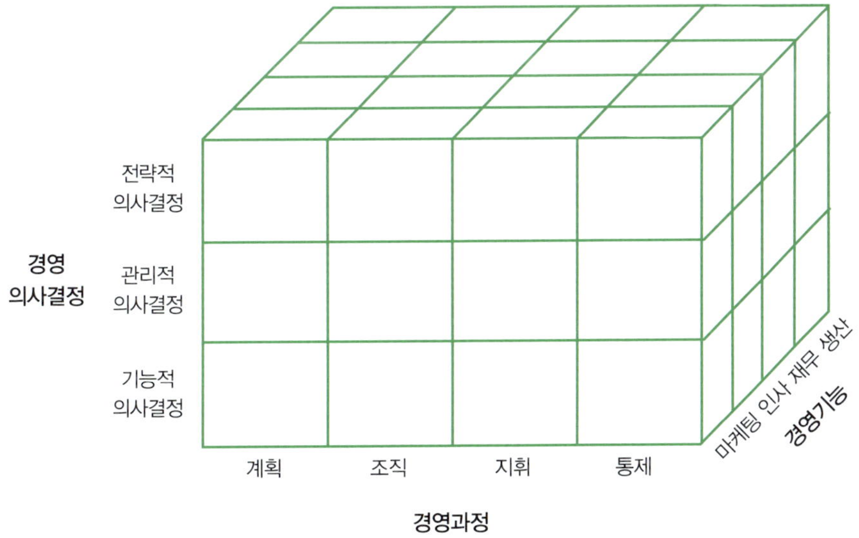

를 선발, 교육시켜 필요한 부서에 배치시키고 동기부여하여 조직목표 달성에 기여하도록 하는 것을 말하며, 마케팅활동이란 고객의 잠재적이거나 실제적인 욕구를 경쟁사보다 효율적으로 잘 충족시켜 고객과 지속적인 교환활동이 이루어질 수 있도록 하는 활동을 말한다. 생산활동이란 기업이 운용가능한 모든 자원을 효율적으로 활용하여 고객이 원하는 제품이나 서비스를 지속적으로 창출하는 활동을 말하며, 재무활동이란 기업 목표를 달성하기 위하여 필요한 자본을 합리적으로 조달하고 조달된 자본을 효과적으로 운용하는 활동을 말한다. 이 외에도 회계활동, 국제경영과 전략활동, 지식정보관리활동 등이 경영의 기능으로 이루어진다.

경영을 설명하는 두 번째 방법은 경영과정에 따라 설명하는 것이다. 경영과정은 학자들에 따라 각기 다른 용어와 과정으로 설명되지만 일반적으로는 경영을 계획, 조직, 지휘, 통제라는 과정을 통해 이루어지는 활동으로 정의한다. 여기에서 계획활동은 경영목표를 세우고 이에 영향을 미치는 요소들을 분석하여 가장 효과적인 목표달성방안을 찾는 활동을 말하며, 조직활동이란 목표달성을 위해 어떠한 형태로 조직을 구성할 것인가를 결정하고, 그에 따라 필요한 인적 · 물적 자원, 자본, 정보, 지식 등을 배분하고 조정하는 활동을 말한다. 또한 지휘활동이란 기업 목표를 달성하기 위해 주어진 업무를 잘 수행하도록 구성원들을 동기부여하고, 지원하고, 이끄는 활동을 말하며, 통제활동은 구성원이 수행하는 업무가 계획대로 추진되는가를 확인하고 문제가 생겼을 때 이를 수정하는 활동을 말한다.

세 번째 방법은 의사결정의 측면에서 경영을 설명하는 것이다. 즉 경영은 경영자의 전략적 의사결정, 관리적 의사결정, 기능적 의사결정으로 구성된 것으로 보는 것이다. 전략적 의사결정은 최고경영층에서 이루어지는 기업의 장기목표 및 자원배분과 관련되어 기업 전체에 영향을 미치는 의사결정을 말하며, 관리적 의사결정은 주로 중간경영층에서 이루어지는 활동으로 전략적 의사결정을 집행하고 관리하기 위한 의사결정을 말하며, 기능적 의사결정은 현장관리자들에 의해 주로 기능부서에서 이루어지는 의사결정을 말한다.

이를 종합하자면 경영은 기업 목표를 설정하고 이를 달성하기 위한 계획을 세우고, 수행할 조직을 구성하고 지휘하며 통제하는 활동이 인사, 마케팅, 생산, 재무 등 각 부문별로 이루어지도록 전략적, 관리적, 기능적 의사결정을 하는 등의 제반활동이라 할 수 있다.

2) 경영자

경영자는 조직의 목표달성을 위해 내부의 여러 자원을 관리하는 사람을 지칭한다. 과거 경영자는 기업가, 통제자, 지배자, 명령자의 역할을 수행하는 것으로 보았으나 현재는 의사결정자, 협상자, 조정자, 촉진자, 지원자, 혁신자의 역할을 중요시하고 있다.

소유와 경영의 분리에 따른 경영자의 유형으로는 소유경영자(기업에 대한 자본출자뿐만 아니라 기업경영까지도 수행하는 경영자), 고용경영자(소유경영자가 경영관리기능의 전부를 담당하기 어려워 고용한 경영자로서 기업경영의 자율적인 의사결정 권한이 없음), 전문경영자(경영관리에 대한 전문적 지식과 경험을 지니고 기업경영을 전문적으로 수행하는 경영자)로 구분할 수 있다.

경영자의 직무범위에 따른 유형으로는 전반경영자(조직 전체의 경영활동 혹은 개별기능부분의 활동을 통합 · 관리하는 경영자)와 직능 · 기능경영자(특화된 직능이나 기능부서를 담당하는 경영자)로 구분할 수 있다.

하지만 가장 일반적인 경영자의 유형은 관리계층의 유형으로 최고경영층, 중간관리층, 현장관리층의 구분이다. 최고경영층은 기업의 최고경영자인 CEO(Chief Executive Officer)를 정점으로 최고운영책임자 COO(Chief Operating Officer), 최고금융책임자 CFO(Chief Financial Officer), 최고마케팅책임자 CMO(Chief Marketing Officer) 등 최고책임자 3~5명 정도를 지칭한다. 이들은 전체적이고 종합적으로 기업 전체의 계획 수립, 전략적 의사결정, 기업정책의 전반적인 방향을 결정하고, 중간관리층과 현장관리층을 총괄한다. 주로 부장, 차장, 과장, 팀장 등으로 구성되는 중간관리층은 최고경영층의 전반적인 계획하에서 생산, 재무, 마케팅, 인사 등 각 기능별 부서의 활동을 관리한다. 현장관리층은 가장 낮은 경영층으로 주로 생산, 공정, 구매, 판매 등 실제 기능을 수행하면서 맡은 부문의 활동을 관리 · 감독한다.

(1) 경영자에게 요구되는 경영기술

경영자가 자신의 직무, 즉 경영과정 중의 활동과 역할을 효과적으로 수행하는 데 요구되는 구체적 능력을 경영기술이라고 한다. 경영기술은 교육, 훈련, 경험, 실무를 통해서 개발되고 향상될 수 있다. 일반적인 경영기술의 유형은 전문적 기술, 인간적 기술, 개념적 기술의 세 가지이다.

① 전문적 기술

생산, 재무, 마케팅, 전략, 인사, MIS 등 전문적인 지식을 토대로 그 분야에 고유한 도구나 절차, 기법을 활용할 수 있는 능력을 말한다. 전문적 기술은 특히 현장관리층에게 중요한 기술로서 경영활동에 참여하고자 하는 사람들은 전문기술의 습득과 학습, 그리고 활용에 많은 노력을 기울일 필요가 있다.

② 인간적 기술

조직 내의 다른 사람들을 경영활동에 효과적으로 참여시키고 일할 수 있도록 그들과 소통하여 이해하며 동기를 부여하는 능력을 말한다. 주로 정서적 안정성, 커뮤니케이션과 대인관계의 기술, 타인에 대한 배려, 감정이입능력 등으로 구성된다. 이러한 능력은 경영계층에 상관없이 모든 경영자가 갖추어야 하는 특성이다.

③ 개념적 기술

다양하고 복잡한 현상의 핵심을 파악하고 이를 간결한 형태로 재구성함으로써 보다 효과적인 문제해결책을 제시할 수 있는 능력을 말한다. 개념적 기술이 경영자에게 요구되는 이유는 대부분의 경영상황에서 특정한 한 요인의 변화가 다른 요인이나 전체 조직에 영향을 미치게 되는 경우가 많아 이를 의사결정에서 총체적으로 고려해야 하기 때문이다. 개념적 기술은 특히 최고경영층에게 중요하다.

이 외에도 혁신적인 경영자에게는 사업에 대한 몰입과 확고한 의지, 기회에 대한 집착, 창의성 · 자립심 · 적응력, 남보다 앞서려는 동기, 리더십, 위험 · 모호성 · 불확실성의 수용, 시장감각 등이 필요하다.

제2절 기술경영

1. 기술경영의 개념과 체계

1) 기술경영의 개념

기술경영(Management of Technology : MOT)은 경영학의 기본이론과 원리를 결합시켜 자연과학 분야에서 개발된 기술능력이나 성과를 효과적으로 계획, 개발, 구현, 활용, 관리하여 기업의 목표를 달성하기 위한 활동을 말한다. 기술경영은 과거보다 빠르게 기술이 발달하고 있고, 디지털융합의 경우와 같이 제품들 간의 결합이 강조되어 기술의 외부조달이 빈번함에 따라 그 중요성이 강조되고 있다. 과거에 기술에 대한 관점은 관리의 대상이라기보다는 통제할 수 없는 주어진 요소로 간주하는 성향이 컸고, 기술 자체만으로 어떤 상품적 가치가 있다고 보지 않았다. 하지만 최근에는 서비스, 전자상거래, 인터넷비즈니스 등 새로운 형태의 기업이 등장하고, 정보시스템관리, 기술엔지니어링, 기술거래와 같은 부가적인 새로운 경영기능이 강조되고 있다. 또한 기술 · 정보 · 지식 · 특허 등의 지적 자산이 기업의 새로운 경영자산으로 부각되고 있어서 전체적으로 기술의 관리가 강조되고 있다.

일반적인 기술경영의 주제는 기술개발과 획득을 위한 관리활동(Management for Technology), 기술을 활용한 경쟁우위전략 수립이나 경영역량관리(Management by Technology), 기술과 경영지식, 특허, 정보시스템과 같은 기술자산의 운영과 관리(Management of Technology)로 대별할 수 있다.

기술경영과 유사한 개념으로는 기술혁신, 기술개발, 기술관리 등이 있다. 기술혁신에서 혁신이란 새로운 방법으로 기존과 다른 큰 성과를 도출하는 것으로 제품혁신, 공정혁신, 정보혁신 등이 있다. 기술경영은 이러한 다양한 유형의 기술혁신을 계획하고, 실행하고, 통제하는 관리과정과 신기술개발이나 기술획득, 기술활용을 포괄한다. 기술개발이란 기술적으로 의미 있는 성과나 결과를 도출하는 것으로서 개발된 기술 중 상업적 성과를 지닌 것을 기술혁신이라 할 수 있다. 기술의 계획, 실행, 통제를 의미하는 기술관리는 기술경영보다 하위의 개념으로 본다.

2) 기술경영의 체계

기술경영의 체계는 크게 기술을 자체 개발하는가와 외부기술을 M&A를 통해 확보하느냐에 따라 [그림 6-3]과 같이 크게 두 가지로 나누어진다. 경우에 따라서는 일부 기술은 자체 개발, 일부 기술은 외부도입을 도모하여 이를 통해 사업화를 추구하는 경우도 존재하기 때문에 두 방법이 상호 배타적이라고만 할 수는 없다. 기술이 자체 개발되거나 외부로부터 M&A되거나와 상관없이 기술경영의 영역은 크게 기술개발과 획득, 기술관리, 기술활용의 부분으로 나눌 수 있다.

그림 6-3 기술경영의 체계도

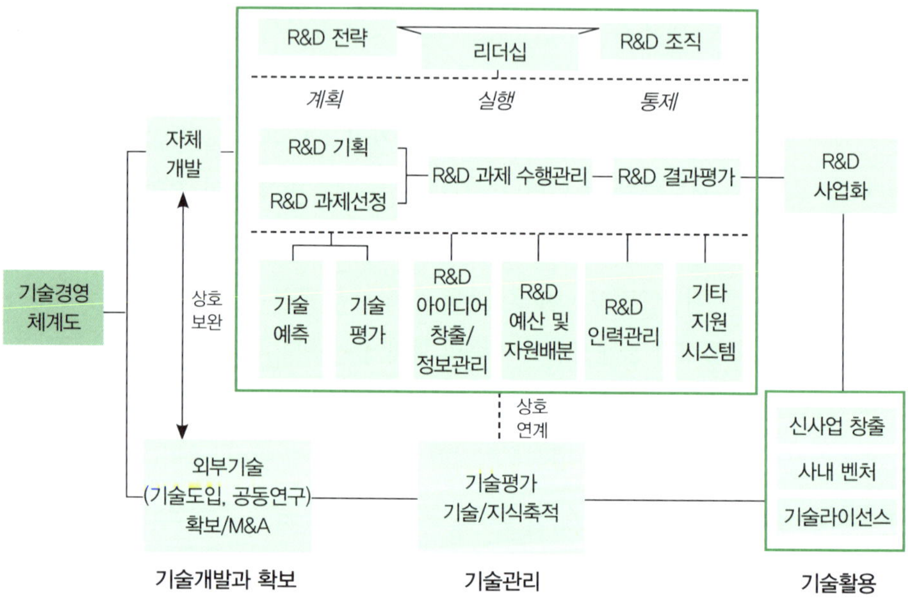

(1) 자체 기술개발

기술 PUSH든 시장 PULL이든 기업 자체적인 기술개발은 계획, 실행, 통제의 관리과정을 거치게 되며, R&D 전략과 R&D 조직, 리더십이 중요한 기능을 수행한다. 먼저 기술예측과 기존기술에 대한 평가를 통해 R&D 과제를 선정하거나 이를 기획하고, R&D 아이디어 창출과 정보관리, 예산 및 자원배분, 연구인력관리 및 기타 지원을 통해 과제 수행관리를 하게 된다. R&D 결과가 도출되면 그 결과를 평가하고, 평가 후 경제성이 있는 기술은 이를 사업화하는 단계를 거치게 된다.

(2) 외부기술 확보

신기술을 자체적으로 개발할 능력이 부족하거나 개발 시까지의 시간소요가 많을 때, 해당 기술에 지적 재산권이 설정되어 있거나 혹은 M&A가 상대적으로 저렴한 경우 외부로부터 신기술을 도입하게 된다. 다음과 카카오톡의 M&A가 최근의 예이다. 외부기술을 확보한 이후 해당 기술에 대한 기술을 평가하고, 관련 기술과 경험지식을 자체적으로 축적하고, 경제성이 입증되면 사내 벤처를 구성하거나 기술라이선스를 제공하거나 별도 법인을 만드는 등의 사업화를 진행하게 된다.

(3) 기술사업화

신기술이 자체적으로 개발되었거나 아니면 외부에서 개발된 기술을 확보하였거나 간에 기술사업화를 위해서는 [그림 6-4]에 나타난 것과 같이 프로젝트 결과물인 기술과 사업 시나리오가 필요하다. 먼저 프로젝트의 결과물인 기술은 특허나 기술자료, 노하우의 형태를 띠게 되는데 이러한 결과물이 사업화할 수 있는 수준까지 확보되어 있는지를 확인해 보아야 한다. 프로젝트의 결과물이 독자적인 제품이나 서비스로 자리 잡지 못할 경우도 존재하며, 이 경우 사업화가 어려울 수도 있다. 두 번째는 사업 시나리오로서 해당 기술이 사업화될 경우 관련된 시장에 대한 조사, 즉 잠재고객과 경쟁기술, 대체재 등에 대한 조사를 포함한 상황분석(situational analysis)

그림 6-4 기술이 사업으로 변모하는 과정

자료원 : 김찬호(2013), 창조경제시대 중소기업의 기술사업화 성공과 실패 사례연구, p. 41.

이나 3C(Customer, Company, Competitor)분석, STP(Segmentation, Targeting, Positioning)전략과 일정 및 예산을 포함한 구체적인 사업계획 등이 있어야 한다. 상황분석은 시장, 환경, 자사분석을 수행하는 것을 말하는 것이기 때문에 고객, 자사, 경쟁자를 분석하는 3C분석과 크게 차이가 없다. STP전략은 전체 시장에서 상호 이질적인 세분시장을 찾아내고, 해당 세분시장과 자사와의 적합성(fit)을 평가한 후 목표시장을 설정하고, 해당 목표시장에 대한 차별적인 4P(Product, Price, Place, Promotion)를 전개하는 것을 말한다.

사업의 성공 여부는 기술의 경쟁력과 사업 시나리오의 적합성(fit)에 의해 결정된다. 사업가치는 시장규모에 시장점유율(market share)을 적용하여 산정한 매출액에서 원가를 뺀 것으로 측정된다.

기술사업화는 [그림 6-5]와 같이 기대투자수익, 비용, 복잡성, 성공에 대한 확신 정도에 따라 여러 유형이 존재할 수 있다. 즉, 서비스별 비용부과(fee for service), 라이선싱, 스타트업(start-up, 초기기업) 촉진, 벤처육성, 자체 사업화의 6가지 형태로 구분할 수 있다. [그림 6-5]에서 아래의 단계일수록 기대투자수익이 작은 반면 비용 또한 작게 들며, 상대적으로 단순한 기술이며, 성공에 대한 확신 정도가 낮은 사업화 유형이다. 또 혁신 정도와 시장수요 또한 낮은 것이 일반적이다. 기업은 사업화했을 때 복잡하고 비용이 많이 소요된다 하더라도 기대수익이 크고 성공에 대한 확신 정도가 크다면 기업 내부의 사업부를 통해 '자체 사업화'를 통해 기술을 사업화

그림 6-5 기술사업화의 유형

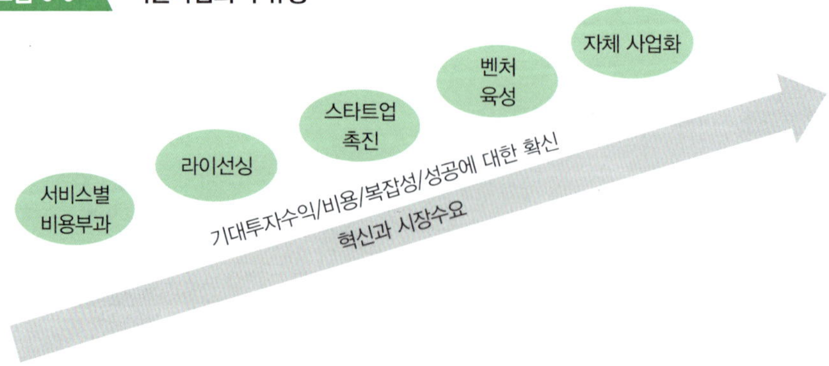

자료원 : SRIC-BI, Technology Commercialization.

하려 하고, 그렇지 않는 경우 벤처를 육성하거나 스타트업 촉진, 라이선싱이나 서비스별 비용부과의 형태를 도모하게 된다.

개발된 기술을 개발용역의 개념, 즉 개발원가 수준의 가치로 인정받아 제3자에게 서비스하고 이에 대한 금전적 보상을 받는 유형을 서비스비용 부과라고 한다. 또 라이선싱은 타 기업에 해당 기술을 제공하고 그 부가가치에 대한 대가로 매출액의 일정 규모로 기술료를 받는 방법이다. 이는 많은 기술벤처기업들이 선호하는 유형으로서, 대부분은 기술벤처가 대기업을 상대로 기술 라이선싱을 하는 것이다. 이와 같이 서비스비용 부과나 라이선싱을 통해 기술사업화를 추진하는 경우는 기술이 독립적이거나 독자적으로 존립할 수 없거나 자체 사업화나 벤처 창업의 부담이 큰 경우이다. 이러한 경우는 사업 관련 위험을 회피할 수 있다는 장점이 있지만, 기술의 가치 실현이 매우 제한적이라는 한계가 있다. 이와는 달리 해당 기술의 사업화를 위해 분사(spin-off)하여 창업 후 사업화하도록 하는 스타트업 방법이 있다. 상황에 따라서는 모기업이 분사기업이나 벤처가 자생력을 가질 때까지 회사 내에서 일정기간 지원해 주는 인큐베이팅을 진행하기도 한다. 가장 적극적인 기술사업화의 유형은 기업이 기술개발한 결과물을 그 기업이 자체적으로 기술사업화까지 하는 '자체 사업화'이며, 이는 우리나라 대부분의 기업들이 가장 선호하는 적극적인 기술사업화의 유형이 되고 있다. 앞서 설명한 대로 기술을 사업화하는 유형들이 고급화할수록 비용도 점점 많이 소요되고 위험도 커지는 경향이 있으나, 반대로 기대성과도 더욱 커지는 특징이 있다.

제3절 기술혁신

1. 기술혁신의 개념과 그 중요성

1) 기술혁신의 개념

심화되는 경쟁과 기술진보에 따라 제품과 서비스의 수명주기가 짧아지고 있어서 신제품 개발에 소요되는 R&D 투자규모와 연구개발기간, 타이밍의 결정이 기업성공에 중요한 영향을 미치고 있다. 또한 고객의 욕구가 다양화, 섬세화, 세분화되고 있다. 그러므로 인해 기술혁신의 중요성이 나날이 강조되고 있으며, 고객욕구의 충족과 새로운 창조를 전제로 한 기존의 기술이나 산업환경의 파괴적 혁신이 부각되고 있다. 혁신이란 지금까지 존재하지 않은 것을 만들어내고, 낙후된 것을 개선하여 발전시키는 것을 말한다. 이를 기술에 적용시킨 기술혁신은 기술향상을 통해 새로운 제품과 서비스 혹은 공정을 개발함으로써 그 산출물의 상대적 부가가치를 향상시키려는 노력과 그 결과물을 말한다. 기술혁신은 수많은 아이디어가 필요하며 이 아이디어들이 개선되고 융합되고 간추려지고 경제성을 지녀야 하기 때문에 성공이 또한 어렵다.

기술혁신은 R&D나 발명(invention)과 비교되기도 한다. R&D는 지식의 양을 늘리기 위해 체계적으로 이루어지는 기초연구, 응용연구, 시험개발 등의 창조적인 활동을 말하며, 그 주요 성과물은 논문이나 특허가 된다. 반면 발명은 새롭거나 향상된 제품, 공정 또는 시스템을 창안하는 활동으로 그 성과물은 특허나 모델이 된다. 기술혁신의 일반적인 성과물은 제품혁신, 공정혁신 혹은 경영혁신이 된다.

'창조적인 파괴'라는 용어를 처음 제시한 슘페터(Schumpeter)는 기술혁신의 내용으로 새로운 공정의 도입, 새로운 제품의 개발, 새로운 자원의 획득, 새로운 시장의 개척, 새로운 경영조직방식의 도입을 제시하였다.

그림 6-6 기술혁신의 내용

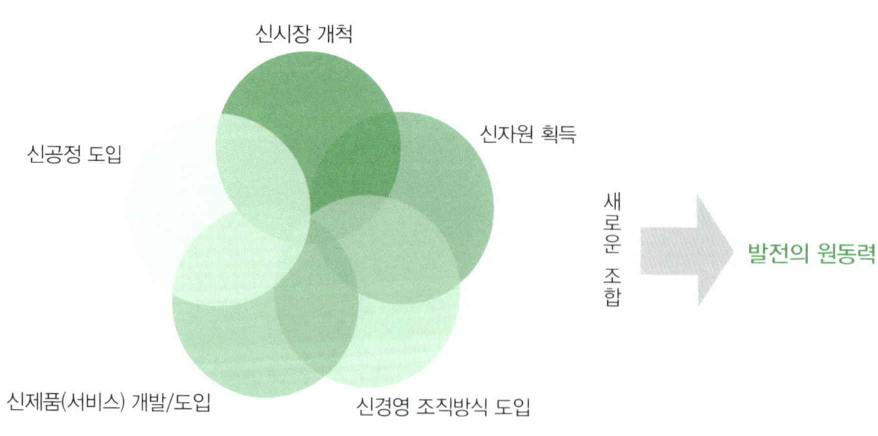

2. 기술혁신의 단계

1) 선형모델

기술혁신의 단계를 설명하는 기본적인 모델로 기술혁신은 기초연구, 응용연구, 개발, 생산, 상업화의 단계를 거쳐 기술혁신이 이루어지는 것으로 보는 모델이다. 이 모델은 혁신적인 기술이 상업화되기 위해서는 기초연구부터 단계적으로 이루어져야 한다고 보며, 기초연구를 혁신의 시발로 보고 특히 강조하고 있다. 일반적인 제조업에서 보이는 기술혁신의 선형모델은 [그림 6-7]과 같다. 이 외에도 선형적인 혁신과정은 외부로부터 선진기술을 도입, 이를 내재화하고 개선, 혁신기술의 창출의 단계와 같이 기술도입의 경우에도 적용될 수 있다.

그림 6-7 제조업에서 보이는 기술혁신의 선형모형

2) 과정모델

기술혁신의 과정을 일반적으로 아이디어 창출, 문제해결, 실용화 및 확산의 3단계로 보는 모델을 말한다. 아이디어 창출단계에서의 주요 활동은 기술 및 시장 · 산업환경과 관련된 정보의 수집, 분류, 정리, 분석 및 기술기획 등이다. 아이디어 창출단계에서는 시장에서의 수요를 먼저 인식한 후 기술적 해결방안을 찾는 시장 PULL형과 기술이 먼저 개발된 후 그 용도를 개발하고 활용하는 기술 PUSH형이 있을 수 있다. 이때 조직 내부의 정보보다는 외부의 정보가 보다 중요하며, 창의성과 커뮤니케이션능력이 성공을 위해 필요하다. 문제해결단계에서의 주요 활동은 기술개발단계별 혹은 세부과제별 명확한 목표를 설정하고 해결대안을 모색하는 것이다. 이때는 성과를 관리하기 위한 목표관리, 진도를 관리하기 위한 시간관리, 예산을 관리하기 위한 비용관리가 중요하며, 개발기술의 기술적 요인, 참여자의 열정, 외부지원 등이

성공에 영향을 미친다. 실용화 및 확산단계에서의 주요 활동은 엔지니어링을 포함한 연관부서와 연계하여 사업화 방안을 마련하고, 사업화 활동을 전개하는 것이다. 내 · 외부의 정보가 모두 중요하며 개발기술의 성능 및 가격의 상대적 우위가 성패를 좌우한다.

그림 6-8 기술혁신의 과정모델

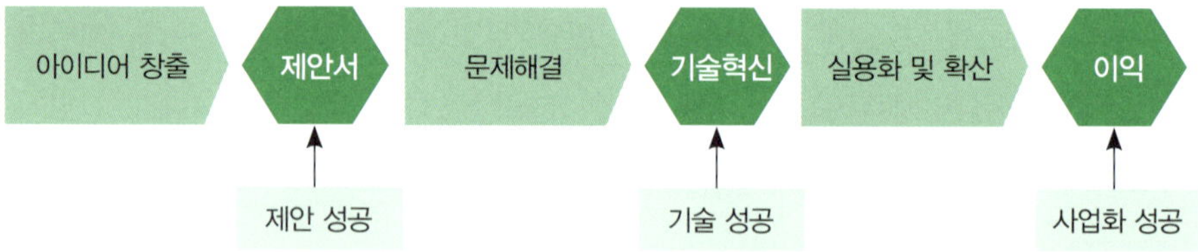

3) 동태적 모델

기술혁신의 동태적 모형은 시간의 흐름에 따른 경쟁상황과 시장구조하에서 혁신적인 제품을 개발하거나 공정을 혁신하는 과정을 설명하는 모델로서 유동기(fluid stage), 전환기(transition stage), 성숙기(maturity stage)의 단계를 거치는 것으로 본다(Abemathy & Utterback, 1978). 유동기에는 기존의 제품이나 기술과는 차이가 큰 혁신적인 신제품이나 신기술이 출현하여 이들 간의 경쟁이 심해지기 시작하는 시기로서 제품의 성능이나 품질향상이 중요시된다. 전환기에서는 성능과 가격경쟁이 더욱 심해지고 제품혁신보다는 제품생산과 관련된 공정혁신이 주로 나타나는 시기이다. 마지막으로 성숙기는 부분적인 제품혁신이나 공정혁신이 이루어지나 이보다는 표준화와 규모의 경제를 추구하는 시기이다.

제품혁신이란 새로운 기술 채용을 통한 제품차별화와 지속적이며 급진적인 제품개선노력을 말하며, 이는 제품이나 산업의 특성에 따라 차이가 나타난다. 예를 들어, 모바일산업은 상당히 급진적 제품혁신을 보이고 있는 반면 의류산업의 경우는 점진적인 개선을 보이고 있다. 공정혁신이란 비용절감, 생산속도 향상, 대량생산 실현, 품질개선, 불량률이나 공정수 감소 등과 같은 생산효율성 달성을 목표로 하는 것이다. 공정혁신의 예는 자동차의 대량생산을 가능하게 한 포드의 컨베이어시스템이나 전통적인 백과사전 집필과정을 혁신한 위키피디아(Wikipedia)와 같은 경우이다.

그림 6-9 제품혁신과 공정혁신

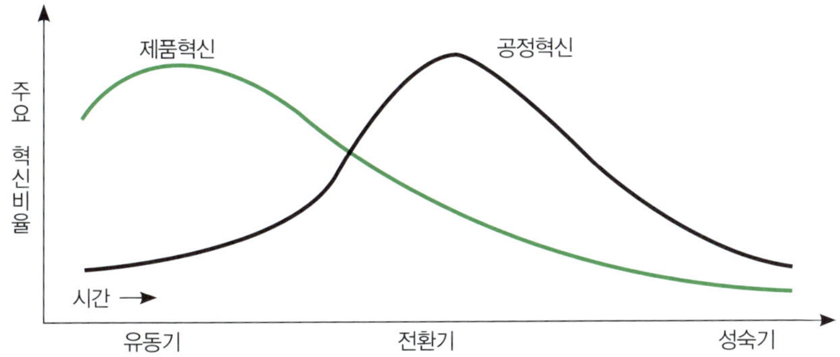

자료원 : Utterback, James(1994), *Mastering the Dynamics of Innovation*, University of Illinois at Urbana-Champaign's Academy for Entrepreneurial Leadership Historical Research Reference in Entrepreneurship.

동태적 모형은 혁신단계별 마케팅전략과의 연관성을 보여주고, 점진적인 제품혁신과 공정혁신, 기술축적이 중요하며, 혁신제품 출시 이후에도 지속적인 기술혁신이 필요하다는 사실을 강조하고 있다.

표 6-3 기술혁신의 동태적 모형

	유동기	전환기	성숙기
혁신유형	• 제품혁신기 • 제품변경이 빈번한 급진적인 신제품 • 기술적 불확실성 큼 • 광범위한 R&D에 초점	• 공정혁신기 • 공정혁신의 점진적 증대 • 최소한 한 차례의 안정적인 대형 제품 디자인 등장	• 비용절감을 위한 공정혁신 • 부가적인 제품혁신
제품수명주기	• 짧은 R&D-시장출시 사이클 • 고도로 맞춤화된 다양한 제품과 서비스 • 빈번한 제품변화 • 비효율적인 생산공징	• 약간 긴 개발기간과 제품수명 • 표준화와 산출 수준 증대 • R&D는 특정 제품기능에 초점	• 긴 R&D-시장출시 사이클 • 고가이지만 느린 공정변화 • 표준화나 공산품형의 제품

자원요구/진입장벽	• 상대적으로 낮은 진입장벽 • R&D와 범용 설비인근의 소규모 공장 • 과학자, 엔지니어의 비중 높음	• 중간 수준의 진입장벽 • 부분적인 자동화와 특화된 설비 • 설비투자 증대	• 높은 장벽 • 대부분 자동화된 특화 목적의 설비 • 낮은 노동의존성
경쟁자의 수	• 초기 소수의 경쟁자 • 시장기회에 따른 급격한 경쟁자 진입 • 시장점유율의 빈번한 변화	• 지배적인 디자인의 등장에 따라 경쟁자 수 감소	• 소수의 지배적인 기업 • 안정적인 시장점유율
경쟁유형	• 기술적인 성과	• 제품차별화	• 가격/비용
조직통제	• 비공식적이며 혁신기업가형	• 제품과 과업중심의 계층화 증대	• 부문구조 • 규칙과 목표 • 기업 다각화
자본조달	• 가족/친구, 엔젤, 시드자본 • 지원된 연구비	• 벤처캐피털	• 유보수익이나 부채

자료원 : Utterback, James(1994).

3. 기술혁신의 패턴

1) 기술혁신의 패턴 : 수명주기이론

지구상에 존재하는 거의 모든 생명체와 마찬가지로 혁신적인 기술도 유한한 수명을 지녔고, 그에 따라 일반적인 생명주기곡선인 S자 형태를 따른다. 즉 성공적인 기술혁신이 나타나면 시간의 경과에 따라 소비자나 산업에 도입되고, 확산되었다가 도태되는 과정을 겪게 된다. 이를 기술혁신 수명주기곡선이라고도 하며 다른 수명주기곡선과 마찬가지로 S자 형태를 따르고 있다.

수명주기이론에 따르면 일반적인 기술혁신은 시간의 흐름에 따라 도입기, 성장기, 성숙기, 쇠퇴기를 거치게 된다. 이 단계별로 속도, 생산성, 집적도, 내구성, 출력, 연비와 같은 기술혁신의 여러 성과도 단계적인 성장과 변화를 하게 된다. 일반적으로 기술혁신의 성과는 도입기를 벗어난 초기에는 가파르게 성장하다가 시간이

그림 6-10 기술혁신의 수명주기이론

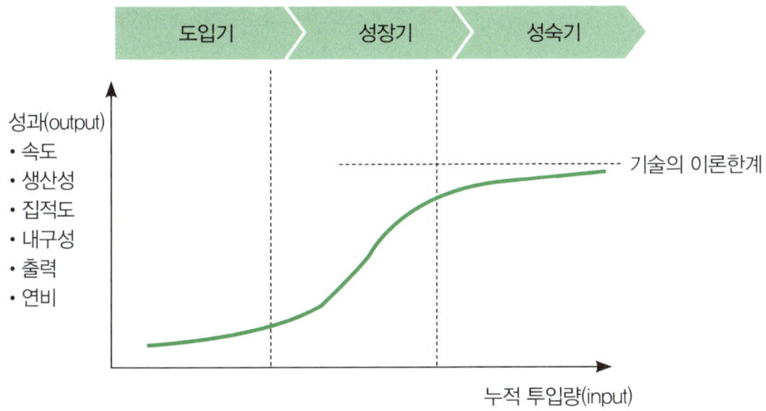

자료원 : 안연식(2014), 기술경영론.

흐를수록 완만하게 된다.

먼저 도입기는 기술혁신이 시장에 소개되어 알려지기 시작하는 시기를 말한다. 기술가치가 큰 경우에는 도입기가 짧은 반면, 그렇지 못한 경우는 상대적으로 긴 시간이 소요된다. 이때는 신기술이 기존기술을 대체하는 핵심적인 가치와 그 인지도 향상이 중요하다.

성장기는 기술혁신이 기존기술을 빠르게 대체하면서 성장하는 기간이 된다. 이때는 유사한 대체기술이 등장하기 시작하여 경쟁이 심화되는 시기이며, 그로 인해 시장의 전체 크기 자체도 확대되는 단계이다.

성숙기는 기술혁신이 시장에서 자리를 잡아 더 이상의 성장이 한계에 도달한 단계이며, 기술에 따라 그 기간의 차이가 크다. 성숙기 후반부터 새로운 대체기술이 등장하는 것이 일반적이기 때문에 기술의 대체성을 약화시킬 수 있는 공정혁신(비용절감, 생산성 제고) 노력이 필요하다.

쇠퇴기는 기존기술이 새로운 기술에 의해 교체되는 단계를 말하며, 급격히 대체되는 경우도 발생한다. 새로운 대체기술이 처음 도입되었을 때 기존기술은 성숙기에 접어들면서 이미 많은 발전을 이루어 개선속도가 둔화되는 것이 일반적이다.

성숙기 후기와 쇠퇴기에는 기존기술체계와 호환성이 없는 신기술이 등장하는 기술의 불연속기간이 존재하는 경우도 있다. 예를 들어, 공중전화와 휴대폰이 동시에 존재하던 시기나 타자기, 워드프로세서, PC가 동시에 존재하던 시기가 그 예이다. 이때 후발 대체기술은 완만하게 성장하다가 가속도가 붙어서 결국 기존기술의 성능과 원가를 능가하게 되고, 점진적인 개선이 지속됨에 따라 시장에서 지배적인 기술로 자리 잡게 된다. 이와 같은 불연속기술의 출현은 비단 기술의 변화뿐만 아니라 근로자의 직종과 직업의 부침을 가져오기도 한다.

2) 기술혁신의 패턴 활용

도입기, 성장기, 성숙기, 쇠퇴기를 거치는 기술혁신의 수명주기는 기술개발에 대한 의사결정, 연구개발 투자와 연구성과 평가, 자사의 기술 수준 평가, 기술의 확산과 수용 진단 등에 활용될 수 있다.

도입기의 기술혁신은 기존기술과 맞서지 못하고 투자와 관심을 받지 못할 가능성이 크다. 예를 들어, 휴대폰 운영체제인 안드로이드(Android)를 개발한 안드로이드사는 2003년 창업되어 2005년 구글에 매각될 때까지 시장에서 큰 관심을 받지 못했다. 기술혁신의 수명주기는 이때 기업의 기술개발에 대한 의사결정의 기본지침을 제공할 수 있다. 즉 신기술의 도입기에는 시장에서의 인지도 확보와 제품혁신에 지속적으로 노력하고, 성장기와 성숙기에는 공정혁신을 통해 비용을 절감하고 생산성을 제고해야 함을 알려주고 있다. 또한 기존기술에 대한 시장의 반응을 살펴보고, 핵심기술역량의 확보를 위하여 요구되는 연구개발 투자규모와 시점판단 등에 수명주기 곡선을 활용할 수도 있다. 또한 수명주기별 투자 수준과 기술매출, 그에 따른 이익을 추정하고 평가할 수 있게 하며, 외부기술과 내부기술 간의 차이를 파악하고, 필요한 경우 외부와의 협력과 외부기술 구입으로 격차를 해소할 수 있다. 무엇보다도 기술혁신수명주기는 특정기술이 어느 정도 시장에 확산되어 수용된 상태이며, 어떻게 변화해가고 있는지를 파악할 수 있게 해준다. 이를 통해 새로운 기술을 시장에 확신시키고 잠재고객에게 수용시킬 수 있는 전략방안을 도출할 수 있게 된다.

4. 기술혁신전략

1) 기술혁신전략의 개념

기술혁신전략이란 기업의 목표달성을 위하여 필요한 기술혁신목표를 설정하고, 이를 달성하기 위해 적절한 자원할당을 통해 기술의 확보와 활용, 유지방안을 수립하는 것을 말한다. 기술혁신목표는 기업의 목표달성에 기여할 수 있는 하위 목표 중의 하나를 지칭하며, 자원할당이란 인적 · 재무적 · 기능적 자원의 투입을 말한다.

기술혁신의 범위는 기술로 정의되는 제품과 공정에 대한 연구개발, 즉 R&D 활동과 이를 수행하기 위한 의사결정, 자원할당으로 한정되기도 하였으나 최근에는 기업경영전략상의 목표를 달성하기 위해 필요한 기술과 의사결정, 산업전략과 연계되는 기술의 선택과 획득, 기술사용과정을 통해 성과를 극대화하는 제반 자원의 투입으로 그 범위가 확대 · 구체화되고 있다.

기술전략의 구체적인 구성내용은 다음과 같다.

- 기술선택과 구현할 제품 · 공정의 선택 : 전략적 목표 및 의도, 제품 및 비즈니스 프로세스의 기술영역, 경쟁우위 등을 고려하여 확보할 핵심기술 및 미래기술을 전략적 관점에서 식별, 선택하여 포트폴리오 구성
- 확보할 기술 수준과 능력 : 기업의 규모 및 축적된 기술역량에 따라 기술의 범위, 우선순위를 고려하여 결정
- 필요기술 확보방법 : 자체 개발과 외부도입 또는 자체 확보와 일부 외부협력을 통한 확보 등을 고려
- 시장진입 시점 결정 : 시장 선도진입, 보다 나은 두 번째 진입, 후발진입 등 고려
- 연구개발 투자규모 : 연구개발 집중도, 기초 · 응용 · 개발 등의 포트폴리오 고려, 예산계획 수립
- R&D 조직의 운영체계 및 관련 정책 · 제도 : 연구소의 기능 및 역할, 조직구조, 평가 및 인센티브 시스템 구축

2) 기술혁신전략 프로세스

기업의 목적달성을 위한 기술혁신전략은 일반적으로 다음 [그림 6-11]과 같은 과정을 거쳐 추진된다.

그림 6-11 기술혁신전략 프로세스

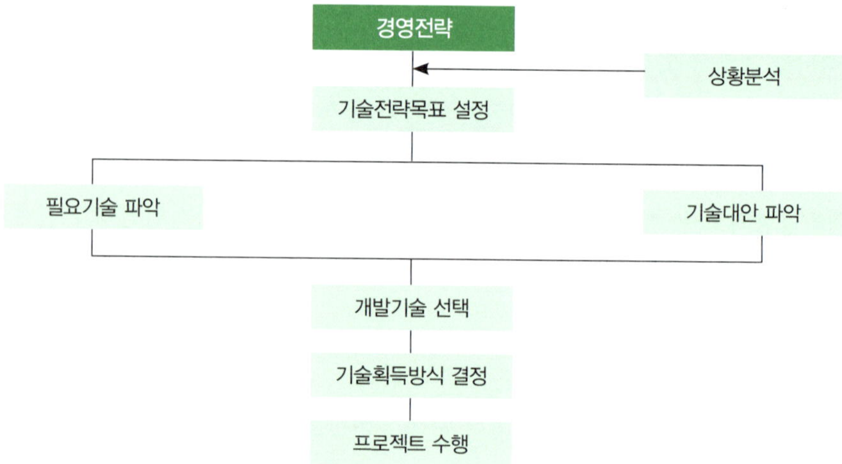

(1) 경영전략의 목표설정 : 필요한 기술전략 정의

기업 전체적인 전략목표가 결정되는 것이 기술혁신전략 프로세스의 첫 단계이다. 기술혁신전략 또한 기업의 전략목표에 종속되는 여러 하부 기능전략 중의 하나이기 때문에 설정되는 기업목표에 따라 기술전략 목표에 대한 지침과 방향이 결정된다.

(2) 상황분석 : 조직 내 · 외부 환경분석

경영전략 목표가 설정되면 기업의 내부환경과 외부환경에 대한 전반적인 조사분석이 이루어지는데 이를 통칭하여 상황분석(situation analysis)이라고 하며, 크게 경쟁시장, 자사, 외부환경에 대한 분석으로 이루어진다. 여기에서 경쟁시장이란 시장에서의 경쟁자에 대한 분석(경쟁자의 수와 그 역량, 시장점유율, 경쟁강도, 강점과 약점 등)과 고객에 대한 분석(고객의 필요와 욕구, 제품에 대한 고객의 지각, 제품이 갖는 중요성의 정도, 구매빈도, 구매량, 수요의 주기성 여부, 제품에 대한 지식 등)을 말한다. 자사에 대한 분석은 기업의 내부역량에 대한 분석을 말하며, 주로 각 기능부서의 강점과 단점, 최고경영자의 역량과 의지 등을 따져보는 것을 말한다. 마지막으로 외부환경에 대한 분석은 자사와 경쟁자 및 산업 전반에 영향을 미치는 사회문화적, 인구통계적, 법적, 기술적, 경제적 환경과 그 변화방향을 분석하는 것을 말한다. 상황분석의 결과는 대개 SWOT(Strength, Weakness, Opportunities and Threats)분석으로 요약되고, 그에 따른 하부전략지침이 도출된다. SWOT분석의 예시는 [그림 6-12]와 같다.

그림 6-12 SWOT분석 예시

내부조건 / 외부환경	강점(Strength) • 신속한 의사결정 • 신제품 성장가능성 • 생산기술 탁월 • 경험과 인적 네트워크	약점(Weakness) • 취약한 재무구조 • 인적 역량 부족 • 신규거래처 개척 미흡 • 장기적 아이템 부족
기회(Opportunities) • 환경 대응제품 요구 • 웰빙시장의 활성화 • e-비즈니스 활성화 • 시장 성장속도 빠름	SO전략 • 환경제품의 기술투자 • e-비즈니스를 활용한 홍보 • 신시장 개척 • 마케팅능력 배양	WO전략 • 토털서비스로 신규거래선 • 환경 제품에 대한 투자 • e-비즈니스의 활성화 • 신제품으로 시장개척
위협(Threats) • 고객 요구사항 증대 • 경쟁 심화 • R&D능력 부족 • 경기하락 → 수요감소	ST전략 • 차별화된 품질 · 서비스 • 우수한 개발자 확보 • 복지정책으로 인력확보 • 신시장 창출	WT전략 • 역량강화를 위한 지원 • 원가경쟁력 확보 • 인사관리시스템 구축 · 사업의 집중화

전략과제
• 친환경적인 제품 개발을 위한 투자
• 우수인력 확보 및 육성을 위한 인사관리시스템 구축
• 정보수집 및 분석 능력 향상
• 핵심역량 강화를 위한 교육시스템 구축

자료원 : 안연식(2014), 기술경영론, KOCW.

(3) 기술전략 목표설정 : 경쟁우위

주어진 상황에서 기업의 경영목표를 달성하기 위하여 기술전략 목표를 설정하는 단계이다. 이 단계에서는 경영목표를 기술전략 목표로 전환하여 목표들과 그 우선순위를 결정하게 된다. 이때 유념해야 하는 것이 정해질 기술전략 목표가 차별적 경쟁우위를 가져올 수 있어야 한다는 것이다.

기업이 취할 수 있는 다양한 전략대안은 원가우위, 차별화, 집중화라는 세 가지의 본원적인 전략범주로 크게 나눌 수 있다. 먼저 원가우위전략은 원가절감을 통해 경쟁사보다 낮은 원가를 달성하여 산업 내에서 경쟁우위를 확보하려는 전략이다. 지속적인 경쟁우위로 활용되기 위해서는 시장 내 최저 수준의 원가를 달성할 수 있어야 한다. 원가 이외의 경쟁우위를 실현하는 것이 곤란한, 달리 설명하자면 차별화가 불가능한 경우에 주로 사용되는 전략이다. 차별화전략은 구매자들이 중요시하는 무엇을 통해 경쟁사 제품과 다르거나 우수하다는 것을 인식시켜 경쟁우위를 점하려는 전략이다. 구매자들이 중요시하는 어떤 것은 고객에게 가치 있는 것으로 인식되어야 하며, 쉽게 경쟁사에 의해 모방될 수 없어야 한다. 집중화전략이란 경쟁사들과 전체 시장에서 경쟁하지 않고 한정된 세분시장을 설정하고 해당 시장에서 원가우위나 차별화전략을 도모하는 형태를 말한다. 즉 특정 고객층, 특정 제품류, 특정 지역시장 등 한정된 영역에 기업의 자원을 집중하고 해당 세분시장에서 경쟁상의 우위를 확보하여 경쟁사의 진입을 저지하는 전략이다.

반면 기술혁신전략은 기술선도전략, 즉 경쟁사들보다 먼저 높은 수준의 R&D를 통해 혁신적인 기술을 확보하여 활용하는 전략과 기술추종전략, 즉 기술개발과 관

| 표 6-4 | 본원적 전략과 기술전략의 조합

영역		기술전략	
		기술선도	기술추종
전체시장	원가우위	최소비용의 제품 혹은 공정기술에 대한 선도	선도자의 경험을 습득하여 공정비용을 감소
	차별화	제품기능 향상이나 전환비용을 창출하는 고유의 제품이나 공정으로의 최초 진입	선도자의 경험을 습득하여 시장요구에 보다 가깝게 제품이나 시스템을 병행
세분시장	원가우위	제품시장에서 최저가격을 제공하는 기술 선도	특정 세분시장에서 보다 더 효율적으로 대처할 수 있도록 선도자의 제품, 공정을 변형
	차별화	세분화된 제품성능에 대한 요구에 부응하거나 세분시장의 전환비용을 창출하는 고유의 제품, 공정기술로서의 최초 진입자	특정 세분시장의 기능요구나 교체비용을 창출하도록 선도자의 제품, 공정을 변형

자료원 : 안연식(2014). 기술경영론. KOCW.

련된 불확실성을 줄이기 위해 경쟁사가 특정 기술을 개발해서 성공한 경우 해당 기술을 빠르게 습득하고 개선시키는 더 나은 두 번째 기업을 추구하는 전략이 있을 수 있다. 세 가지 본원적 전략과 두 가지 기술전략을 조합하면 [표 6-4]와 같은 전략목표의 조합이 가능하다.

(4) 필요기술의 파악 : 기술포트폴리오

경쟁우위를 확보할 수 있는 기술전략 목표를 설정한 다음 필요한 기술을 파악하는 단계이다. 이때는 기술포트폴리오(technology portfolio)분석을 통해 개발, 활용할 기술을 파악하는 경우가 많다. 기술포트폴리오는 기술매력성과 자원강도에 기초한 분석도구로서, 기술매력성은 특정 기술영역의 개발을 통해 획득할 수 있는 모든 기술적 · 경제적 이점의 총합을 말하며, 계속적 개발가능성, 응용범위, 호환가능성 등을 측정한 것이다. 반면 자원강도는 상대적 지배범위, 잠재성, 반응속도 등을 측정한 것이다. 일반적인 기술포트폴리오 매트릭스는 [그림 6-13]과 같이 구성되며, 분석결과에 따라 특정 기술에 대해 투자, 선택, 투자회수라는 전략적 의사결정을 내릴 수 있다.

그림 6-13 기술포트폴리오 매트릭스

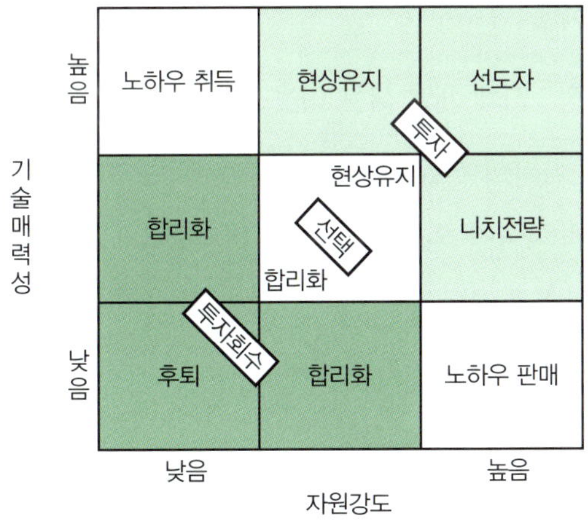

자료원 : 박주홍(2005), "글로벌 기업의 기술포트폴리오 매트릭스", 한국경영과학회/대한산업공학회 춘계공동학술대회 발표논문.

(5) 기술대안 평가 : 사업 매력도, 자사 적합성, 위험 정도

기술포트폴리오분석을 통해 특정 기술의 개발을 결정하게 되면 이후 해당 기술개발에 대한 대안평가를 진행한다. 이때는 각 기술대안의 사업매력도, 자사의 목표, 전략, 보유기술, 미래전략, 자원과의 적합성(fit), 그리고 기술개발 시 감내해야 하는 위험 정도를 고려하여 평가한다.

(6) 기술대안의 선택 : 타당성과 적합성

기술대안의 평가과정을 거쳐 개발할 기술을 최종 선택하면 해당 기술에 대한 타당성을 검토하게 된다. 사업타당성 검토는 특정한 기술에 대하여 사업화에 들어가기 이전에 여러 가지의 정보를 취합하여 그 성공가능성을 판단하는 일련의 과정을 말하며 주로 다음과 같은 요소를 분석한다.

- 적합성분석 : 사업 수행능력 및 해당 기술에 대한 적합도분석
- 시장성분석 : 경쟁상품과 경쟁하여 소비자로부터 선택받을 수 있는지 분석
- 기술적 타당성분석 : 제품을 원만하게 생산할 수 있는지 분석
- 재무적 타당성분석 : 소요자금의 조달 및 운영자금분석
- 성장가능성 및 위험요소분석 : 장기적인 성장가능성과 치명적인 위험요소 분석
- 분석결과 종합 : SWOT분석을 통한 종합분석

(7) 기술의 획득방식 결정 : 자체 개발 혹은 아웃소싱

기술개발이 타당하고 자사의 목표와 역량에 적합하다고 판단되면 해당 기술을 자체적으로 개발할 것인가 아니면 외부로부터 조달할 것인가를 판단해야 한다. 이때 고려해야 하는 요소는 다음과 같다.

- 투자의 규모
- 기술개발능력의 유무
- 시간적 여유
- 법제도 등의 장애 유무
- 혁신성 정도

• 기밀유지 필요성
• 기업문화와의 적합성

(8) 프로젝트 수행

자체 개발과 아웃소싱 중 결정된 방식대로 프로젝트를 수행하는 단계를 말한다.

Chapter

07

기술경영의 성공 사례

제1절 | 기술경영의 성공과 실패요인

제2절 | 기술경영의 성공 사례

제1절 기술경영의 성공과 실패요인

1. 기술경영의 성공요인

기술경영의 성공과 실패에는 다양한 요인들이 영향을 미친다. 이들 요인들의 일부는 기업의 노력을 통해 개선하거나 바로잡을 수 있지만 일부 요인은 단기간에 있어서 혹은 중장기적으로도 통제가 불가능할 수 있다. 기업이 통제가능한 요인들을 아무리 효과적으로 관리한다 하더라도 통제불가능한 요인에 의해 성공과 실패가 좌우될 수도 있고, 그 반대의 경우도 발생할 수 있다. 하지만 다른 요인들이 동일하다면 기업이 아래 제시된 능력이나 역량, 환경요인을 보유하거나 관리할 수 있다면 기술혁신의 성공가능성은 증대된다는 것이 여러 연구의 결과이다.

우리나라 중소기업의 기술경영 성패에 관한 연구(2013)에 따르면 중소기업 기술사업화의 성공에 영향을 미치는 요인으로는 기술이해능력(제품구성기술, 생산소요기술, 개발전략), 경영역량(경영자의 개인적 특성과 성향), 기업요인(핵심인력, 조직, 자금), 기술요인(법적 권리, 제품완성도, 기술경쟁력, 제품화 환경, 기술개발력), 시장요인(사업매력도, 제품경쟁력)과 수익성으로 나타났다. 자세한 사항은 [표 7-1]에 제시된 것과 같다.

표 7-1 기술경영 성공요인 요약

구분	구성	내용
기술이해능력	제품구성기술	제품별 구성기술
	생산소요기술	제품화 엔지니어링기술, 대량생산기술
	개발전략	다양한 제품시장 인식 및 제품개발전략
경영역량	경영자 특성	연령, 학력, 전공 및 경력연관성
	경영자 성향	리더십, 도전정신
기업요인	핵심인력	연구/기술인력, 기타 핵심인력
	조직	네트워크, 마케팅
	자금	자기자본비중, 조달능력

기술요인	법적 권리	특허 및 지식재산권
	제품완성도	제품화 정도
	기술경쟁력	기술적 우수성
	제품화 환경	기존기술과의 관계, 관련 기술 경험
	기술개발력	핵심기술, 생산기술, 제품화기술 등
시장요인	사업매력도	시장규모, 성장성, 진입가능성
	제품경쟁력	제품우수성, 경쟁상황
경제요인	수익성	수익률, 매출지속성

자료원 : 김찬호(2013), 창조경제시대 중소기업의 기술사업화 성공과 실패 사례연구, p. 117.

이 외에도 성공요인을 환경요인(기업과 기술에 관련된 정치, 제도, 교육 및 경제적 환경), 기술특성요인(기술 자체의 상대적 이질성, 복잡성, 양립성, 시험사용가능성, 결과의 관찰가능성), 최고경영자와 조직의 행태요인(기술혁신과 관련된 최고경영층의 지원과 관심, 담당자의 열의 및 추진력, 조직 및 구성원들의 변화에 대한 태도) 등으로 구분하기도 한다. 이와 같이 기술경영의 성공에는 많은 요인들이 영향을 미치지만 이들을 크게 대별해 보면, 고객지향의 기술혁신, 비즈니스 프로세스의 기술혁신, 서비스지향의 기술혁신 등으로 구분할 수 있다.

1) 고객지향의 기술혁신

고객지향의 기술혁신은 고객의 필요와 욕구를 충족시켜 주는 기술혁신, 고객가치를 창출하는 기술혁신을 말한다. 즉 고객중심적인 생각과 함께 고객의 트렌드와 필요를 파악하고, 그 정보를 기반으로 고객에게 가치를 제공하는 솔루션을 제시하는 것이다.

예를 들어, 1994년 설립된 미국의 아마존(amazon.com)은 직원 수 13만 명의 대형 온라인 쇼핑몰로 초기에는 서적판매로 시작하였으나 지금은 거의 모든 제품라인을 취급하고 있다. 이 업체에서는 제품개발부터 A/S까지 전체 가치사슬에서 온라인 쇼핑의 편의성 증대와 진행속도 단축 등의 고객가치 증대를 위해 빅데이터, 로봇, 음성인식, 드론 등의 기술을 적용하고 있다. 고객에 대한 사후 대응을 넘어 전 단계에 기술기반의 고객지향서비스를 내재화시켜 효율적이고 일관성 있는 고객만족 경험을 제공하고 있다.

그림 7-1 아마존의 가치사슬 중 고객지향서비스 현황

가치사슬	개발	판매	배송	A/S
고객가치	고객지향 제품/서비스	가격, 개인맞춤, 편의성	신속, 안전	친절, 실시간
고객서비스	• 개발 제품 콘셉트에 대한 고객대상의 보도자료 우선 작성 • 개발단계부터 외부 고객의 관점으로 콘셉트 명확화	• 다양한 쇼핑 툴 제공(아마존 대시, 모바일) • 온라인 결제 편의 제공(원클릭, 추천 시스템) • 실시간 가격비교 지원(프라이스 체크 앱)	• 당일배송(물류센터 구축, 로봇) • 30분 '드론' 배송(아마존 프라임 에어) • 주문 전 배송('예상배송' 특허)	• 영상통화 실시간 A/S(메이데이) • 인수기업 자포스 콜센터(하루 통화 수 제한)
Tech.	• 음성인식기술 • 빅테이터 • 원클릭 결제 특허		• 무인항공체(드론) • 물류 로봇 솔루션 • 빅데이터	• 영상 고객관리 솔루션

자료원 : 성민현(2014), "Amazon.com : 기술기반의 고객서비스 혁신", 디지에코 보고서.

아마존은 고객이 주문을 하기도 전에 배송을 시작하는 '예상배송'을 시도하고 있는데 이는 고객과 관련된 상세한 데이터를 수집 · 분석하고 활용가능한 빅데이터 역량에 기인한다. 또한 아마존은 많은 IT업체들이 콜센터를 인도나 제3국으로 아웃소싱함에도 불구하고 24시간 실시간 영상 응대를 통해 차별화된 고객서비스를 제공하고 있다. 물리적인 제품이 아닌 고객에 대한 서비스의 차별화는 고객 신뢰도를 증대시키고 장기적으로 비용을 절감시키는 효과를 가져오고 있다.

이 외에도 GPS와 모바일기술을 활용하여 고객의 스마트 쇼핑을 지원하는 테스코(Tesco)나 자체 호텔망 이용고객에 대한 상세한 데이터베이스와 전 세계 네트워크를 통한 정보 공유를 통해 개별 고객에게 차별화된 맞춤형 호텔서비스를 제공하고 있는 리츠칼튼호텔, 디지털 콘텐츠의 판매, 관리, 스마트기기의 관리를 하나의 소프트웨어로 가능토록 한 애플의 아이튠즈 서비스도 고객지향적인 기술혁신을 도모해서 성공한 예로 들 수 있다.

2) 비즈니스 프로세스의 기술혁신

자사의 제품이나 서비스가 고객에게 제공될 때까지의 주요 기능 수행능력과 강·약점을 분석해서 경쟁력을 강화할 수 있는 기술적 혁신방안을 모색하는 것을 비즈니스 프로세스의 기술혁신 혹은 리엔지니어링(reengineering)이라 한다. 특정 프로세스만을 대상으로 한 지엽적이거나 부분최적인 혁신보다는 전체적인 프로세스를 대상으로 시스템 관점에서 최적의 혁신을 추구하는 것으로 비즈니스 모델의 혁신을 포함한다. 비즈니스 모델의 창조적 혁신의 예로는 PC의 맞춤형 직접 유통을 도모한 델 컴퓨터, 단순한 커피 혹은 커피를 마시는 곳이 아닌, 집과 직장 이외의 제3의 장소로 비즈니스 모델화한 스타벅스, 풀서비스 항공사가 아닌 저가항공사의 교과서적인 운영체계를 구축한 사우스웨스트항공 등이 있다.

그림 7-2 비즈니스 모델의 창조적 혁신 사례

구분		선도기업	모방기업	창조적 혁신기업
특징		시장에 새롭게 두각을 보임	운영의 효율성	새로운 비즈니스 모델 혁신
사례	컴퓨터	IBM	Compaq	델 컴퓨터
	커피	General Food	Nestle	스타벅스
	유통	K-mart	Korvettes	Walmart
	항공	아메리칸항공	유나이티드항공	사우스웨스트항공
	복사기	제록스	코닥	캐논

이제는 일반화된 비즈니스 프로세스의 기술혁신의 예는 월마트(Walmart)이다. 상품가격 입력, 대금처리, 재고기록 등을 실시간으로 입력하는 POS시스템, 구입할 상품을 직접 제조업자에게 전송하는 EDI시스템, 각 점포의 상품주문 등의 성과를 주컴퓨터에 전송하는 위성통신망, 팔렛(물류처리단위)에 부착하는 RFID 등을 통해 수

만 종의 상품 머천다이징, 대량조달, 대량유통을 가능하게 하여 유통의 혁신을 가져왔다.

[표 7-2]는 기업의 세부 프로세스에 적용된 IT기술혁신이 가져온 성과의 예시로서 단 하나의 프로세스의 혁신이 큰 혁신성과를 가져올 수 있음을 보여주고 있다. 그러므로 모든 프로세스에서 현재에 만족하지 않고 프로세스의 체계적인 분석을 통해 혁신기회를 탐색하는 노력이 중요하다.

표 7-2 세부 프로세스에서의 기술혁신 예시

회사명	대상 프로세스	혁신성과	기존의 정보기술	새로운 정보기술
IBM크레딧	대출업무	7일에서 1일로 단축(85%), 1일당 처리건수 100배 증가	데이터베이스	처리전담자를 지원하는 컴퓨터시스템
코닥	제품개발업무	70주에서 38주로 단축(46%), 비용 25% 절감	–	CAD/CAM, 통합 데이터베이스
포드자동차	구매업무	500명에서 100명으로 감축(80%)	개별 데이터베이스	공유 데이터베이스, 네트워크
뮤추얼 베네피트 보험회사	보험증권 발급업무	2달에서 2시간으로 단축(99%)	개별 데이터베이스	통합 데이터베이스, 네트워크, 전문가시스템

3) 서비스지향의 기술혁신

제조업중심의 산업사회에서 정보중심의 서비스사회로 이동하는 트렌드에도 성공적인 기술혁신이 기인한 경우가 많다. 서비스지향은 과거 물질적인 제품중심적 사고에서 벗어나 고객의 충족되지 않은 욕구나 필요에 대한 해결책을 제시하는 방향으로 움직이고 있다. 그에 따라 제조기업의 서비스기업화, 제품의 서비스화, 다양한 서비스기업의 등장, 서비스 자체의 과학화 같은 현상이 나타나고 있다.

과거 IBM은 메인프레임 컴퓨터부터 PC와 노트북, 프린터 등 컴퓨터와 비즈니스 하드웨어중심의 기업이었다. 하지만 경쟁이 가열되고 새로운 사업기회가 부침함에 따라 하드웨어 부문을 매각하거나 청산하고 비즈니스 솔루션과 소프트웨어, 클라우드 컴퓨팅 등 서비스 및 소프트웨어 부문에 집중하였다. 현재는 기업을 대상으로 IT

솔루션을 공급하고 운영하는 비즈니스 솔루션기업으로 포지셔닝함으로써 과거보다 훨씬 안정적인 사업구조를 갖게 되었다. 이 외에도 컴퓨터 주변기기 제조업체인 로지텍, 자체 소유의 생산공장을 없애버리고 핵심역량을 부가가치가 높은 연구, 디자인, 판매, A/S에 집중하고 있는 나이키, 전자제품중심에서 게임, 영화, 음악 등 컨텐츠 기업으로 변신을 도모한 소니 같은 경우도 그 예로 들 수 있다.

이와 같이 제조기업이 서비스기업화하는 경우뿐만 아니라 이베이나 아마존 같은 인터넷기반 기업들이 새롭게 등장하고 있고, 스마트폰을 통해 전에는 상상할 수 없었던 많은 앱 서비스들이 제공되고 있다. 자체가 하나의 서비스인 인터넷과 앱을 통해 서비스 제공의 범위도 전 세계로 확장되고 있다. 이렇게 인간의 삶과 생활에 자리 잡은 혁신적인 서비스들은 모두 고객에게 가치 있는 솔루션을 제공하기 때문에 성공한 것으로 볼 수 있다.

2. 기술경영의 실패요인

기술혁신의 실패요인은 성공요인의 반대로 생각하면 될 것이다. 고객지향적이지 못하거나, 서비스지향적이지 못하며, 비즈니스 프로세스 개선을 이루지 못한 것이 큰 실패요인일 것이다. 그 외에도 앞서 설명한 대로 기술이해능력, 경영역량, 기업요인, 기술요인, 시장요인과 수익성에 문제가 있을 수도 있다. 기술혁신의 실패는 경우에 따라서는 또 다른 기술혁신 실패를 가져오는 '기술혁신의 악순환'을 야기하기도 한다. 혁신적인 기술이 실패하여 악순환을 가져오는 원인으로는 고객의 필요와 욕구충족에 미진한 경우, 혁신에 투입된 비용부담이 큰 경우, 기술 자체의 완성도에 문제가 있는 경우, 그리고 기술시장의 트렌드를 제대로 파악하지 못한 것 등이 지적되고 있다.

이 외에도 분명하지 않은 상대적인 이점, 기존의 사용방법이나 가치관과 부합되지 못한 경우, 이해하기 힘들 만큼 복잡한 경우, 시용해 볼 기회가 없는 경우, 다른 사람들이 사용하는 것을 보기 힘든 경우에도 기술혁신의 성공가능성은 낮다.

제2절 기술경영의 성공 사례

아래의 링크를 통해 기술혁신과 관련된 성공 사례, 유망 스타트업, 주요 IT기업의 과거 경험 등을 살펴볼 수 있다.

- "Managing Innovation (1) 구글은 어떻게 성장과 혁신, 두 마리 토끼를 잡았는가", 이은세(2014), beSUCCESS.
  http://kr.besuccess.com/2014/02/managing-innovation/
- "Managing Innovation (2) 기업의 혁신을 위한 두 번째 필수 조건 '적절한 인재관리'", 이은세(2014), beSUCCESS.
  http://kr.besuccess.com/2014/02/managing-innovation-2/
- "Managing Innovation (3/3) 혁신을 관리하라!", 이은세(2014), beSUCCESS.
  http://kr.besuccess.com/2014/03/managing-innovation-3/
- "알리바바(Alibaba)를 말하다", Vertical Platform(2014).
  http://www.venturesquare.net/550085
- "농업 데이터 관련 글로벌 스타트업 5선", 김건우(2016), beSUCCESS.
  http://kr.besuccess.com/2016/08/globalagtech5/
- "포켓몬고 성공의 배경이 된 닌텐도의 전략", 이한종(2016), beSUCCESS.
  http://kr.besuccess.com/2016/08/pokemongo-2/
- "포켓몬고의 열풍과 비즈니스 모델 분석", 김건우(2016), beSUCCESS.
  http://kr.besuccess.com/2016/08/pokemongo/
- "성공하는 스타트업의 10가지 비밀", 이한종(2016), beSUCCESS.
  http://kr.besuccess.com/2016/04/successful-startup/
- "실패로 돌아간 12가지 기술혁명", PCWorld(2011).
  http://www.itworld.co.kr/print/70921

Part

05 창의성과 글로벌 창업

Chapter

08

창의성과 창의적 문제해결이론

제1절 창의성

1. 창의성의 개념과 창의성의 신화

1) 창의성의 개념

우리는 창의성을 요구받는 시대를 살아가고 있다. 수없이 많은 분야에서 창의적인 인재를 요구하며, 서점의 한 모퉁이에서는 창의성과 관련된 책들이 셀 수 없이 많을 정도로 나열되어 있다. 과연 창의성이란 무엇일까? 교육심리학용어사전에 따르면 창의성(創意性, creativity)은 "새롭고, 독창적이고, 유용한 것을 만들어내는 능력", "전통적인 사고방식을 벗어나서 새로운 관계를 창출하거나, 비일상적인 아이디어를 산출해내는 능력" 등으로 정의된다(교육심리학용어사전, 2000). 이와 유사하게 국립국어원의 표준국어대사전에서는 창의성을 "새로운 것을 생각해내는 특성"으로 정의한다(국립국어원, 2016). 정리해보면 창의성은 "기존과는 다른 새로운 것을 독창적으로 생각해내는 능력"으로 이해할 수 있다.

2) 창의성의 신화 : 창의성은 타고나는 것인가?

알버트 아인슈타인(Albert Einstein)이나 스티브 잡스(Steve Jobs)와 같이 우리가 잘 알고 있는 창의적인 사람들은 남들이 생각하지 못하는 것들을 다르게 보고 생각하는 공통점들이 있다. 남들이 보지 못하는 것을 보고, 생각하는 사람들을 우리는 흔히 괴짜라고 부르기도 하는데, 주로 이러한 괴짜들이 혁신(innovation)을 만들고 세상의 패러다임을 바꾸어간다고 한다. 그렇다면 창의성은 타고나는 것일까? 아니면 후천적인 노력에 의해 강화될 수 있는 것일까? 아마도 이 질문은 창의성을 연구하는 학자들뿐만 아니라 창의성을 요구받고 있는 일선 현장에 종사하는 사람들이 가장 궁금해 하는 질문 중 하나일 것이다. 일반적으로 과거에는 "창의적인 사람들은 남들과는 다른 그 어떤 특성(trait)들을 선천적으로 가지고 태어나기 때문에 보통 사람들과는 다르게, 새롭고 독창적인 방법으로 주어진 문제를 해결해 나갈 수 있다"는 주장이 널리 받아들여져 왔다. 그래서 창의적인 사람들은 무(無)에서 유(有)를 창조하는 대단한 사람이며, 그러한 사람들의 독창적인 아이디어로 인류의 문명이 발전되어 왔다고 생각하는 것은 어찌 보면 당연한 일이었다.

하지만 오늘날에는 창의성이 후천적인 노력에 의해서도 개발될 수 있음을 주장하는 사람들이 늘어나고 있다. '생각의 탄생(*Spark of Genius*)'의 저자인 미시간주립대학교(Michigan State University)의 로버트 루트번스타인(Robert Root-Bernstein) 교수는 2016년 한국에서의 한 강연에서 "흔히 사람들은 창의성을 타고나며, 지능과 관련이 있다고 믿는 경향이 있다. 하지만 창의성은 교육을 통해 훈련을 받은 사람에게서 더 많이 발견되기 때문에 창의성을 살릴 수 있는 교육을 시행할 필요가 있다"라고 언급하며 창의성을 기를 수 있는 방법 중 하나로 다양한 경험을 하는 것이 중요하다고 강조했다. 또한 연세대학교의 김용학 총장도 자신의 저서 '생각, 엮고 허물고 뒤집어라'에서 "창의성은 타고나는 것이 아니라 키워지는 것이다"라는 점을 강조하고 있다. 그렇다면 우리가 창의적이라고 생각하는 사람들은 창의성에 대해서 어떤 생각들을 가지고 있을까?

일반상대성이론으로 유명한 독일의 물리학자 알버트 아인슈타인(Albert Einstein)은 "창의성의 비밀은 그 출처를 숨기는 방법을 아는 데 있다(The secret to creativity is knowing how to hide your sources.)"는 명언을 남겼다([그림 8-1] 참조).

그림 8-1 알버트 아인슈타인

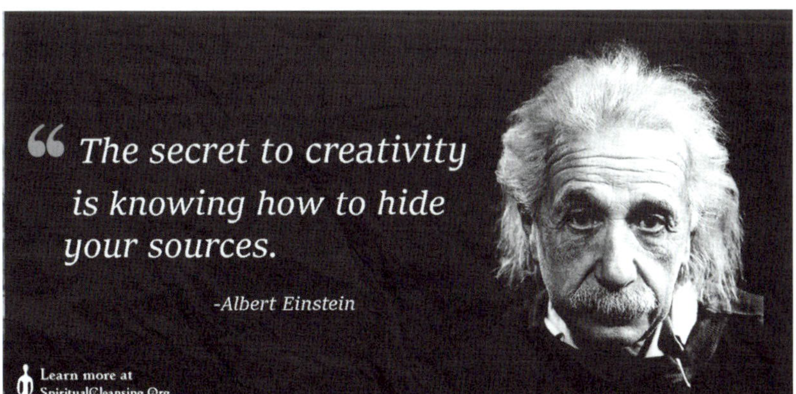

자료원 : http://spiritualcleansing.org

또 입체파 화가로 유명한 파블로 피카소(Pablo Ruiz Picasso)는 "훌륭한 예술가는 모방하고 위대한 예술가는 훔친다(Good artists copy, great artists steal.)"라는 유명한 말을 남겼으며, 이 말은 그 후 애플의 창업자인 스티브 잡스(Steve Jobs)가 공개석상에서 언급해 세간의 주목을 끌기도 했다([그림 8-2] 참조).

그림 8-2 파블로 피카소

자료원 : https://medium.com/ @QuotesCosmos

또 우리에게 창의성의 대명사로 알려진 스티브 잡스가 남긴 수많은 어록들 중에서 창의성에 대한 내용도 있는데, 그는 창의성에 대해서 다음과 같이 언급했다. "창의성은 단지 연결하는 것이다. 만약 당신이 창의적인 사람들에게 어떻게 그런 일들을 해냈느냐고 묻는다면 아마도 그들은 죄책감을 느낄 것이다. 왜냐하면 실제로 그들이 한 것은 없으며 단지 무엇인가를 보았기 때문이다(Creativity is just connecting things. When you ask creative people how they did something, they feel a little guilty because they didn't really do it, they just saw something.)"([그림 8-3] 참조).

그림 8-3 스티브 잡스

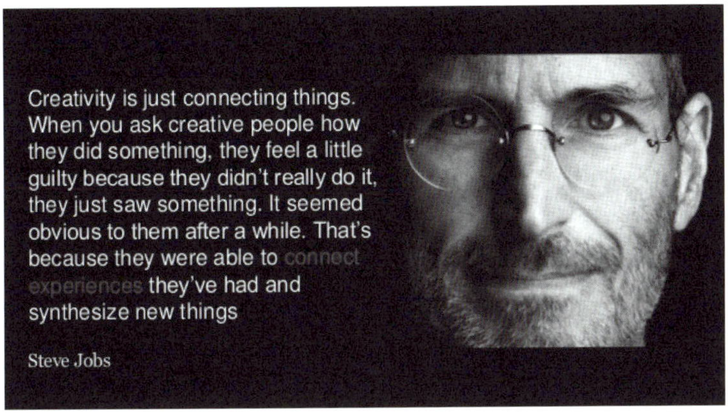

자료원 : http://talentdevelop.com, Steve Jobs : Intensities, Obsessions, Creativity

이상에서 살펴본 창의적인 사람들은 공통적으로 창의성을 정말 '무에서 유를 창조하는 전혀 새롭고, 독창적인 능력'으로 보기보다는 이미 존재하는 기존의 것들을 새롭게 조합해내는 능력(combining capability)으로 보고 있다. 아인슈타인의 말처럼 창의성의 비밀이 그 출처를 숨기는 방법에 있다면, 그리고 피카소의 말처럼 훌륭한 예술가는 모방하고 위대한 예술가는 훔친다면, 또 잡스의 말처럼 창의적인 사람들이 실제로 무언가를 한 것이 아니라 무언가를 보고 단지 연결한 것이라면, 창의성은 무에서 유를 창조하는 것이 아니라 기존의 것을 연결하여 조합하는 것이기 때문에 충분히 후천적으로 길러질 수 있는 능력이 될 수 있다.

그렇다면 어떻게 창의성을 기를 수 있을까? 이에 대한 해답을 찾기 위해서 다음 절에서는 창의적 문제해결이론(theory of solving inventive problem)에 대해서 살펴보기로 하자.

제2절 창의적 문제해결이론

1. 창의적 문제해결이론과 모순해결

1) 창의적 문제해결이론의 개념

창의성을 높일 수 있는 기법 중 가장 유명한 것은 아마도 TRIZ일 것이다. TRIZ는 구소련의 겐리히 알츠슐러(Genrich Altshuller)에 의해 개발된 방법론으로 창의적 문제해결이론을 의미하는 러시아어 Teoriya Resheniya Izobretatelskikh Zadach의 앞 글자를 따 이름을 붙였다. TRIZ의 영어표현은 Theory of Inventive Problem Solving이다. 알츠슐러는 전 세계 200만 건 이상의 특허들을 분석하고 그 중 창의적이라고 인정되는 특허들의 공통점을 추출하였다. 그리고 그러한 창의적인 특허들은 모순(矛盾, contradiction)을 극복하고 있다는 것을 파악하였다. TRIZ에서는 모순을 기술적 모순(technical contradiction)과 물리적 모순(physical contradiction)[01]으로 구분한다.

2) 모순의 유형

모순(矛盾)이란 용어는 '말이나 행동의 앞뒤가 맞지 않을 때' 주로 사용하는데, 이 용어는 원래 '창과 방패'를 의미한다. 중국 초(楚)나라에 창과 방패를 파는 무기장수의 이야기에서 유래되었다. 이 무기장수는 언변이 능했는데, 하루는 그가 손님들에게 "이 창은 정말 날카롭고 예리해서 그 어떤 방패도 쉽게 뚫을 수 있는 창입니다." 그리고 잠시 후 그는 손님들에게 "이 방패는 너무나 견고하고 튼튼해서 그 어떤 칼과 창도 능히 막아낼 수 있습니다."라고 창과 방패를 소개했다. 그러자 잠자코 듣고 있던 한 손님이 무기장수에게 "그럼 그 날카로운 창으로 튼튼한 방패를 찌르면 어떻게 되는가?"라고 질문을 했고, 무기장수는 아무런 대답도 하지 못했다고 한다. 이

01 이후에 관리적 모순(administrative contradiction)이 추가되었지만, 본서에서는 기술적 모순과 물리적 모순만을 살펴보기로 한다.

이야기가 우리가 사용하는 모순의 유래이다. 알츠슐러는 이와 같은 모순을 해결하면 창의적인 발명과 해결책을 찾을 수 있다고 보고 모순을 다음과 같이 구분하였다.

(1) 기술적 모순

기술적 모순은 '한 특성(α)을 개선하면, 다른 특성(β)이 악화되는 상황'을 말한다. 즉, 서로 다른 두 특성이 상충되는 상황(원하는 기대 수준 간 충돌상황)을 기술적 모순이라 한다. 예를 들면, 자동차의 엔진성능을 강화시키면 자동차의 마력(馬力, house power)은 강화되지만, 자동차의 연비(燃比, fuel efficiency)는 떨어지게 된다. 반대로 자동차의 엔진성능을 약화시키면 자동차의 마력은 약화되지만 연비는 개선된다. 이 경우 자동차의 마력과 연비는 서로 상충되는 특성을 지니고 있고 이를 기술적 모순이라고 한다. 이러한 기술적 모순을 해결한다면, 즉 마력이 높으면서 연비도 좋은 엔진을 개발할 수 있다면 이는 창의적인 문제해결이 될 수 있다는 것이다. 또 다른 예를 하나 들어보면 노트북(laptop)의 성능을 높이면 무게가 증가해 이동성이 떨어지고, 이동성을 높이면 노트북의 성능은 떨어지게 되어 성능과 이동성 간에도 기술적 모순이 존재한다. 그렇기 때문에 많은 전자회사들은 노트북의 성능을 높이면서도 이동성을 극대화하기 위한 기술을 개발하기 위해 노력하고 있다. 또 기업들의 경우 생산성과 품질 간에 기술적 모순이 존재한다. 다시 말해, 생산속도를 높여 많은 제품들을 생산하게 된다면 생산성은 높아지지만 제품의 품질은 떨어지기 쉬우며, 반면에 생산속도를 낮추면 제품의 품질은 높일 수 있지만 생산성이 떨어지는 모순이 존재한다는 것이다. TRIZ에서는 이러한 기술적 모순의 해결방법으로 40가지 발명원리를 사용한다. 40가지 발명원리에 대해서는 후반부에서 다시 논의하기로 한다.

(2) 물리적 모순

기술적 모순이 두 개의 속성들이 서로 충돌하는 것이라면 물리적 모순은 하나의 속성이 동시에 상이한 두 개의 값을 가져야 하는 것을 의미한다. 다시 말하면, 시스템의 한 특성이 서로 상반된 상태를 동시에 요구받는 상황(두 요구조건 사이의 충돌

상황), 즉 하나의 속성이 이렇기도 하면서 동시에 저렇기도 해야 하는 경우를 물리적 모순이라 말한다. 예를 들면, 자동차의 A필러를 생각해보자. 자동차를 탄 탑승자의 안전도를 높이고 자동차의 강성을 유지하기 위해서는 'A필러가 있어야 하는' 동시에 운전자가 운전을 할 때 시야를 가리지 않기 위해서는 'A필러가 없어야' 한다. 즉, A필러는 있어야 하면서도 동시에 없어야 하기 때문에 이를 물리적 모순이라고 한다. 또 다른 예를 들어보면 앞서 살펴본 생산속도, 생산성, 품질의 예에서 생산성을 높이기 위해 생산속도는 높아야 하면서도, 품질을 높이기 위해서는 생산속도는 낮아야 한다. 이처럼 생산속도가 높아야 하면서도 동시에 낮아야 하는 것이 물리적 모순이다.

그림 8-4 자동차 필러 구분

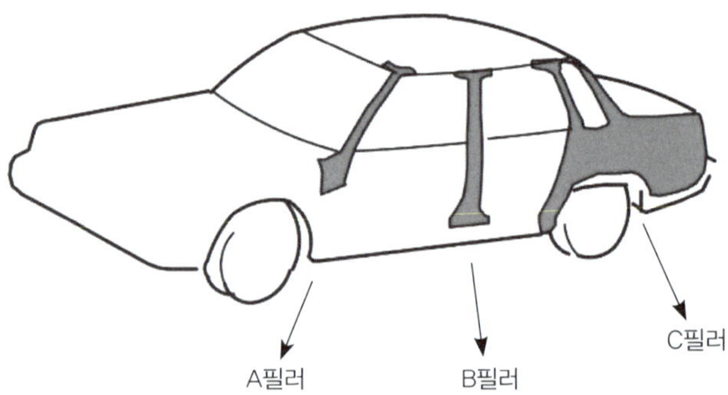

자료원 : 네이버

(3) 이상적 해결책

TRIZ에서 모순을 정의하는 이유는 모순을 해결하기 위해서이다. TRIZ에서 고려하는 모순의 해결책은 이상적 해결책(Ideal Final Result : IFR)을 찾는 것이다. 이를 수식화하면 아래와 같다. 비용 대비 효과의 측면에서 비용을 줄여나가거나 완전히 제거할 수 있다면 그 효과는 무한대에 가까운 수치가 되는데, 이를 TRIZ에서는 이상적 해결책으로 본다. 다시 말해, 비용이 전혀 발생되지 않으면서 기능을 수행할 수 있는 시스템은 시스템이 없는 것이며(An ideal technical system is no system, but the function is performed.), TRIZ에서는 이러한 이상적 해결책을 찾으려 한다.

$$Ideality = \frac{Effect}{Cost} \Rightarrow \infty$$

과거 우리가 사용했던 2G폰을 생각해보자. 지금 생각해보면 거추장스럽게 느껴지겠지만 그 당시 폰들은 모두 물리적 숫자버튼이나 키보드들이 휴대폰에 포함되어 있었고 당연히 그래야 하는 것으로 인식되었다. 적어도 애플의 스티브 잡스가 터치스크린 방식으로 물리적 숫자버튼이나 키보드를 없앤 아이폰(iphone)을 발표하기 전까지는 말이다([그림 8-5] 참조). 하지만 이제는 거의 대부분의 사람들이 휴대폰에 물리적 숫자버튼이 없는 것을 당연하게 생각하고 있다. TRIZ에서 생각하는 이상적 해결책에 가깝기 위해서 가장 이상적인 휴대폰은 휴대폰이 없는 것이기 때문에, 먼 미래 언제쯤에는 휴대폰 없이 휴대폰의 기능만을 이용해 서로 통화를 할 수 있는 이상적 해결책이 도출될 수도 있을 것이다. 실제로 이러한 시도 중 하나로 많은 기업들은 휴대폰 기능을 스마트워치(예컨대, 애플워치나 갤럭시 기어S3 등)와 같은 웨어러블 디바이스(wearable device)에 포함시키면서 점차 휴대폰을 없애면서도 휴대폰의 기능을 살릴 수 있는 이상적 해결책을 찾아가고 있다([그림 8-6] 참조).

그림 8-5 아이폰 출시 당시 스티브 잡스의 프레젠테이션

자료원 : https://www.youtube.com/watch?v=EEEPkThgKM4

그림 8-6 애플워치2와 갤럭시 기어S3

자료원 : http://post.naver.com/viewer/postView.nhn?volumeNo=5147256&memberNo=12220288&vType=VERTICAL

(4) 모순의 표현 : 다이아몬드 모델

그렇다면 어떻게 하면 모순을 찾아내고 해결할 수 있을까? eTRIZ의 대표 신정호 박사는 기술적 모순과 물리적 모순을 쉽게 도식화할 수 있는 다이아몬드 모델을 제시하였다([그림 8-7] 참조).

그림 8-7 모순의 도식화 : 다이아몬드 모델

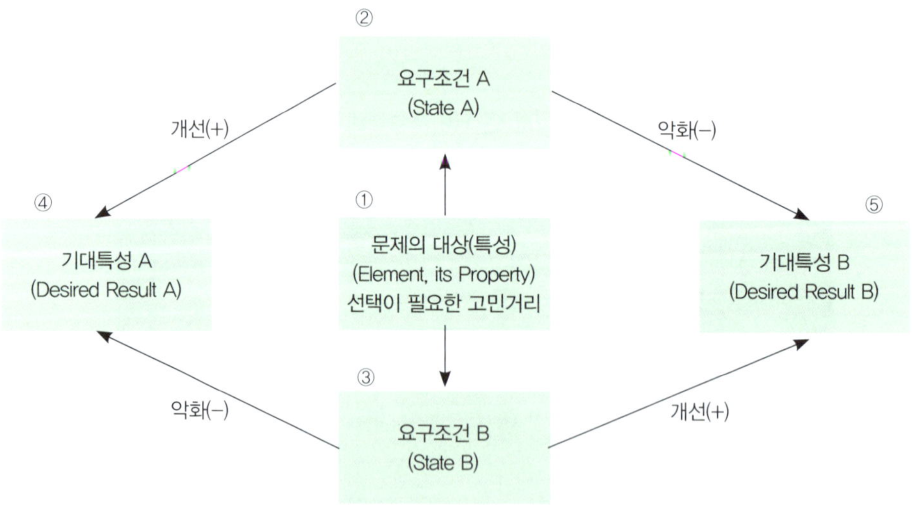

자료원 : Jeongho Shin(2011), "Development and Application of the Simple Contradiction Modeling and the Invention Song", TRIZ Future Conference, Dublin, Ireland. 2016년 전주대학교 LINC사업단 호남 · 제주권 산학협력 직무역량강화 TRIZ(창의문제해결) 전문교육 자료집.

다이아몬드 모델은 선택이 필요한 고민거리인 문제의 대상(①번 상자), 그러한 문제의 대상에게 요구되는 상반된 조건인 요구조건 A(②번 상자)와 요구조건 B(③번 상자), 그리고 요구조건 A로 인해 개선되거나 요구조건 B로 인해 악화되는 기대특성 A(④번 상자), 요구조건 A로 인해 악화되거나 요구조건 B로 인해 개선되는 기대특성 B(⑤번 상자)로 구성된다.

그림 8-8 생산속도, 생산성, 품질 사례를 도식화한 다이아몬드 모델

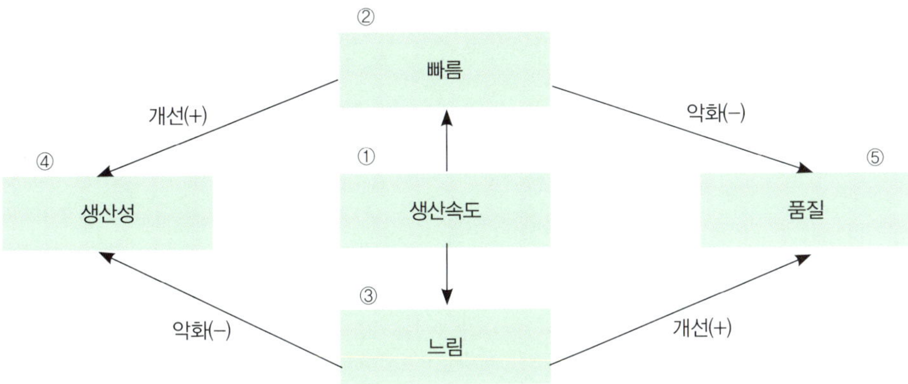

[그림 8-8]에서 볼 수 있듯이 ①에는 선택이 필요한 문제의 대상을 적으면 된다. 앞서 살펴본 생산속도, 생산성, 품질의 예에서는 선택이 필요한 문제의 대상이 생산속도이기 때문에 생산속도를 여기에 적으면 된다. 그리고 ②와 ③은 그러한 문제의 대상에 요구되는 조건들을 적으면 되는데 같은 예에서는 '생산속도가 빠르다'라는 요구조건과 '생산속도가 느리다'라는 상반된 요구조건이 존재했다. 그래서 ②에는 '빠름' ③에는 '느림'을 표시하면 된다. 생산속도가 빠른 경우(다이아몬드 모델의 ②번 상자) 생산성은 개선(+)되지만 품질은 악화(−)된다. 따라서 ④의 기대특성으로는 생산성을 적으면 되고, ⑤의 기대특성으로는 품질을 적으면 된다. 마찬가지로 생산속도가 느린 경우(다이아몬드 모델의 ③번 상자) 품질은 개선(+)되지만 생산성은 악화(−)되기 때문에 ④의 기대특성으로는 생산성, ⑤의 기대특성으로는 품질이 제대로 적혀 있음을 확인할 수 있다.

앞서 살펴본 A필러의 예를 다이아몬드 모델로 도식화하면 다음 [그림 8-9]와 같다. ①에 들어갈 문제의 대상으로 자동차의 A필러를 적었으며, ②와 ③의 요구조건으로 각각 A필러가 있는 경우와 없는 경우를 구분하였다. ②에서처럼 A필러가 있는 경우에 자동차의 강성은 개선(+)되지만 시인성은 악화(−)된다. 반면 ③에서처럼 A필러가 없는 경우에 자동차의 시인성은 개선(+)되지만 강성은 악화(−)된다. 그렇기 때문에 ④에는 ②로 인해 개선(+)되는 요인 그리고 ③으로 인해 악화(−)되는 요인인 강성을 적었으며, ⑤에는 ②로 인해 악화(−)되는 요인 그리고 ③으로 인해 개선(+)되는 요인인 시인성을 적어 넣었다.

그림 8-9 A필러 사례를 도식화한 다이아몬드 모델

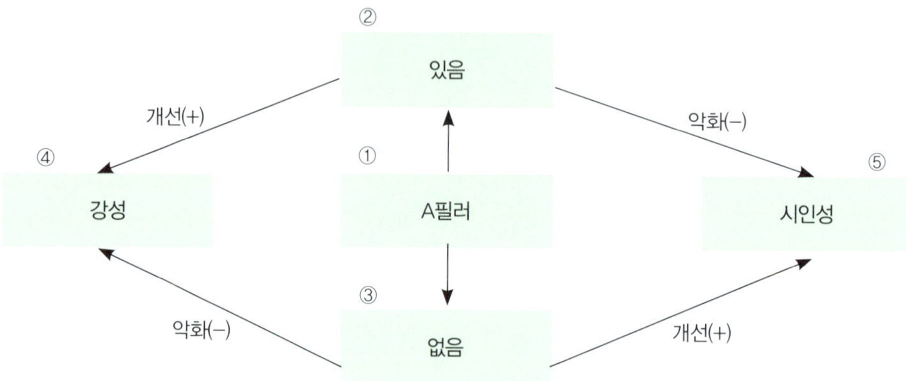

눈치가 빠른 독자들은 벌써 간파하였겠지만, 다이아몬드 모델에서 수평축인 ④와 ⑤는 앞서 살펴본 기술적 모순을 의미하며, 수직축인 ②와 ③은 물리적 모순을 의미한다. 그렇다면 어떻게 이러한 모순들을 해결하고 이상적 해결책(IFR)을 찾을 수 있을까? eTRIZ의 대표 신정호 박사는 이상적 해결책을 도출하기 위한 과정의 하나로 모순 및 IFR 기술방법을 [그림 8-10]과 같이 제안하고 있다.

그림 8-10 모순 및 이상적 해결책의 기술

기술적 모순 1		이상적 해결책 1
(문제대상)이 (요구조건 A)이면 (기대특성 A)는 개선되나 (기대특성 B)는 악화된다.	→	(문제대상)이 (요구조건 A)임에도 불구하고 (기대특성 B)가 개선된다.

기술적 모순 2		이상적 해결책 2
(문제대상)이 (요구조건 B)이면 (기대특성 B)는 개선되나 (기대특성 A)는 악화된다.	→	(문제대상)이 (요구조건 B)임에도 불구하고 (기대특성 A)가 개선된다.

물리적 모순
(문제대상)은 (기대특성 A)를 위해서는 (요구조건 A)여야 하고, (기대특성 B)를 위해서는 (요구조건 B)여야 한다.

자료원 : Jeongho Shin(2011), "Development and Application of the Simple Contradiction Modeling and the Invention Song", TRIZ Future Conference, Dublin, Ireland, 2016년 전주대학교 LINC사업단 호남 · 제주권 산학협력 직무역량강화 TRIZ(창의문제해결) 전문교육 자료집.

[그림 8-11]은 A필러 사례를 바탕으로 기술적 모순과 물리적 모순 그리고 이상적 해결책을 기술하고 있다. A필러 사례에서 도출되는 첫 번째 기술적 모순은 A필러가

그림 8-11 모순 및 이상적 해결책의 기술 : A필러의 사례

기술적 모순 1		이상적 해결책 1
(A필러)가 (있으)면 (강성)은 개선되나 (시인성)은 악화된다.	→	(A필러)가 (있음)에도 불구하고 (시인성)이 개선된다.

기술적 모순 2		이상적 해결책 2
(A필러)가 (없으)면 (시인성)은 개선되나 (강성)은 악화된다.	→	(A필러)가 (없음)에도 불구하고 (강성)이 개선된다.

물리적 모순
(A필러)는 (강성)을 위해서는 (있어)야 하고, (시인성)을 위해서는 (없어)야 한다.

있으면 자동차의 강성은 개선되나 시인성은 악화된다는 것이고 이에 대한 이상적 해결책은 A필러가 있음에도 불구하고 시인성이 개선되는 것이다. 두 번째 기술적 모순은 A필러가 없으면 시인성은 개선되나 강성은 악화된다는 것이고 이에 대한 이상적 해결책은 A필러가 없음에도 불구하고 강성이 개선되는 것이다. 그리고 물리적 모순은 A필러는 강성을 위해서는 있어야 하고, 시인성을 위해서는 없어야 한다는 것이다. TRIZ에서는 이 문제에 대한 창의적인 해결방법으로 이와 같은 모순들을 해결할 수 있는 방법을 찾는 방향성을 제시한다.

[그림 8-12]는 실제 TRIZ 교육과정에서 A필러의 모순을 TRIZ를 이용해 해결해 가는 과정을 보여주고 있다. [그림 8-12]에서 제시된 바와 같이 이 문제를 접한 수강생들은 자동차 A필러가 강성을 위해 있기도 하면서, 시인성을 위해 없기도 해야 하는 물리적 모순을 해결하기 위해 분리의 원칙 중 '부분 · 전체에 의한 분리' 원칙을 사용한 해결책(A필러 중간부분 다른 재질로 만들어 강성을 유지하면서 시인성을 확보)을 제시하고 있다. 여기서 중요한 점은 이러한 해결책이 정말 유용한 해결책이냐의 여부가 아니라 기존과는 다른 창의적인 해결책을 제시한다는 점에 있으며, 이러한 시도들이 반복되고 정교화될 때 정말 혁신적이고 창의적인 해결책이 도출될 수 있다는 점이다. 따라서 TRIZ를 활용하여 모순을 해결하고자 할 때에는 일단은 그 해

그림 8-12 실제 TRIZ 강좌에서 풀어본 A필러의 사례

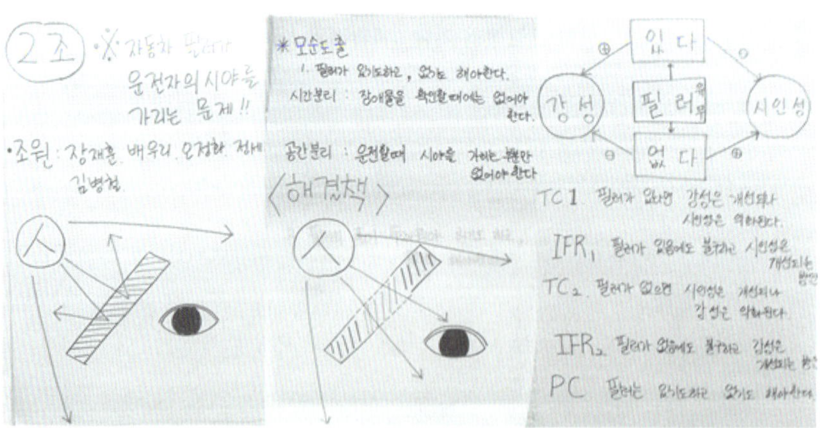

자료원 : 2016년 전주대학교 LINC사업단 호남 · 제주권 산학협력 직무역량강화 TRIZ(창의문제해결) 전문교육.

결책의 유용성 여부를 떠나서 도출되는 모순들을 극복하고 이상적 해결책을 도출하기 위한 시도를 끊임없이 반복하는 것이 중요하다. 다음으로 TRIZ에서 모순의 해결을 위해 사용하는 방법들에 대해 살펴보기로 보자.

3) 모순의 해결

알츠슐러는 기술적 모순을 해결한 특허들을 분석하고, 이를 해결할 수 있는 '40가지 발명원리(40 inventive principles)'를 제시하였다. 또한 그는 물리적 모순을 해결한 특허들을 분석하여 분리의 원칙(separation principles)을 도출하였다. 즉 정리하자면 기술적 모순인 경우에는 40가지 발명원리를 이용하여 모순을 해결하기 위해 노력해보고, 물리적 모순의 경우에는 분리의 원칙을 적용해서 해결책을 찾으려 노력한다면 의외로 손쉽고 간단하면서도 창의적인 해결책을 찾을 수 있다. 여기에서는 모순의 해결방법으로서 40가지 발명원리와 분리의 원칙 등을 대략적으로 살펴본다.

그림 8-13 모순의 해결방법

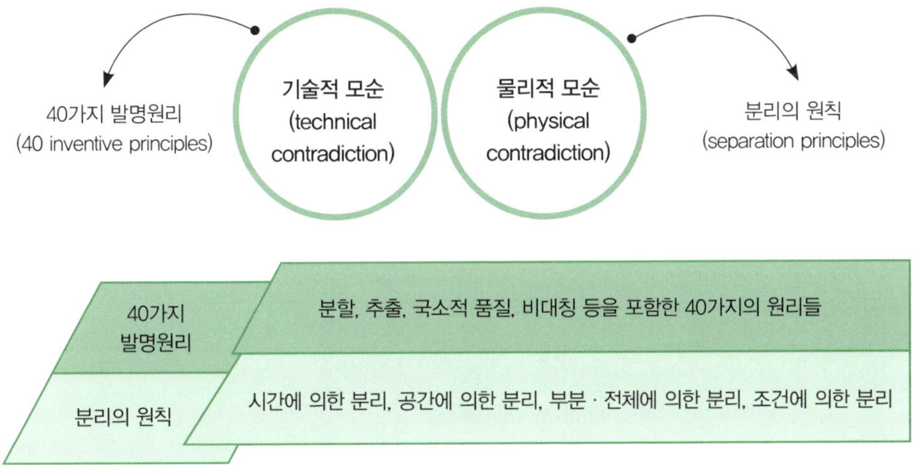

(1) 기술적 모순의 해결 : 40가지 발명원리

본서에서는 40가지의 발명원리들을 하나하나 상세하게 설명하지는 않을 것이다. 40가지의 발명원리를 하나하나 상세하게 공부하기 위해서는 TRIZ 관련 전문서적을 참고하기 바란다. 앞서 살펴본 바와 같이 알츠슐러는 많은 선행 특허들을 분석하여 기술적 모순을 해결하기 위한 가이드(guide)로서 40가지 발명원리를 제시하였으며, 이는 다음의 [표 8-1]에 제시되어 있다.

[표 8-1] 40가지 발명원리

연번	원리	설명
1	분할(segmentation)	분할, 나누기
2	추출(extraction)	필요한 것만 뽑아낸다.
3	국소적 품질(local quality)	전체를 똑같이 할 필요는 없다.
4	비대칭(asymmetry)	비대칭으로 한다. 차별화한다.
5	통합(consolidation)	여러 작업을 한 번에 한다.
6	다용도(multi-functionality)	하나의 물건을 여러 번 사용한다.
7	포개기(nesting)	포개어본다. 짝짓기를 한다.
8	평형추(counterweight)	상쇄시키기, 묻어가기
9	선행반대조치(preliminary counter action)	미리 반대방향으로 조치한다.
10	선행조치(preliminary action)	미리 조치한다.
11	사전예방(preliminary compensation)	사전에 예방조치한다.
12	높이 맞추기(equipotentiality)	저절로 흘러가게 한다.
13	반대로(do it reverse)	반대로 한다.
14	구형화(curvature increase)	직선형을 곡선형으로 바꾼다.
15	역동성(dynamicity)	부분적으로 자유롭게 한다.
16	과부족(partial or excessive)	지나치거나 혹은 부족하게 한다.
17	차원변경(dimension change)	다른 각도에서 본다. 수평이면 수직으로
18	진동(vibration)	진동을 이용한다.
19	주기적 작용(periodic action)	주기적으로 한다.
20	유익한 작용의 지속(continuity of useful action)	유용한 일을 지속한다.
21	고속처리(rushing through)	유해하다면 빨리 진행한다.
22	해를 이롭게(convert harmful to useful)	안 좋은 것을 좋은 것으로 바꾼다.
23	피드백(feedback)	피드백을 이용한다.
24	매개체(intermediary)	직접 하지 말고 중간 매개체를 이용한다.
25	셀프서비스(self service)	스스로 기능이 수행되게 한다.

26	복제(copy)	불편하고 복잡한 것 대신 간단한 것으로 복사한다.
27	일회용품(cheap short life)	한 번 쓰고 버린다.
28	기계시스템 대체(replacing mechanical system)	기계적 시스템은 광학, 음향시스템 등으로 바꾼다.
29	공기나 유압을 활용(pneumatics and hydraulics systems)	공기나 유압을 사용한다.
30	얇은 막(flexible membrane and thin film)	얇은 막 필름을 사용한다.
31	다공질(porous material)	구멍이 숭숭 뚫린 물질을 사용한다.
32	색깔 변경(changing color)	색깔 변화 등 광학적 성질을 변화시킨다.
33	동질성(homogeneity)	기왕이면 같은 재료를 사용한다.
34	폐기 혹은 재생(rejection and regeneration)	다 쓴 것은 버리거나 복구한다.
35	속성변환(parameter change)	물질의 속성을 변화한다.
36	상태 전이(phase change)	상태 전이
37	열팽창(thermal expansion)	열팽창
38	활성화(oxidant)	반응의 속도를 증가시킨다.
39	비활성화(inert environment)	비활성환경
40	복합화(composite material)	복합재료

자료원 : 김효준(2009), 창의성의 또 다른 이름 트리즈, 인피니티북스, 2016년 전주대학교 LINC사업단 호남 · 제주권 산학협력 직무역량강화 TRIZ(창의문제해결) 전문교육.

40가지의 발명원리를 간략하게 소개하기 위해서, 앞서 기술적 모순에서 소개했던 자동차 엔진성능에 대한 사례를 다시 떠올려보자. 자동차의 엔진성능을 강화시키면 자동차의 마력(馬力, house power)은 강화되지만, 자동차의 연비(燃比, fuel efficiency)는 떨어지게 되며, 우리는 이것을 기술적 모순이라고 설명하였다. 이러한 기술적 모순은 대다수의 완성차업체(automaker)들이 공통적으로 고민하는 문제일 것이다. 하지만 이러한 문제는 의외로 손쉽게 해결될 수도 있다. [표 8-1]에서 제시하는 발명원리 중에서 분할(segmentation)의 원리를 적용해보자. 엔진성능이 좋은 고급 자동차들은 배기량도 높을 뿐만 아니라 실린더의 개수도 많은 경우가 보통이다. 여기서 실린더의 개수에 주목할 필요가 있다. 6기통의 엔진이 있다고 가정할 때, 이 엔진에는 6개의 실린더가 사용된다. 하지만 6개의 실린더는 항상 작동한다. 다시 말해, 운전자가 급하게 차를 몰 때나, 조심스럽게 차를 몰 때를 가리지 않고 6개의 실린더가 작동된다는 것이다. 하지만 분할의 원리를 적용하여 평상시 큰 출력이 필요하지 않을 경우에는 일부의 실린더만 작동되고, 큰 힘을 필요로 하는 순간에만 6개의 실린더가 모두 작동되게 만든다면 의외로 쉽게 연비와 출력이라고 하는 기술적 모순을 해결할 수도 있게 된다. 실제로 일본의 자동차회사인 혼다의 자동차는 가변실린더제어기술(Variable Cylinder Management : VCM)이라고 하는 기술을 바탕으로 평소에는 3개 혹은 4개의 실린더만 작동하고, 필요에 따라 6개의 실린더가 모두 작동하여 고출력, 고연비를 모두 실현하였다.

또 다른 예로 40가지의 발명원리 중 국소적 품질(local quality)의 예를 들어보자. 국소적 품질은 모든 부분을 동일하게 가져갈 필요가 없으며, 부분적으로 다르게 적용하는 것을 의미하는데, 우리 주변에 손쉽게 찾아볼 수 있는 빨대의 경우가 이 경우에 해당된다. 초창기의 빨대는 전체의 모양이 동일한 것이 일반적이었으나 최근에는 빨대의 일부분을 변형시켜 사용자가 음료를 손쉽게 마실 수 있도록 주름지게 빨대를 디자인하거나, 끝부분을 스푼형으로 만들어 슬러시와 같은 내용물들을 손쉽게 음용할 수 있게 만든 빨대들도 출시되고 있다([그림 8-14] 참조).

그림 8-14 국소적 품질의 예: 빨대

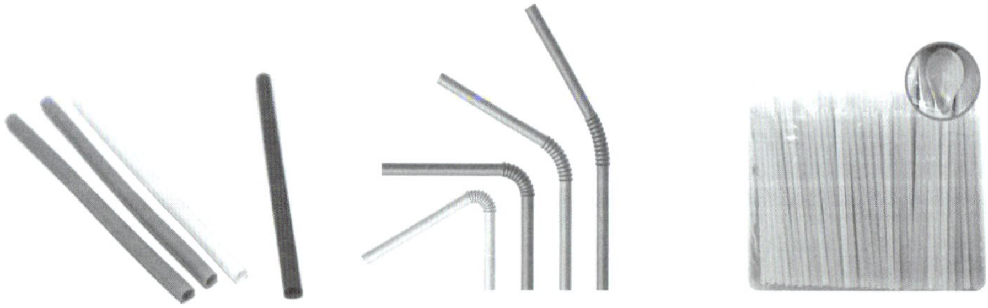

일반적 빨대 / 주름이 적용된 빨대 / 스푼 형태의 빨대

(2) 물리적 모순의 해결 : 4가지 분리의 원칙

TRIZ에서는 물리적 모순을 해결하기 위해서 분리의 법칙을 주로 사용한다. 분리의 법칙은 다음과 같이 시간에 의한 분리, 공간에 의한 분리, 그리고 조건에 의한 분

리 등으로 구분해볼 수 있다.

① 시간에 의한 분리(separation in time)

먼저 시간에 의한 분리는 'when의 문제'로 볼 수 있다. 다시 말해 "언제나 그래야만 하는가?"라는 질문을 던져봄으로써 물리적 모순을 해결해 나가는 방법이다. 앞서 40가지 발명원리 중 분할의 예로 들었던 혼다자동차의 가변실린더제어기술(Variable Cylinder Management : VCM) 역시 시간에 의한 분리라는 방법으로 모순의 극복이 가능하다. 즉 언제나 6개의 실린더가 다 작동할 필요가 없으며, 힘이 필요한 때에만 6개의 실린더를 가동시키고, 평지를 달릴 때와 같이 큰 힘이 필요 없을 때에는 3~4개의 실린더만 가동시킴으로써 출력과 연비라고 하는 상반된 물리적 모순을 해결할 수 있게 된다. 곰곰이 생각해보면 의외로 '시간에 의한 분리'만으로도 상당수의 물리적 모순들을 해결해 나갈 수 있다는 것을 알 수 있을 것이다. 하나의 예를 더 들어보면 냉장고의 문은 냉장고 안의 신선도를 위해서는 자력이 강해야 하지만, 쉽게 문을 여닫기 위한 개폐성을 위해서는 자력이 약해야 한다. 이러한 물리적 모순의 경우에도 사용자가 냉장고의 손잡이를 잡고 문을 열 때에만 자력이 약하게 만들 수 있다면 자력이 강해야 하면서 자력이 약해야 하는 물리적 모순을 해결할 수 있을 것이다. 마지막으로 아파트 지하주차장을 생각해보자. 대낮이라도 아파트 지하 주차장은 전등을 켜지 않으면 매우 어둡다. 그래서 많은 아파트에서는 낮에도 지하 주차장에 환하게 전등을 켜놓았다. 그러고 보니 전력소비가 많아 아파트 관리비 역시 상승되게 되었다. 이 경우 아파트 입주민들의 편의와 안전을 위해서는 전등을 켜놓아야 하지만, 아파트 관리비의 절감을 위해서는 전등을 꺼놓아야 한다. 그래서 요즘에는 자동차가 지나가는 때에만 전등을 환하게 밝히고 그 이외에는 밝기를 어둡게 조절하는 센서를 활용하여 두 마리 토끼를 다 잡는 아파트들이 늘어나고 있다. 이 역시도 '시간에 의한 분리' 원칙을 활용한 경우로 볼 수 있다.

② 공간에 의한 분리(separation in space)

공간에 의한 분리는 'where의 문제'로 볼 수 있다. 즉 "어디에서나 그래야만 하는가?"라는 질문을 던져보라는 것이다. 우동의 면을 생산하는 기업의 경우를 생각해보

자. 우동의 면발은 쫄깃함이 생명이라고 생각하는 소비자들이 있다. 이러한 소비자들의 니즈를 충족시키기 위해서는 쫄깃한 면발을 생산해야 하는데 그러기 위해서는 강력분을 사용해야 한다. 또한 우동의 면발은 부드러워야 제맛이라고 생각하는 소비자들도 있다. 마찬가지로 이러한 소비자들의 니즈를 충족시키기 위해서는 중력분을 사용해야 한다. 즉 쫄깃한 우동 면발을 위해서는 강력분을 100% 사용해야 하지만, 부드러운 우동 면발을 만들어내기 위해서는 중력분을 100% 사용해야 하는 모순에 빠지게 된다. 하지만 '공간에 의한 분리' 원칙을 활용한다면 의외로 손쉬운 해결책을 만들어낼 수 있다. 즉 우동 면발의 안쪽에는 강력분을 100% 사용함으로써 쫄깃한 면발의 조건을 충족시키며, 우동 면발의 바깥쪽에는 중력분을 100% 사용함으로써 부드러움을 유지시킬 수 있다. 이를 통해 쫄깃하면서 부드러운 식감 좋은 우동 면발을 생산할 수 있는 것이다([그림 8-15] 참조).

그림 8-15 공간에 의한 분리의 예 : 우동 면

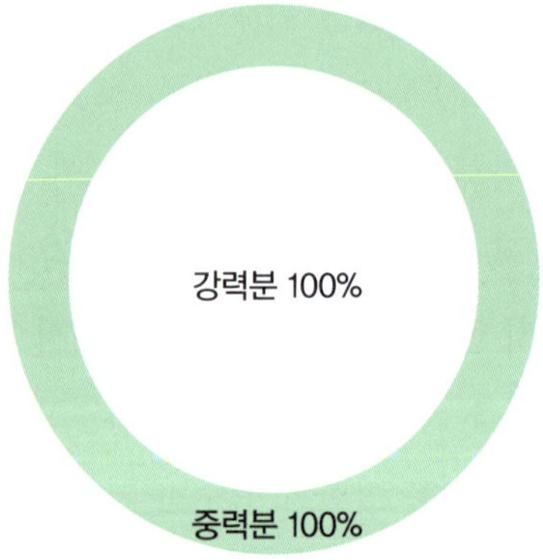

③ 조건에 의한 분리(separation in condition)

마지막으로 살펴볼 조건에 의한 분리는 'condition의 문제'이다. 여기에서는 "모든 조건에서 그래야만 하는가?"라는 질문을 던져보라는 것이다. 영유아를 키우는 어머니의 경우를 생각해보자. 영아의 경우는 때때로 분유를 먹게 되는데, 이때 어머니들의 큰 골칫거리 중 하나가 분유의 온도를 영아들이 먹기에 적절한 온도로 유지하는 것이다. 언뜻 생각하면 쉬워 보이는 일이지만, 막상 육아를 담당하는 어머니의

경우에는 매우 신경이 쓰이는 일이 아닐 수 없다. 자칫 뜨거운 분유를 아이에게 수유했다가는 영아의 입에 화상을 입힐 수도 있으며, 너무 차가운 분유를 아이에게 수유했다가는 탈이 나거나 아이가 분유를 먹지 않을 수 있다. 이러한 문제 역시 '조건에 의한 분리'의 원칙을 이용한다면 의외로 쉽게 해결책을 도출할 수 있다. 한 유아용품 제조사는 온도센서를 달아 온도에 따라 젖병의 스틱색상이 바뀌는 젖병제품을 출시하였다. 즉 영아가 분유를 먹기에 적당한 온도일 경우 젖병의 스틱색상이 보라색으로 유지되며, 너무 뜨거울 경우에는 분홍색으로 변하는 제품이다. 또한 유아용품 제조사는 이유식을 먹는 유아들의 편의를 위하여 온도센서를 장착한 스마트 스푼을 출시하였다. 뜨거운 온도에서 변하는 특수소재를 이용하여 빨간색의 수저에 뜨거운 음식이 닿으면 수저의 색깔이 노란색으로 바뀌게 된다. 수저의 색깔을 보고 어머니는 이유식의 온도를 확인할 수 있는 것이다. 이러한 예들은 모두 특정한 조건(위의 두 가지 예시에서는 더 높은 온도)에서만 젖병의 색깔이나 스푼의 색깔이 달라지게 함으로써 안전하게 어머니들이 분유나 이유식을 아이에게 줄 수 있음을 보여준다([그림 8-16] 참조).

그림 8-16 조건에 의한 분리의 예 : 온도센서 젖병(좌측)과 스마트 온도센서 스푼(우측)

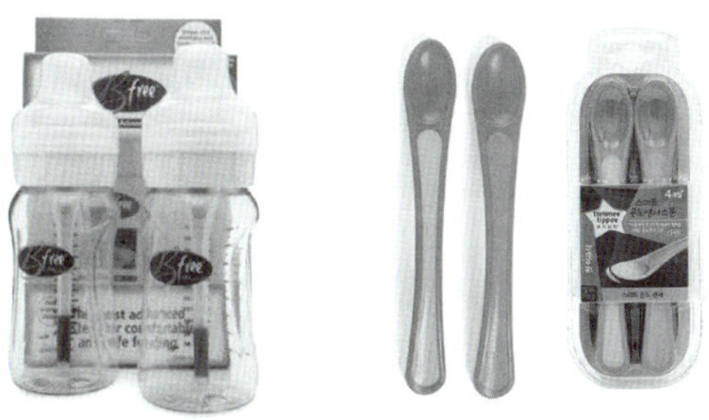

자료원 : 각 제조사 홈페이지

제3절 결론

지금까지 우리는 창의성의 개념에 대해 살펴보고 창의적 문제해결기법으로서 TRIZ에 대해서 간략하게 살펴보았다. 사실 본장을 기술한 목적은 TRIZ에 대해서 구체적으로 살펴보는 데 있지 않다.[02] 그보다는 창의성이라고 하는 것이 거창하며 선천적으로 가지고 태어난다기보다는, 반복적인 훈련에 의해서 후천적으로도 학습될 수 있다는 것을 독자들에게 보여주는 것에 목적이 있다. 그리고 이미 이러한 훈련에 도움이 될 수 있는 창의적 문제해결기법으로서 이미 여러 국가에서 그리고 여러 기업들에서 활용되고 있는 TRIZ를 소개하고자 하였다. 그리고 더 나아가 실제로 우리가 일상생활 속에서 접할 수 있는 불편함에서 모순들을 찾아내어 정의하고, 독자들로 하여금 기술적 모순과 물리적 모순을 해결할 수 있는 이상적 해결책을 생각해보게 하는 것이 본장의 기술목적이다.

분명 남들과는 다른 창의적인 아이디어를 제시하는 사람들에 의해 인류의 문명은 발전해 왔다. 그리고 일상생활 속에서의 불편함 역시 그러한 불편함들을 해결하고자 하는 사람들의 오랜 고민에 의해서 조금씩 개선되어 왔다. 하지만 불편함을 느끼면서도 이것이 불편한 것인지를 인지하지 못한다면, 그 불편함은 영원히 해결될 수 없을 것이다. 남들이 바라보지 못하는 시각에서 모순들을 찾아내고, 이러한 모순들을 기존과는 다른 시각으로 해결하려는 시도를 하는 사람들이 많아질 때 우리의 삶은 더 윤택해질 수 있을 것이다.

02 TRIZ나 이를 바탕으로 하는 ARIZ(Algorithm of Inventive Problem Solving)를 보다 체계적으로 학습하기를 원한다면 이에 관한 전문서적들이 이미 시중에 많이 소개되어 있기 때문에 그러한 책들을 참조하면 된다. 특히 일선 기업현장에서의 문제, 즉 현업문제의 사례들을 살펴보기를 원하는 독자에게는 킴스트리즈 김호종 대표의 '실용 트리즈'를 추천한다.

Chapter

09

글로벌 창업의 이해

제**1**절 | 글로벌 창업의 개념

제**2**절 | 글로벌 창업의 기회

제**3**절 | 결론

제1절 글로벌 창업의 개념

1. 글로벌 창업이란?

2005년 한 청년은 창업의 꿈을 안고 미국행 비행기에 몸을 실었다. 그러나 이 청년은 미국에서 뮤지컬 제작 사업을 시도하다가 실패해 모든 것을 잃고 뉴욕의 빈민가에 숨어들어야만 하는 처지가 되었다. 그 당시 그는 이사하기 위해 필요한 돈이 없어 밤을 틈타 도망치듯 집을 나왔고, 빈민가에서 며칠이나 멍하니 시간을 보내는 것 외에는 할 수 있는 것이 아무것도 없는 시기를 보내기도 했다. 하지만 그는 포기하지 않았고, 자신을 고소한 사람들에게 찾아가 사정을 설명하고 이해를 구했다. 결국 사람들은 소송을 취하해주었고, 그는 다시 일어설 수 있었다. 이후 그는 사촌의 결혼식장에서 후에 눔(Noom Inc.)의 공동창업자이자 CTO인 아텀 페타코프(Artem Petakov)를 만나게 되었다. 이들은 헬스케어 분야에 큰 사업기회가 있을 것으로 판단하여 모바일 헬스케어회사를 창업할 계획을 세웠다. 그때부터 이 청년은 투자를 받기 위해서 2년 동안 많은 사람들을 찾아다니기 시작했고, 주말에는 아텀과 함께 앱을 개발하면서 사업계획서를 계속해서 작성하였다. 결국 2008년 운동관리 모바일 앱인 '카디오 트레이너'를 출시하였고 출시 6개월 만에 5백만 명이 다운로드를 받는 등 큰 돌풍을 일으켰다. 이후 이 회사는 현재 전 세계의 4,300만 명 이상이 이용하고 있는 앱을 개발하였고, 이 앱은 해마다 각종 앱스토어에서 최고의 앱으로 선정되는 기염을 토했다. 위의 사례는 눔(Noom Inc.)을 창업한 정세주 대표의 이야기이다.[01]

그는 국내의 소비자만을 대상으로 한 것이 아닌 해외 여러 나라의 소비자들을 대상으로 한 글로벌 창업에 도전했고 현재에도 해외시장에서 성공을 위해 끊임없이 노력하고 있다. 또한 눔의 정세주 대표뿐만 아니라 전 세계의 많은 예비 창업자들이 현재 글로벌 창업에 도전하고 있다. 하지만 이렇게 글로벌 시장을 목표로 창업을 시도하는 사람들이 있는 반면, 다른 예비창업자들은 글로벌 창업을 망설이거나, 해외 진출은 전혀 고려하지 않은 채 국내 창업을 시도하기도 한다. 그렇다면 왜 사람들이

01 정세주 외(2015), 기왕 세상과 맞설 거면 글로벌 창업 어때?, 북오디세이, pp.11-23.

그림 9-1 눔(Noom Inc.)의 정세주 대표와 눔 앱의 사용화면

자료원 : http://noom.co.kr/

글로벌 창업에 도전하는 걸까? 그리고 왜 사람들이 글로벌 창업을 두려워하는 걸까? 그 이유를 알기 위해서는 먼저 글로벌 창업이 무엇인지 이해하는 과정이 필요하다.

창업이란 사전적 정의에 따르면 "사업 따위를 처음으로 이루어 시작함"이다(국립국어원, 2016). 엄밀히 따지면 보다 복잡한 법률적 해석이 존재하지만 일반적으로 사업체를 새로 설립하고 경영하는 행위를 창업이라고 볼 수 있다. 창업은 어떤 시장을 목표로 시작하는지에 따라서 국내 창업과 글로벌 창업으로 나누어볼 수 있다. 국내 창업은 국내의 소비자들을 대상으로 제품 및 서비스를 판매하는 사업체를 설립하고 경영하는 행위이고, 글로벌 창업은 국내와 해외의 여러 소비자들을 대상으로 제품 및 서비스를 판매하는 사업체를 설립하고 경영하는 행위라고 볼 수 있다.

2. 글로벌 창업을 시도해야 하는 이유

그렇다면 왜 글로벌 창업을 시도해야 하는 걸까? 이 질문에 답을 찾기 위해서 먼저 우리가 국내 창업을 시도하는 것과는 달리 글로벌 창업을 시도할 때에는 어떤 요인들을 추가적으로 고려해야 하는지를 살펴볼 필요가 있다. 먼저 창업을 위해서 필수적으로 갖춰야 할 것은 창업자, 창업자금, 창업아이템, 그리고 창업공간이라고 할

수 있다. 이 조건들을 갖춘 상태에서 창업자는 국내 또는 글로벌 창업을 시도할 수 있다. 그러나 글로벌 창업은 국내 창업보다 더 많은 요인들(예를 들어, 환율의 변화, 국가 간 경기의 차이, 해외시장에서 경험하는 낯선 환경에 대한 어려움 등)을 고려해야 한다. 좀 더 자세히 살펴보자면, 글로벌 창업을 시도하는 경우 기업의 활동영역이 한 국가에만 국한되지 않기 때문에 환율의 변화에 따른 문제점이 발생하게 된다. 환율이 오르고 낮아짐에 따라서 기업이 지불해야 하는 비용과 얻을 수 있는 이익이 달라지기 때문에 창업자는 환율로 인한 문제를 고려해야 한다.

다음으로 고려해야 할 차이점은 국가별로 상이한 경제 상황이다. 만약 새롭게 진출한 국가의 경기가 불황이라면 그 국가의 소비자들은 제품을 구매하는 데 있어서 더 소극적일 수 있다. 이러한 점들이 국가마다 상이하게 작용하기 때문에 창업자는 각 국가별 경제 상황을 고려할 필요가 있다. 이 외에도 익숙한 환경에서 경영활동을 시작할 수 있는 국내 창업과는 달리, 글로벌 창업을 시도할 때에는 낯선 환경에 처하게 되고, 이를 이해하고 활용하려는 노력[02]이 창업자에게 요구된다. 물론 우리가 이론적으로 공부하는 것 이상으로 창업자가 겪어야 하는 낯선 환경에서의 어려움과 실패에 대한 두려움은 여전히 많은 사람들이 해외시장에 대해 두려워하고 글로벌 창업을 망설이는 큰 이유 중 하나이다.

하지만 국내 창업에 비해 글로벌 창업이 낯선 환경에서 사업을 수행해야 되기 때문에 불확실성이 높긴 하지만 반대로 생각해 보면 해외시장에서는 많은 환경적 차이가 존재하고, 많은 변화가 일어나는 곳이기 때문에 국내시장에서는 수요를 창출하지 못한 제품이 오히려 해외시장에서는 큰 수요를 창출하는 제품이 될 수도 있다(이 부분은 뒤에 제품의 수명주기가 국가마다 다르다는 부분에서 좀 더 상세히 기술하기로 한다). 또한 해외시장은 국내시장과 비교하여 더 큰 시장을 가지고 있기 때문에 창업자는 규모의 경제(economy of scale)[03]를 활용함으로써 글로벌 창업을 통해서 더 큰 이익을 창출할 수 있다. 이러한 까닭에 현재 글로벌 창업을 시도하는 것이 매우

02 흔히 이러한 노력을 국제경영 분야에서는 외국인비용(liability of foreignness)이라고 한다.

03 규모의 경제(economy of scale)란 생산량을 늘림에 따라 단위당 생산원가가 낮아지는 현상을 의미하는 용어로 국내시장만을 대상으로 하는 경우보다 해외시장을 대상으로 하는 경우 더 많은 생산을 가능하게 해 규모의 경제 현상을 늘릴 수 있다.

중요해지고 있다. 즉 해외시장으로의 진출은 앞서 살펴본 것처럼 제품 수명주기가 국가마다 상이하다는 점을 활용할 수 있고, 규모의 경제를 활용할 수 있다는 점에서 매력적이라고 볼 수 있다. 그렇기 때문에 우리의 시선도 국내시장에 머무르기보다는 해외시장을 향해야 한다는 것이다.

3. 글로벌 창업 시 고려사항

앞서 글로벌 창업을 시도하는 것이 더 큰 기회를 얻을 수 있으며, 도전하기 위해 나아가야 한다고 강조했지만, 그렇다고 아무런 준비도 없이 사업을 시작하는 것은 곧장 사업을 접는 결과로 직결될 수 있는 어리석은 행동일 수 있다. 글로벌 창업은 국내 창업과 마찬가지로 사업의 타당성에 대해서 분석해야 하는데, 국내시장과는 달리 해외시장의 환경은 각 국가마다 상이하기 때문에 더욱더 심도 있는 타당성분석이 요구된다. 특히 창업자에게는 글로벌 창업을 시도하기 전에 먼저, 적절한 주의를 다하고 계획을 수립하여 수행해야 하는 책임을 지녀야 한다는 이른바 상당한 주의(due diligence)[04]가 요구된다.

앞서 언급한 바와 같이 글로벌 창업은 국내 창업과는 다르게 많은 변수들이 존재한다. 특히, 우리가 현재 글로벌 시대에 살아가고 있다고 하지만 여전히 각 국가마다의 다양한 환경적 차이가 존재한다. 일반적으로 국가마다 다양한 거시환경을 분석하는 분석도구로서 PEST 모형(PEST model)이 주로 사용되는데, 이는 시장조사나 전략을 수립하는 과정에서 거시환경을 분석하고 이를 바탕으로 의사결정을 내려야 할 때 유용하게 사용될 수 있는 기법이다. 우리는 PEST분석을 활용하여 다음 네 가지 거시환경(정치적 · 법률적, 경제적, 사회 · 문화적, 기술적 환경)을 살펴보고, 글로벌 창업을 할 때 기업이 맞이하는 글로벌시장의 환경은 국내시장의 환경과 어떠한 차이가 있는지, 그리고 왜 이러한 환경의 차이들을 고려해야 하는지를 살펴보고자 한다.

04 상당한 주의(due diligence)란 어떠한 사업에 있어 의사결정 이전에 적절한 주의를 다하고 계획을 수립하여 수행하여야 하는 주체의 책임이라고 할 수 있다.

1) 정치적 · 법률적 환경

각 국가마다 상이한 정치적인 안정성, 무역정책이나 규제, 무역 관련 법, 조세법 등은 정치적 · 법률적 환경(political and law environments)으로서 기업의 경영활동에 영향을 미친다. 예를 들어, 주류 광고는 국가마다 다른 규제를 규정하고 있기 때문에, 진출 국가에 따라서 기업이 실행할 수 있는 전략이 달라질 수 있다.

[그림 9-2]는 우리나라와 프랑스의 주류 광고를 보여주고 있는데, 여기서 우리나라는 유명 연예인이 광고모델로서 활용되고 있는 것을 볼 수 있다. 하지만 프랑스의 경우, TV나 영화관에서 주류 광고를 하는 것을 금지하는 등 까다로운 주류 광고 규제를 유지하고 있다. 이 외에도 미국의 경우는 광고모델은 25세 이상의 성인처럼 보이는 사람이어야 하며, 미성년자들이 선호하는 상징물, 언어, 음악, 연예인을 광고의 내용으로 할 수 없다. 이처럼 국가마다 법률적인 환경이 다르다는 점은 기업을 운영하는 데 있어서 중요한 고려사항이 된다. 또한 국가마다 성문법을 따르기도, 불문법을 따르기도 하기 때문에 법률적인 환경의 차이가 클레임이나 분쟁에서 중요한 쟁점이 될 수도 있다. 이 외에도 지적재산권과 같은 경우에는 지적재산권의 보호가 미비한 국가일수록 창업자의 권리가 보호되기 어렵기 때문에 기술보호가 필요한 창

그림 9-2 한국과 프랑스의 주류 광고 비교

자료원 : (좌) http://www.chamisulsoju.com/main.asp,
(우) https://www.behance.net/gallery/chambord-liqueur-brand-advertising-and-promotions/2497085

업일 경우에는 특히 글로벌 창업 시에 주의를 기울일 필요가 있다. 이처럼 각 국가는 상이한 정치적 · 법률적 환경을 가지고 있기 때문에 글로벌 창업을 시도하기에 앞서 창업자는 해외시장의 정치적 · 법률적 환경을 충분히 살펴보는 자세가 필요하다.

2) 경제적 환경

각 국가마다 상이한 경제성장률, 국민총생산, 1인당 국민소득, 환율, 인플레이션, 금리 및 통화정책 등은 경제적 환경(economical environments)으로서 기업의 경영활동에 영향을 준다. 예컨대, 미국과 동티모르는 국민총생산이나 1인당 국민소득 등에서 엄청난 차이를 보인다. 경제적 환경은 곧 제품을 구매할 수 있는 능력과 연결되기 때문에 경제적 환경을 고려하지 않고 창업을 시도하는 것은 대단한 위험을 내포하는 것이라고 볼 수 있다. [그림 9-3]을 보자. 이 사진은 영화 '맨발의 꿈'의 한 장면이다. 이 영화에서 주인공은 처음에 동티모르의 아이들이 축구를 즐긴다는 점에서 착안하여 축구용품을 판매하기 시작하였다. 하지만 그는 동티모르의 대부분의 가정이 전문적인 축구용품을 구매할 수 있는 소득 수준을 갖지 못한다는 점을 고려하지 못하였고, 결국 그의 사업은 실패로 돌아갔다. 이처럼 창업자가 해외시장의 경제적 환경을 고려하지 못한 채 글로벌 창업을 시도하게 된다면, 부정적인 결과를 초래할

그림 9-3 영화 '맨발의 꿈'에서 주인공이 축구화를 판매하는 장면

자료원 : http://news.maxmovie.com/70153

수 있기 때문에 보다 충분히 해외시장의 경제적 환경을 고려하는 자세가 필요하다.

3) 사회 · 문화적 환경

마찬가지로 종교, 가치관, 교육 수준, 생활양식, 언어 등은 사회 · 문화적 환경으로 기업의 활동에 영향을 미칠 수 있다. 각 국가는 고유의 사회 · 문화적 환경을 가지고 있다. 사회 · 문화적 환경(socio-cultural environments)은 각 국가마다 유사한 형태를 띠기도 하며, 그렇지 않기도 하다. 따라서 글로벌 창업에 앞서, 창업자에게는 진출할 국가의 사회 · 문화적 환경에 대한 충분한 이해가 요구된다. 예를 들어, 할랄 푸드(halal food)를 생각해보자. 할랄(halal)이란 이슬람교도인 무슬림이 먹고 쓸 수 있는 제품을 총칭하며, 아랍어로 '허용된 것'이라는 뜻을 가지고 있다. 즉 할랄 푸드란 각 국가마다 할랄 인증을 받은 식품으로 이슬람 율법하에서 무슬림이 먹을 수 있는 제품을 의미한다([그림 9-4](좌) 참조). 만약 무슬림에게 허용되지 않은 방식으로 도축된 음식(돼지고기나 닭고기)을 가지고 이슬람교가 다수인 국가에서 창업을 시도한다면, 우리는 그 창업의 결과를 쉽게 예상할 수 있을 것이다. 따라서 이슬람 문화권에 진출하기 위해서는 할랄 인증을 받기 위해 노력하는 자세가 필요하다([그림 9-4](우) 참조). 이처럼 사회 · 문화적 환경의 차이로 인해서 창업의 결과가 달라질 수 있기 때문에 창업자는 글로벌 창업을 시도하기에 앞서 종교나 생활양식과 같은 다양한 사회 · 문화적 환경을 고려할 필요가 있다.

그림 9-4 한국 할랄 인증 로고와 할랄 인증 제품

korea halal

자료원 : (좌) http://www.koreahalal.kr/sub/b1.asp, (우) http://www.bokuennews.com/news/article.html?no=104627

4) 기술적 환경

정부의 연구개발 지원정책이나 지원투자, 과학기술정책, 산업클러스터의 존재 등과 같은 기술적 환경(technological environments) 역시 중요하게 고려해야 하는 거시환경 요인이다. 특히, 오늘날 우리는 지속적으로 경쟁우위를 유지하기 어려운 초경쟁(hyper-competition) 시대에 살고 있다([그림 9-5] 참조). 즉 기술이 급변하기 때문에 기업들은 경쟁우위를 유지하기 위해서 지속적으로 무언가를 탐구하려는 노력과, 학습하려는 자세가 요구된다. 이러한 환경에서는 국가의 지원정책이나 산업클러스터의 존재 등이 기업에게 유용한 자원이 될 수 있다. 예를 들어, 중국의 경우는 최근 R&D 투자가 증가하면서, 현재 우리나라의 약 5배에 달하는 투자가 이루어지고 있다. 이 외에도 미국의 실리콘밸리는 첨단기술 연구단지로서 기술혁신, 벤처캐피털에 의한 산업복합체가 형성되어 반도체 관련 기업들이 밀집되어 있는 특징을 보인다. 특히 하이테크(hightech) 산업일수록 각 국가의 지원정책이나 산업클러스터의 존재 등이 큰 영향을 미칠 수 있기 때문에 창업자는 이러한 기술적 환경의 차이를 잘 고려해야 한다.

이와 같이 우리가 정치적 · 법률적 환경, 경제적 환경, 사회 · 문화적 환경, 기술적 환경을 살펴본 결과, 국내에서 경영활동을 수행하는 것과는 달리, 국제 경영활동은 각 국가마다 다른 환경 속에서 이뤄지기 때문에 더욱 복잡한 특성들이 존재한다는 것을 알 수 있다. 즉 각 국가마다 다른 정치적 · 법률적 환경들을 가지고 있고, 문화도 다르며, 국민들의 기술 수준이나 경제발전의 수준도 다르다. 따라서 국내에서는 고려하지 않아도 되는 환경요인들이 국제 경영활동에는 직 · 간접적으로 영향을 미친다. 또한 이러한 거시환경들은 기업들이 통제하는 것이 불가능한 것들이기 때문에 글로벌 창업을 하는 입장에서는 이러한 요인들을 살펴보기 위한 많은 노력들이 요구된다.

그림 9-5 20세기 및 21세기 새로운 사업 · 상품 · 서비스의 라이프사이클 비교

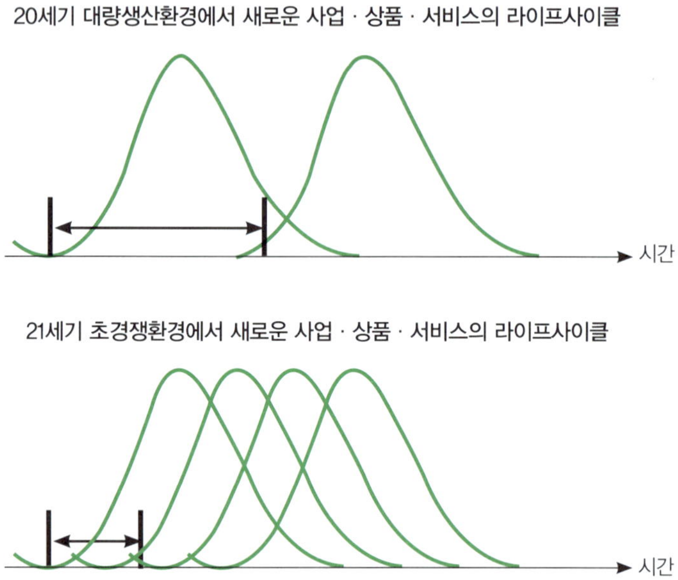

자료원 : http://www.msecret.net/board/markcont/view/wr_id/470/page/21

제 2 절 글로벌 창업의 기회

앞서 해외시장은 기업들이 통제할 수 없는 거시환경들이 존재하기 때문에 창업자에게 있어서 환경의 차이를 이해하기 위한 많은 노력이 필요하다는 점을 살펴보았다. 하지만 해외시장의 환경이 국내와 상이하다고 해서 글로벌 창업을 포기하거나 망설일 필요는 없다. 앞서 언급한 바와 같이 해외시장의 환경은 국내와 상이하기 때문에 오히려 국내에서는 수요를 창출하지 못했던 제품이 해외에서는 많은 수요를 창출할 수 있기 때문이다. 우리는 제품수명주기이론(product life cycle theory)과 적정기술(appropriate technology)을 통해서 해외시장에서 어떠한 기회들이 존재하는지, 그리고 어떻게 기회를 활용할 수 있는지를 살펴보고자 한다.

1. 제품수명주기의 차이에 따른 글로벌 창업의 기회

1960년대 중반 레이몬드 버논(Raymond Vernon, [그림 9-6] 참조)은 처음으로 제품수명주기이론을 제시하였다. 제품수명주기이론이란 제품이나 산업의 수명이 생명체와 같이 신제품단계 · 성숙화단계 · 표준화단계 등의 주기적인 과정(도입기-성장기-성숙기-쇠퇴기)을 밟는다는 이론이다([그림 9-7] 참조). 그렇다면 "제품의 수명은 모든 국가에서 동일한 걸까?"라는 의문을 가질 수 있다. 이 질문에 대해 레이몬드 버논은 제품수명은 국가마다 상이할 수 있다고 설명하고 있다. 제품이 갖는 수명주기는 국가마다 다르게 적용될 수 있다는 것이다.

그림 9-6 레이몬드 버논

자료원 : www.toolshero.com

[그림 9-8]은 국가마다 제품의 수명주기가 다른 이유를 설명하고 있다. 미국에서 개발된 제품은 신제품단계에서 미국과 주요 선진국들 사이에서 소비가 이루어진다. 이때 기술을 개발한 미국에서 주로 생산이 이루어지기 때문에 미국에서는 수출중심이 다른 선진국에서는 수입중심으로 무역활동이 이루어진다. 하지만 이때 개발도상

그림 9-7 제품수명주기이론

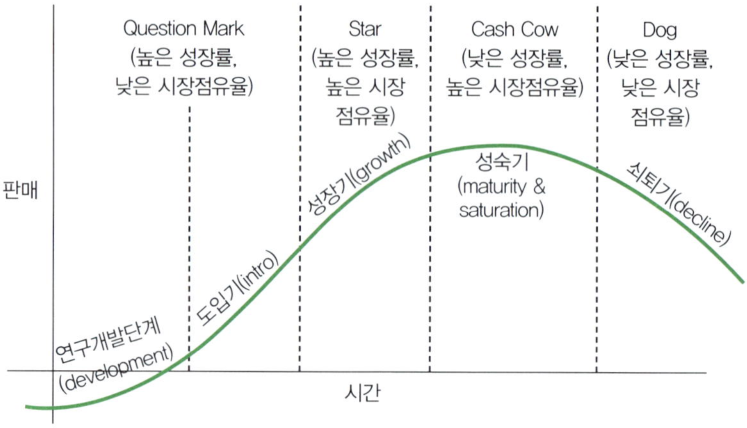

국들의 경우는 이 제품을 구매할 소득 수준이 안 되고 이 제품을 활용할 환경이 조성되어 있지 않기 때문에 미국과 다른 선진국에서 소비가 이루어지는 동안에 개발도상국들에는 제품의 소개조차도 이뤄지지 않을 가능성이 크다. 이후 미국과 다른 선진국에서 성숙화단계에 도달하면 이 기술을 활용한 다른 성숙제품들이 나타나면서 개발도상국에 이 제품이 소개되고, 소비가 이루어지기 시작한다. 즉 같은 시기라도 미국과 다른 선진국에서는 신제품이 신제품단계, 성숙화단계의 과정을 거치는 동안 개발도상국에서는 아직 도입되지도 않았을 뿐더러, 미국과 다른 선진국들이 성숙화단계, 표준화단계에 이를 때 개발도상국은 신제품단계 및 성숙화단계 초기과정에 있을 확률이 크다. 이처럼 제품은 해당 국가의 소비자들에게 얼마나 소개되는지, 그리고 해당 국가의 소비자들의 소득 수준이 어떻게 되는지에 따라서 국가마다 다른 수명주기를 가지게 된다.

그렇다면 제품수명주기는 글로벌 창업과 무슨 연관이 있는 걸까? 이는 제품의 수명주기에 따라 국가의 공급과 수요가 달라질 수 있기 때문에 이러한 환경에 맞추어 글로벌 창업을 시도할 수 있다는 데 그 답이 있다. 다시 말해서, 국내에서 개발된 제품이 아직 국내의 소비자들을 대상으로 많은 수요를 창출할 수 있는 환경이 아니다 하더라도, 그 제품이 해외의 특정 국가에서는 얼마든지 많은 수요를 창출할 수 있는 기회가 존재할 수 있다. 따라서 창업자들이 이러한 제품수명주기를 고려해서 해외시

그림 9-8 국가마다 상이할 수 있는 제품수명주기이론

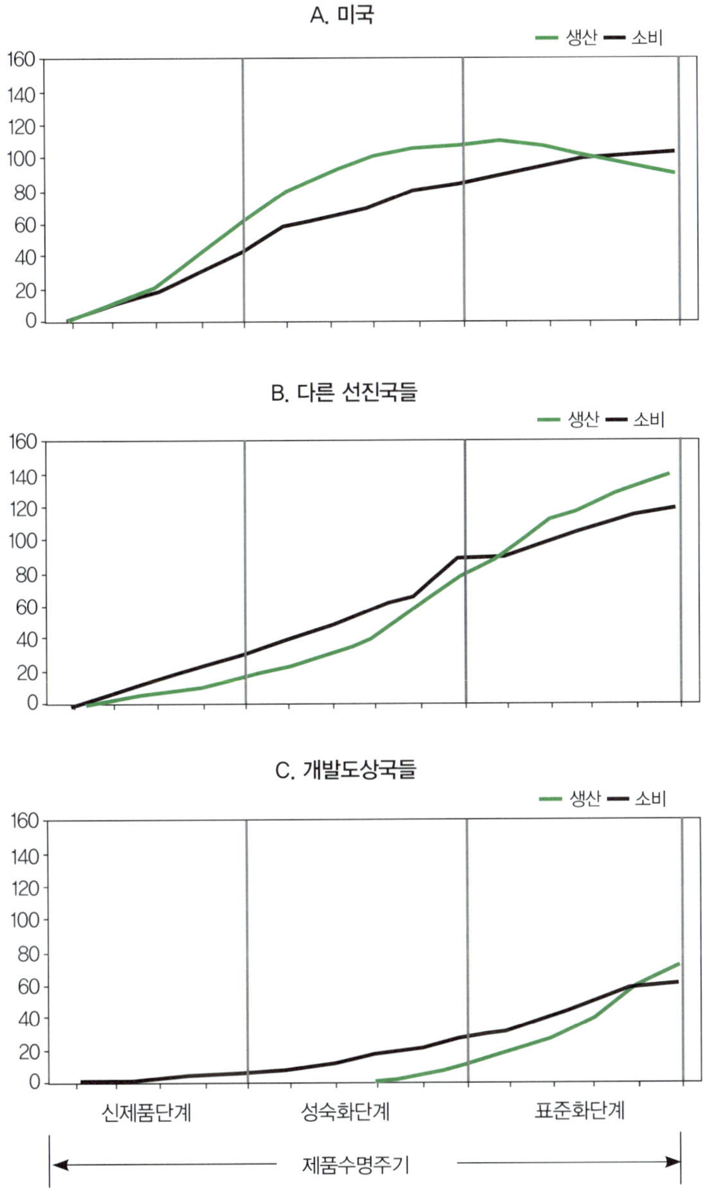

자료원 : Adapted from R. Vernon and L. T. Wells(1986), *The Economic Environment of International Business*, 4th ed., ©; Reprinted by permission of Pearson Education, Inc., Upper Saddle River, N.J.

장의 니즈를 충족시킬 수 있는 특정한 제품을 개발하고 활용한다면, 이는 글로벌 창업을 성공으로 만드는 큰 기회로 활용할 수 있을 것이다.

2. 적정기술을 활용한 글로벌 창업의 기회

지금까지 우리는 상이한 제품수명주기로 인해 국내시장에서 찾지 못한 수요를 해외시장에서 발견할 수도 있다는 것을 살펴보았다. 그렇다면 실제로 어떤 제품들이 국내시장에서는 수요가 드물지만, 해외시장에서는 많은 수요를 창출해내는 걸까? 이 제품들은 모두 첨단기술을 활용한 제품들인 걸까? 아래에서 소개되는 적정기술(appropriate technology)은 이 두 가지 질문에 답을 할 수 있는 좋은 개념일 것이다.

1) 적정기술의 개념

위에서 언급한 바와 같이 글로벌 시장에서는 첨단기술을 이용한 제품만이 필요할까? 예를 들어보자. 한국에서 오염된 물을 정수해주는 기능을 가진 빨대가 필요할까? 이미 우리는 정수된 물을 구입해서 먹는 세상에서 살고 있다. 하지만 글로벌 시장에서는 어떨까? BOP(Based Of Pyramid or Bottom Of Pyramid)라는 시장이 있다. BOP는 '피라미드의 맨 밑바닥', 즉 소득계층의 최하위에 있는 연간소득 3,000달러 미만의 저소득층을 뜻한다(Prahalad & Hart, 2002 ; Hart, 2005). 지금까지 상당수의 기업들은 이 계층의 소비자들을 소비자라기보다는 기부의 대상으로 고려해 왔다.

그러나 낮은 소득에도 불구하고 이들이 전 세계 인구의 70%를 차지하고 있기 때문에 최근에는 이들이 형성하는 소비시장 크기가 5조 달러에 이를 정도로 잠재력이 높은 것으로 평가받고 있다. 이러한 평가를 바탕으로 BOP 계층은 넥스트 볼륨 존(next volume zone), 넥스트 마켓(next market)으로 불리며, 글로벌 기업일수록 이 사업에 주도적으로 뛰어들고 있다(한경 경제용어사전). 예컨대, 현재 BOP 계층은 물을 사서 먹는다는 건 생각하기도 힘들다. 이들에게는 앞서 소개한 오염된 물을 정수해주는 빨대가 노트북보다도 더 필요한 제품이 될 수 있다. 따라서 오히려 이 시장에서는 물을 정수해주는 빨대가 다른 첨단제품들보다도 더 큰 수요를 창출할 수 있을 것이다.

그림 9-9 세계의 소득 피라미드와 BOP 인구 규모

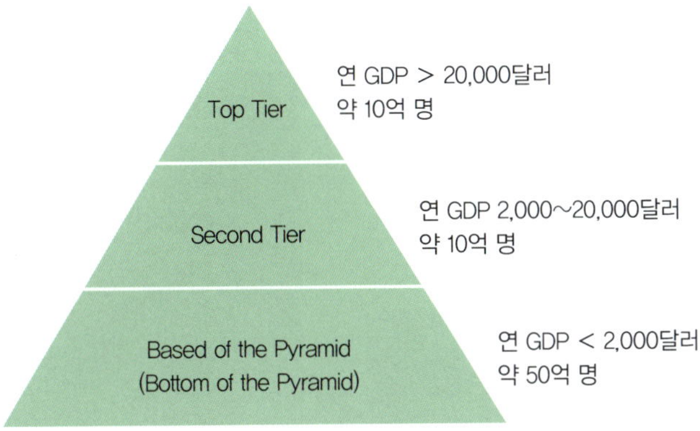

자료원 : Adapted from C. K. Prahalad & S. Hart(2002), The fortune at the bottom of the pyramid, *Strategy+Business*, 26, pp. 54–57 ; S. Hart(2005), *Capitalism at the Crossroads,* p. 111, Philadelphia : Wharton School Publishing.

이처럼 글로벌 시장에서는 항상 혁신적인 제품만을 요구하지 않는다. 시장에 따라 때로는 혁신적이지 않지만 효율적이고 그들의 구매능력에 맞는 제품이 더 요구될 수도 있다. 이처럼 글로벌 시장에서는 가장 뛰어난 기술을 사용한 제품은 아니지만 시장의 구매능력에 맞는 제품이 큰 인기를 끌 수가 있다. 이러한 기술을 적정기술(appropriate technology)이라고 한다.

적정기술이란 한국정보통신기술협회에 따르면 낙후된 지역이나 소외된 계층을 배려하여 만든 기술로 첨단기술보다 해당 지역의 환경이나 경제, 사회 여건에 맞도록 만들어낸 기술을 말한다. 이 개념은 1960년대 경제학자 슈마허(E. F. Schumacher, [그림 9-10] (좌) 참조)가 만들어낸 중간기술(intermediate technology)에서 시작되었다. 이후 중간(intermediate)이라는 의미가 자칫 미완의 기술이나 열등한 기술이라는 느낌을 줄 수 있다는 생각에 적정기술로 부르기 시작하였다. 초기에는 적정기술이 단순히 제3세계나 빈곤계층에 대한 인도주의적 활동의 일환으로 활용되었는데, 현재는 국제개발기업(International Development Enterprises : IDE)의 설립자인 폴 폴락(Paul polak, [그림 9-10] (우) 참조)에 의해서 적정기술이 단순히 인도주의적 접근으로 사용되는 것이 아닌, 시장지향적 관점으로 부상하고 있다. 대표적으로 라이프스트로(LifeStraw)나 OLPC(One Laptop Per Child)의 XO-1 컴퓨터 등이 있다([그림 9-11] 참조).

그림 9-10 중간기술의 개념을 도입한 슈마허(좌)와 적정기술의 활용을 강조한 폴 폴락(우)

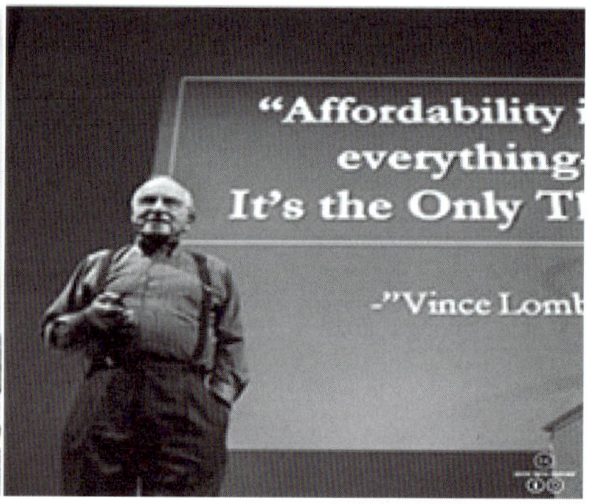

자료원 : http://navercast.naver.com/contents.nhn?rid=148&contents_id=7805

그림 9-11 적정기술을 활용한 제품인 라이프스트로와 OLPC의 노트북

자료원 : (좌) http://www.vestergaard.com/, (우) http://one.laptop.org/

적정기술이 왜 중요할까? 그건 우리가 생각하는 불필요한 기술이나 아이디어가 해외에서는 다른 가치를 창출할 수 있기 때문이다. 앞서 살펴본 것처럼 글로벌 시장에서는 제품마다 수명주기도 상이하고, 국가 간 제도, 환경, 사회, 경제 등의 차이가

있기 때문에 우리는 글로벌 시장에서 다양한 사업기회를 찾을 수가 있다. 적정기술을 이용한 대표적인 사례로 모저 램프(moser lamp)를 들 수 있다. 모저 램프란 브라질의 기계공 알프레드 모저(Alfred Moser)의 아이디어로 탄생하였는데, 이 램프는 실내에서 전기를 사용하지 못해서 어둡게 사는 사람들을 위해 설계된 실내에서 빛을 만들어주는 제품이다. 모저 램프를 만드는 법은 간단하다. 페트병에 물을 넣은 후 표백제를 첨가한 뒤에 지붕을 뚫어 끼워 넣기만 하면 된다. 이후에는 빛을 받은 물 속 표백제가 발광을 하여 빛을 발산하여 실내를 밝게 만들어준다. 물론 모저 램프는 사회적 공헌활동의 일환으로 진행된 프로젝트이다. 하지만 이러한 적정기술을 활용함으로써 우리가 알 수 있는 것은, 첨단기술이 아니더라도 특정 사회나 국가에서는 첨단기술보다도 더 큰 효용을 창출할 수 있는 제품들이 존재한다는 것이다. 만약 우리가 이러한 제품들을 활용하여 글로벌 창업에 도전한다면 분명 해외시장에서 성공할 수 있는 길이 있을 것이다.

2) 적정기술 활용 사례

(1) 적정기술 사례 1 – 모저 램프

위에서 언급한 모저 램프의 사례를 살펴보자. 우리는 빛의 소중함을 잊고 살아가고 있다. 빛이 없는 답답하고 어두운 일상은 상상이 가질 않는다. 하지만 실제로 많은 곳에서 전력공급이 원활하지 않아 빛 없이 살아가는 사람들이 있다. 그들은 낮에도 실내에서는 저녁처럼 어둡게 지내고 있다. 이들을 위해서 실내에서도 야외처럼 환하게 빛을 선사하는 제품이 바로 모저 램프(moser lamp)이다. 모저 램프는 브라질의 기계공인 알프레드 모저(Alfredo Moser, [그림 9-12] (우) 참조)의 아이디어로 탄생한 제품이다. 그가 살던 지역의 잦은 정전 문제 때문에 만든 이 페트병 전구(모저 램프)를 만드는 방법은 매우 간단하다. 지붕에 구멍을 뚫은 후에 물과 표백제를 넣은 페트병을 1/3은 지붕 밖에, 2/3는 실내에 위치해두고 고정한 뒤 비가 새지 않도록 시멘트로 마감하면 이 페트병 전구(모저 램프)는 40~60w 밝기의 전구와 같은 빛을 내게 된다([그림 9-12] (좌) 참조).

그림 9-12 모저 램프의 활용 사례(좌)와 알프레도 모저(우)

자료원 : (좌) http://literoflight.org/, (우) http://www.bbc.com/news/magazine-23536914

모저 램프는 곧 필리핀에서 인기를 끌기 시작했다. 대나무, 타이어 등과 같은 다양한 재료로 집을 짓는 필리핀 마이쉘터재단(My Shelter Foundation)의 설립자인 일락 디아즈(Illac Diaz)에 의해 필리핀의 빈민가에 보급되기 시작하였는데, 처음에는 100여 개 정도를 무상으로 배포하다가 이후에는 개당 1달러 정도에 배포와 설치를 해주는 A Liter of Light 프로젝트로 발전하게 되었다([그림 9-13] (좌) 참조). 이 프로젝트로 인해 필리핀에서 수많은 일자리가 창출되고 빈민가에 전력 없이도 빛을 공급해 주는 등 다양한 이점들이 나타났다. 그러나 이 모저 램프에는 하나의 단점이 존재하는데, 바로 태양이 떠있는 낮에만 사용이 가능하다는 것이다. 이 문제를 해결하기 위하여 일락 디아즈는 모저의 아이디어에 태양광 전구를 달기 시작하였다. 태양광 패널과 작은 회로로 구성된 모듈을 병뚜껑에 달아서 낮에는 태양광으로, 밤에는 태양으로 충전된 전지의 힘으로 빛을 낼 수 있도록 한 것이다.

여기서 더 발전해서 streetlight라는 태양광 가로등도 만들게 되었는데([그림 9-13] (우) 참조), 이 가로등 덕분에 어두운 골목을 밝혀 범죄나 폭력이 줄어들고 주민들의 안전예방에 많은 도움이 되고 있다고 한다. 이 A Liter of Light 프로젝트는 필리핀에서 시작된 이후 2014년 기준 28,000가구, 70,000명에 달하는 필리핀의 시민들에게 보급되었고, 현재 인도와 인도네시아 등으로 확산 중이라고 한다.

그림 9-13 A Liter of Light 프로젝트(좌)와 streetlight(우)

자료원 : http://literoflight.org/

(2) 적정기술 사례 2 – 히포 워터 롤러

우리는 깨끗한 물을 구하기 위해 큰 노력을 들일 필요가 없다. 가정에서는 수도를 틀면 정수된 물이 흘러나오고, 때로는 마트에서 직접 생수를 구입해서 사용한다. 하지만 현재 아프리카 대륙의 인구 약 7억 명 중 절반 이상이 물 부족의 고통에 시달리고 있으며 이들은 깨끗한 물을 구하기 위해 무거운 물통을 머리에 이고 먼 거리를 왕복하고 있다. 물을 기르는 노동은 주로 여성과 아이들이 하는데, 이들은 항상 목과 척추 부상의 위험이 있으며, 때로는 지뢰의 위험에 처해있기도 하다. 이렇게 멀리서 물을 길어 오는 사람들을 돕기 위해서 1991년 남아프리카 공화국의 페티 펫저(Pettie Petzer)와 조한 존커(Johan Jonker)는 물통과 바퀴가 하나인 물 긷는 도구를 디자인하였는데 이 제품이 바로 히포 워터 롤러(hippo water roller)이다([그림 9-14] (좌) 참조).

이 제품은 아프리카의 시골지역에 맞춰 제작되었기 때문에 다양한 특징들을 가지고 있다. 먼저 이 도구는 최대 90ℓ의 물을 가득 담아도 체감 무게가 8.5kg에 지나지 않아 여성이나 아이들이 쉽게 나를 수 있도록 설계되었다. 기존의 물통은 최대 20ℓ를 담을 수 있었는데, 히포 워터 롤러는 기존의 물통을 지고 5번을 다녀야 하는 수고를 한 번에 그칠 수 있게 해준 것이다. 그리고 물을 담는 개폐구의 직경이 13.5cm나 돼서 쉽게 물을 채우고 따를 수 있으며, 물통 안쪽의 이끼를 제거하기도 쉽게 되어 있다. 또한 물통 자체를 내구성이 높은 저밀도 폴리에틸렌으로 만들었기 때문에 한 제품당 약 5년 이상 사용이 가능하다. 히포 워터 롤러 덕분에 아프리카 시골지역의 현지인들은 물을 구하기 위해 무거운 물을 머리에 지고 수 km를 걷는 노동에서 해방될 수 있었고([그림 9-14] (우) 참조), 여성들은 가정일을, 아이들은 학교에서 공부를 할 수 있게 되었다. 또한 페터 펫저와 조한 존커는 지뢰로 인해 여성이나 아이들이 크게 다치거나 생명을 잃는 위험에서 벗어날 수 있도록 물을 채운 히포 워터 롤러가 지뢰 폭발을 흡수할 수 있게 디자인하였다. 이렇게 큰 장점들을 가진 히포 워터 롤러는 현지인들이 구입하기에는 문제가 하나 있었는데 그것은 바로 비용이었다.

그림 9-14 **히포 워터 롤러(좌)와 활용 중인 아이들의 모습(우)**

자료원 : https://www.hipporoller.org/

한 개당 가격이 우리나라 돈으로 약 9만 원에 달하기 때문에 가난한 현지인들이 이 금액을 감당하기가 쉽지 않았다. 그러나 이러한 문제를 해결하기 위해 현재 유니세프 '빌 앤드 멀린다 게이츠 재단' 등 NGO들이 전 세계에서 모은 기부금으로 제품을 구입해 필요한 사람들에게 무상으로 제공되고 있다([그림 9-15] (우) 참조).

그림 9-15 **남아프리카공화국 전 대통령 넬슨 만델라와 히포 워터 롤러 프로젝트 임원진(좌)과 히포 워터 롤러를 공급 중인 모습(우)**

자료원 : (좌) http://africafreak.com/this-super-hippo-is-improving-access-to-water-90-litres-at-a-time/,
(우) https://www.hipporoller.org/

이 외에도 WFP(World Food Programme)와 아프리카의 비영리단체인 기아 구제(Operation Hunger), 그리고 남아프리카 전 대통령인 넬슨 만델라(Nelson Mandela) 등에 의해 보증을 받고, 남아프리카공화국 네드뱅크(Nedbank)에 의해 히포 워터 롤러가 필요한 지역에 무료로 전달되고 있다. 이러한 노력에 힘입어 2015년 9월까지 약 4만 6,000여 개의 히포 워터 롤러가 남아프리카공화국 등 20여 개 나라의 현지인들에게 공급되어 약 30만 명이 혜택을 보고 있다.

(3) 적정기술 사례 3 – 중력 전구

전기의 혜택을 받지 못하는 제3세계의 사람들을 위해서 활용되고 있는 모저 램프처럼 전력 없이도 빛을 밝혀주는 전구가 있다. 바로 중력 전구(gravity light)이다. 일반적으로 개발도상국을 위한 전구는 주로 태양광 전지판을 이용한 기술들이 활용되어 만들어져 왔다. 그러나 이러한 태양광 에너지는 비싼 비용으로 인해 보급 속도가 느리다는 단점과, 태양광 패널을 만드는 기술이 고도의 기술이기 때문에 현지인들이 습득하기가 어려워 지속적으로 관리하는 시스템이 부족하다는 단점들이 존재하였다. 하지만 지금 소개하는 중력 전구는 태양열을 이용하여 빛을 내는 기술이 아닌 중력을 이용한다는 점에서 더 많은 사람들에게 혜택을 줄 수 있는 제품이라고 할 수 있다.

이 중력 전구는 Solar Aid라는 단체의 마틴 리디포드(Martin Riddiford)와 짐 리브스(Jim Reeves)가 4년여의 연구 끝에 만들었다([그림 9–16] (좌) 참조). 사용방법은 매우 간단하다. 9kg 정도의 모래나 돌멩이로 채워진 주머니를 전구에 매달기만 하면 끝이다. 이것이 땅에 닿을 때까지 약 30분간 전기를 사용할 수 있는데, 땅에 닿으면 단지 주머니를 위로 올려주기만 하면 다시 작동이 된다. 약 3초의 시간만 들이면 30분 동안 불을 켤 수 있는 것이다. 주머니에 돌멩이나 모래를 넣어서 로프에 매달고, 로프는 전기를 생산하는 기계장치에 연결해서 주머니가 내려가는 동안 발전기에 동력이 공급되는 구조인데, 이 전구를 통해서 얻을 수 있는 전력량이 크지는 않지만, 집안을 밝혀주는 데에는 충분하다고 한다([그림 9–16] (우) 참조).

그림 9-16 중력 전구 개발자인 마틴 리디포드와 짐 리브스(좌)와 중력 전구 활용 모습(우)

자료원 : http://blog.naver.com/PostView.nhn?blogId=wawcast&logNo=90185295803&parentCategoryNo=&categoryNo=9&viewDate=&isShowPopularPosts=false&from=postView

이 중력 전구는 태양광 발전을 통한 전구의 단점을 보완하면서 별도의 비용 없이 오염물질을 배출하지 않는 방법으로 에너지를 보급하는 혁신적인 제품이라고 할 수 있다. 게다가 대량생산이 될 경우 가격은 약 5달러에 판매가 될 수 있다고 한다. 이 중력 전구는 개발도상국에서 원하는 현대식 전력망을 대체하는 수준은 아니지만, 조명을 밝히는 데 등유와 같은 연료에 의존하지 않고 해결할 수 있다는 장점이 있다. 또한 중력 전구를 활용하여 단지 전구로만 활용하는 것이 아닌, 라디오나 다른 배터리까지 충전할 수 있도록 고안되었기 때문에 앞으로도 다양하게 쓰일 수 있을 것으로 기대되고 있다.

제3절 결론

본장을 통해서 우리는 글로벌 창업의 개념과 글로벌 창업을 가능하게 하는 기회와 고려해야 할 점들에 대해서 살펴보았다. 먼저 글로벌 창업을 하기 위해서는 글로벌 시장이 갖는 특징들을 이해하는 것이 필요하다. 본장에서 우리는 글로벌 시장의 특징들을 환율에 대한 이해, 국가마다 경제상황의 차이가 존재한다는 점에 대한 이해, 마지막으로 해외시장의 낯선 환경에 대한 이해가 필요하다는 점 등으로 나누어 살펴보았다. 특히 기업이 통제할 수 없는 해외시장의 거시환경들은 기업을 설립하고 운영하는 데 있어서 매우 중요한 역할을 할 수 있다. 따라서 본장에서는 PEST 분석도구를 활용함으로써 거시환경을 정치적 · 법률적 환경, 경제적 환경, 사회 · 문화적 환경, 기술적 환경으로 나누어 살펴보았다. 본장에서 언급한 해외시장의 특징들과 거시환경의 차이들 외에도 글로벌 경영활동을 위한 인력의 부재, 네트워크 활용(예컨대, 중국의 꽌시(guãnxi))[05]에 대한 문제 등 여러 요인들은 실제 예비 창업자들이 글로벌 창업을 시도하는 데 있어서 걸림돌이 되기도 한다.

하지만 국가마다 상이한 특성들이 때로는 글로벌 창업의 기회로 작용할 수도 있다. 앞서 언급한 제품수명주기가 국가마다 차이가 있다는 점은 국내에서는 수요를 창출하지 못한 제품이 해외에서는 오히려 더 많은 수요를 창출하는 등 오히려 글로벌 창업의 기회로 작용할 수도 있다. 이처럼 국가마다 상이한 특성을 어떻게 활용하는가가 중요하기 때문에, 우리는 환경의 차이에 좌절하는 자세가 아닌 그 차이를 활용하려는 자세를 가질 필요가 있다. 그리고 글로벌 창업의 기회는 적정기술을 통해서도 얻을 수 있다. 적정기술을 통해서 알 수 있었던 점은 "꼭 첨단기술을 활용한 제품만이 소비자들의 수요를 창출하는 것은 아니다"라는 것이었다. 앞서 소개한 모저 램프, 히포 워터 롤러, 중력 전구 등은 첨단기술을 활용하기보다는 이미 널리 알려진 기술을 활용함으로써 만들어진 제품들이다. 이 기술들은 우리나라에서는 활용되지 않지만 해외시장에서는 상황에 따라 많은 수요를 창출하고 있다.

이처럼 우리가 관심을 가지지 않았을 뿐, 이미 많은 적정기술들이 시장에 소개되고 있다. 다만 이 기술을 활용하는 글로벌 창업가가 아직 등장하지 않았을 뿐이다. 즉 우리나라에서는 필요하지 않는 적정기술이라 하더라도 해외에서는 상황에 따라서 큰 필요를 보일 수 있기 때문에 이를 활용한 글로벌 창업은 우리에게 큰 기회가 될 수 있다는 것이다.

우리는 국내시장에 안주하지 않고, 새로운 기회를 포착하기 위해서, 그리고 더 큰 시장에 진출하기 위해서 해외시장으로 나아가기 위한 노력들을 경주해야 한다. 그렇기 때문에 지금부터 해외시장으로 시선을 돌리고 해외시장에 대해 이해하고 기회를 만들어나가기 위해서 노력하는 자세가 필요하다. 일찍이 콜브(Kolb)와 듀이

05 꽌시(guãnxi)란 사람과 사람 사이의 관계나 연줄을 의미하는 용어로 중국 관리들은 모르는 사람들에게는 뇌물도 받지 않을 정도로 사람 사이의 관계가 사업 전반에 큰 영향을 미치고 있다.

(Dewey)는 경험을 통한 학습을 강조하였다(learning by doing). 실패를 두려워하지 않고, 적정기술과 같은 많은 기회를 가지고 해외시장의 문을 두드리고, 계속 배워나간다면 우리는 글로벌 창업가의 길에 한 걸음 더 나아갈 수 있을 것이다.

Part

06 창업실무

제10장 | 창업실무

Chapter

10

창업실무

제1절 업종 및 사업아이템 선정

업종 및 사업아이템의 선정은 창업실무절차 중에서 최우선적인 과제로서 사업의 성공 여부를 좌우하는 가장 중요한 과정이다. 따라서 창업자는 자신의 경험, 지식, 기술과 능력, 인적 및 물적자원 등을 고려하여 가장 경쟁력을 가질 수 있는 업종 및 사업아이템을 선정하여야 한다.

사업아이템 선정에 있어서 현재의 유형과 추세도 중요하지만 창업의 성공을 위해서는 자기자신이 객관적으로 봐서 경쟁력이 있는 아이템을 선택하는 것이 중요하다.

1. 업종 선정

업종은 창업자가 자신의 인적 및 물적 인프라로 적정한 사업을 선정하는 것이며, 경험적 지식이 가장 필요하다. 창업자가 경험했던 직업적 전문지식 및 기술과 전공지식(대학졸업자일 경우)이 업종과 연관될 경우 가장 효율적이다. 또한 자신이 가지고 있는 스펙과 달리 하고자 하는 의욕이 있거나 자신이 있는 분야를 선택하는 것도 중요하다. 창업자의 업종 선정은 생계수단을 결정하는 것이므로 자신의 모든 역량을 발휘할 가치가 있는 선택이 되어야 한다.

2. 사업아이템 선정

사업아이템은 창업의 성공을 좌우하는 결정적인 요소이므로 여러 창업아이템 후보들을 찾은 후 최종적인 사업아이템을 결정하기 위해서는 세 단계의 절차를 거치게 된다.

① 1단계 : 창업아이템 발굴

창업을 하기 위한 다양하고 좋은 창업아이템 후보들을 찾아내야 한다.

② 2단계 : 창업아이템의 타당성 검토

창업아이템들의 타당성을 시장성, 기술성, 수익성, 독창성 등의 측면에서 분석해야 한다.

③ 3단계 : 사업아이템의 선정

분석결과에 대해서 창업자의 능력과 상황에 적합한 최종 사업아이템을 선정해야 한다. 그리고 제품 및 서비스를 함께 선정하게 된다.

사업아이템 선정은 경험과 전문지식이 많이 요구되는 것으로 사업아이템의 분석을 통해 기술적으로 검증이 된 경우에 선정하게 된다.

3. 사업아이템 점검

사업아이템은 아이디어의 원천이 고객, 기존제품 및 서비스, 유통채널, 정부정책, 연구개발 등에서 기인할 수 있다.

1) 고객

고객의 잠재적 아이디어 및 욕구를 비공식적 형태로 모니터링하여 의견을 수렴하는 방법이며, 공식적인 자리를 마련하는 것도 방법이다. 고객에 대한 관심을 통해 새로운 아이디어를 가진 새로운 시장을 창출할 수 있다.

2) 기존제품 및 서비스

창업자는 시장에서 기존제품과 서비스를 평가하고 모니터링하여 새로운 제품 및 서비스를 발굴하게 된다. 기존제품과 서비스분석을 통해서 판매량과 수익성을 향상시킬 수 있는 새로운 아이템을 발굴하게 된다.

3) 유통채널

유통채널의 구성원은 사업아이템에 대한 시장의 요구와 반응을 잘 반영할 수 있다. 새로운 정보를 얻거나 소통할 수 있으며, 창업자가 제품의 반응을 점검하는 경로로 활용될 수 있다.

4) 정부정책

정부정책은 정책적으로 사업아이템에 대한 지원을 가능하게 한다. 특허 및 규제는 이를 반영하는 것이다. 법령에 규정된 산업별, 업종별, 규모별 사업아이템 지원책을 면밀히 검토할 수 있다.

5) 연구개발

새로운 아이디어가 구상되더라도 창업자 자신의 연구개발 노력에 대한 점검이 필요하다. 지속적인 연구개발을 통해 현재의 수준을 점검하고 개선할 수 있다.

제2절 사업아이템 선정방법

일반적으로 창업자는 창업아이템을 우연한 발견 또는 체계적 탐색에 의해서 발굴한다. 우연한 발견은 주로 과거의 경험과 지식, 외부에서 얻은 정보, 취미활동 등을 통해서 창업아이템을 얻게 된다. 체계적 탐색방법은 소비자 니즈분석, 기존제품과 서비스분석, 기술의 변화분석, 정부정책분석, 메가트렌드분석 등의 방법을 통해서 창업아이템을 찾을 수 있다.

1. 우연한 발견방법

창업자가 일상생활 중에서 우연하게 얻게 되거나 경험 및 지식, 외부의 정보, 취미활동, 다양한 활동 등을 통해서 우연하게 발견할 수 있다.

1) 경험과 지식

창업자가 본인의 전공 및 전문적인 지식, 직장에서 얻은 업무 지식과 기술 및 노하우 등을 활용해서 창업아이템을 얻게 되는 경우를 말한다. 특히, 벤처 창업 같은 경우에는 창업자의 전문적 지식, 직장에서 얻은 노하우 및 기술과 지적자산을 통해서 아이디어를 얻어 창업을 하는 경우가 많다. 또한 1인 창조기업 같은 경우에도 창업자의 전문성과 경험을 기반으로 창업아이템을 얻어서 창업을 하는 경우가 많다.

2) 외부의 정보

외부의 정보활동은 일상생활 속에서 만나는 사람, 미디어 매체, 각종 전시회, 세미나 등으로부터 얻은 정보를 바탕으로 창업에 관한 아이템을 우연하게 발견하는 방법을 의미한다. 창업자가 가지고 있는 사회적 네트워크, 미디어, 전시회 등에서 얻은 정보를 바탕으로 창업아이템을 얻는 것이 바람직하다. 특히 전문가집단, 업계의 실무자, 행정가, 컨설턴트 등이 제공하는 새로운 사업에 관한 정보, 새로운 기술의 변화, 정책의 변화, 업계의 현황 등에 관한 정보를 통해서도 창업아이템을 우연하게 얻을 수 있다.

3) 취미활동

취미활동은 개인의 취미나 관심활동을 장기간 하면서 자연스럽게 전문적 지식을 갖게 되고, 다양한 아이디어를 접하면서 자연스럽게 창업아이템을 얻게 되는 경우를 의미한다. 오랜 기간 동안 특정 분야에 대한 취미활동을 하면, 자연스럽게 그 분야의 특성, 관련 업계의 동향, 고객의 니즈, 제품과 서비스의 제조 및 유통 등에 대해서 전문가적 안목을 갖추게 되어 창업에 관한 많은 아이템을 찾을 수 있다. 특히 최근에는 SNS를 통해서 자연스럽게 창업에 관한 아이템을 찾는 경우가 많다.

2. 체계적 탐색방법

창업을 결심한 예비창업자가 필요한 시기에 창업아이템을 우연하게 발견하게 될 가능성은 매우 낮다. 대부분은 창업아이템을 체계적인 방법을 통해서 찾아야 하며, 이를 위해서는 전문가의 도움을 필요로 한다. 번쩍이는 영감을 통해서 얻기는 매우 힘들며, 대부분의 경우 다양한 사고를 통해서 논리적 전개로 아이디어가 구체화되는 과정을 거치게 된다.

1) 소비자 니즈분석

소비자 니즈분석은 목표하고자 하는 소비자의 니즈를 체계적으로 분석해서 창업아이템을 찾는 방법을 의미한다. 소비자의 니즈란 소비자들이 불편함을 느껴 간절히 해결하고 싶은 잠재된 욕구로서, 이러한 잠재된 욕구들은 창업자에게 중요한 창업의 기회를 제공한다. 그러나 소비자는 그들의 욕구를 드러내지 않고 불편함에 대해 인내하는 경향이 있기 때문에 관심을 가지고 관찰하지 않으면 소비자의 숨은 니즈를 찾아내기는 쉽지 않다. 그러므로 소비자를 깊이 관찰해서 고객의 숨겨진 욕구와 니즈를 체계적으로 찾아내고, 이를 사업화할 수 있는 창업아이템을 발굴해야 한다.

2) 기존제품과 서비스분석

기존제품과 서비스분석은 기존의 제품과 서비스의 가격, 기능, 품질, 디자인, 유통 등의 특성을 분석해서 문제점과 개선방안을 찾아낸 다음에, 이를 해결할 수 있는 창업아이템을 찾는 방법을 의미한다. 기존의 제품과 서비스를 분석해서 창업아이템을 찾는 방법은 이미 시장이 형성되어 있고 고정고객들이 존재하므로 안정적으로 시장에 진입할 수 있다는 장점이 있다. 반면에 기존의 제품과 서비스를 뛰어넘을 수 있는 차별화 독창성을 찾아내지 못하면 성공하기가 힘들기 때문에 고객의 입장에서 기존제품과 서비스를 차별화해서 가치를 창출할 수 있는 창업아이템을 찾아야 한다.

3) 기술변화분석

기술변화분석은 기술의 변화를 지속적으로 모니터링하여 기술변화가 가져다주는 기회를 찾아내고 이를 기반으로 창업아이템을 탐색하는 방법을 의미한다. 시간이 지남에 따라 기술은 발전하면서 진화하고 기존기술과 비교될 수 없는 획기적인 기술이 개발되기도 한다. 이 과정에서 새로운 기술의 발전은 기존제품과 서비스를 대체하기도 하고 전혀 새로운 제품과 서비스를 만들 수 있는 기회를 제공한다. 특히 벤처 창업에서는 기술변화에 따라 산업의 판도가 바뀌고, 기업의 생존이 달라지기 때문에 기술변화가 가져다주는 기회와 위협을 잘 분석해서 창업아이템을 찾아야 한다. 창업자가 관심을 가지고 있는 업종과 관련된 기술을 찾아서 분석하고 관련 기술변화를 관찰함으로써 창업아이템을 탐색한다.

4) 정부정책분석

정부정책분석은 정부의 정책과 법률의 변화 속에서 창업에 도움이 되는 정보를 찾아내고 이를 통해 창업아이템을 찾아내는 것을 의미한다. 정부는 정책과 법률을 제정하여 경제의 활성화를 유도하고 지속적인 국가의 성장동력을 찾고자 노력한다. 그러므로 예비창업자는 정부정책의 방향에 따라 창업에 필요한 직간접적인 지원을 받을 수 있기 때문에 정부정책의 변화를 모니터링하는 것은 매우 중요하다.

5) 메가트렌드분석

메가트렌드분석은 경제, 정치, 기술, 사회, 문화, 환경 등에서 큰 변화의 흐름을 파악하여 창업아이템을 찾는 방법을 의미한다. 메가트렌드는 특정 고객이 아닌 사회 전반에 걸쳐 일어나기 때문에 규모 있는 시장이 창출될 확률이 매우 높으므로 메가트렌드를 빠르게 분석하여 창업아이템을 포착하는 것이 매우 중요하다.

메가트렌드를 찾기 위한 예제는 [그림 10-1]과 같다. 그림에 나오는 키워드에 맞는 트렌드를 살펴보자. 이에 맞는 창업아이템을 주위에서 찾을 수 있으며, 더욱 발전된 아이템으로 발전시키는 것도 가능하다. 이를 위해서는 트렌드를 읽는 관찰력이 필요하다.

그림 10-1 메가트렌드분석을 위한 키워드

쇼핑몰	SNS	음악	유통
교육	고령화사회	스마트폰	광고
환경	APP	문화 콘텐츠	캠핑족
신재생에너지	관광	클라우드 컴퓨팅	자동차
싱글족	의료	애니메이션	디자인

3. 아이템의 일반화

새로운 아이디어가 구상되더라도 이를 점검하여 아이템으로 확신하기까지는 일반화과정을 거쳐야 한다.

1) 포커스그룹

포커스그룹(focus group)은 1950년대 이후부터 이용되어온 방법이며, 공개적으로 전문가집단을 통하여 의견을 수렴한다. 새로운 제품개발을 위해서 사회자는 직접적 또는 간접적으로 토론을 진행할 수 있다. 10명 내외로 구성된 그룹은 시장의 욕구충족을 위한 새로운 제품의 개발과 창의적인 아이디어를 개념화하는 데 있어서 다른 그룹 구성원들의 의견에 의해서 모의실험하게 된다. 포커스그룹은 새로운 아이디어를 일반화하기 위해서 초기의 아이디어를 스크린하고 개념화하는 데 적절한 방법이며, 포커스그룹에서 논의된 내용들은 계량화하여 결과를 활용할 수 있다.

2) 브레인스토밍

브레인스토밍(brainstorming)은 창의력을 발휘하는 그룹을 형성하여 제품개발의 기본방향을 설정하여 아이디어를 일반화하는 방법이다. 특정한 제품이나 시장을 대상으로 한정할 경우 좋은 결과를 초래할 수 있다. 브레인스토밍을 적용할 경우 4가지 규칙은 다음과 같다.

- 그룹 내에서 어느 누구의 부정적 비평도 허용되지 않는다.
- 다듬어지지 않은 아이디어라도 자유분방하게 제안할 수 있다.
- 유용한 아이디어의 도출가능성을 높이기 위해서는 많은 아이디어가 필요하다.
- 아이디어들 간의 조합과 향상을 위한 격려가 필요하다.

3) 기존문제분석

새로운 제품의 아이디어를 얻기 위해서 포커스그룹과 유사한 방법으로 사용되며, 소비자들이 제품 카테고리에서 문제점에 대한 목록들을 제공하게 된다. 특정한 문제를 가진 카테고리 내에 있는 제품들을 논의하고 식별하기 위해서 질문을 받아들이게 된다. 또한 기존문제분석(problem inventory analysis)은 신제품 아이디어를 점검하기 위해서도 사용될 수 있다.

제3절 기업의 선택

1. 벤처기업

1) 벤처기업의 정의

벤처기업에 대한 정의는 나라별로 차이가 있다. 미국에서는 기술집약적 신생기업(New Technology-Based Firm : NTBF) 또는 첨단산업중소기업(High Technology Small Firm : HTSF)으로 불리며, 일본에서는 벤처비즈니스(venture business), 한국에서는 벤처기업(venture firm) 또는 기술집약적 중소기업(technology-based small firm)으로 불린다.

벤처기업은 연구개발 또는 기술개발에 중점을 두며, 소수 핵심창업자가 기술혁신으로 개발한 아이디어를 실용화하기 위해 설립한 기업이며, 위험성은 크지만 성공할 경우 높은 기대수익이 예상된다.

우리나라는 벤처기업과 함께 기술혁신이 높은 기업들을 정책적으로 지정하고 특정 조건을 충족시킬 경우 인증을 통해 혁신형 중소기업이라고 부른다. 국내의 혁신형 중소기업은 인증유형에 따라 벤처기업, 이노비즈기업, 경영혁신형 중소기업으로 구분한다.

2) 벤처기업의 범위

벤처기업은 중소기업기본법 제2조에 의한 중소기업으로서 다음의 요건 중 하나에 해당하는 기업이다.

- 창업투자회사(조합) 및 신기술사업금융회사(조합)의 주식인수금액이 5천만 원 이상이고 자본금의 10% 이상인 기업
- 연구개발비가 연간 매출액의 5% 이상이고 대통령령이 정하는 기관으로부터 사업성이 우수한 것으로 평가받은 기업
- 중소기업진흥공단 등 대통령령이 정하는 기관으로부터 기술성 또는 사업성이 우수한 것으로 평가받은 기업

3) 벤처기업의 특성

벤처기업은 새로운 기술, 새로운 제품으로 세계적인 수준의 경쟁력을 확보하고 새로운 패러다임의 경영방식을 추구하는 지식집약적인 측면을 가지고 있다. 벤처기업의 특성은 다음과 같이 요약된다.

- 절대적인 위기의식하의 경영을 하고 있다.
- 하나의 기술로 시장을 창출하고 독점하고 있다.
- 스피드 경영이 힘과 부를 창출하고 있다.

- 잉여인력을 철저히 배제한 근육질 조직을 갖추고 있다.
- 인사부서나 경영전략실 등 스태프기능을 가능한 배제하고 있다.
- 인재의 능력이 벤처기업의 흥망을 결정하고 있다.
- 창업 후 조직성장의 과정 초기단계에서 자본부족 위기, 주식상장 이후 일반주주의 안전경영요구 위기, 기술성숙화 위기 등의 위기를 맞게 된다.

4) 벤처기업의 발전단계

생물학적인 유사성을 표현하거나 시스템 수명주기에 바탕을 둘 수 있으나 크게 많은 연구자들은 4단계 발전단계인 창업단계, 상업화단계, 확장단계, 성숙단계로 구분하고 있다.

- 창업단계 : 새로운 기업이 하나의 개체가 되기 위해 준비하는 단계
- 상업화단계 : 기업이 제품과 마케팅에 대한 상업적인 성장전략을 구축하는 단계
- 확장단계 : 성장이 둔화되기 시작하는 단계
- 성숙단계 : 낮은 성장률을 보이는 단계

성숙단계에 이르면 기업은 수익성 증가, 조직의 효율성 향상 등이 달성되며, 기업공개에 의해서 금융시장에서 직접 자금을 조달할 수 있게 된다.

2. 프랜차이즈

1) 프랜차이즈의 정의

유통산업 측면에서 프랜차이즈시스템은 미국에서 탄생한 후 전 세계로 확산되어 우리나라에는 1978년 외식업 위주로 도입되었다. 프랜차이즈는 자유, 면제, 특권과 같은 뜻을 가지고 있다. 현대의 프랜차이즈는 1898년 GM이 자동차판매권의 대리점을 개설하면서 시작되었다. 프랜차이즈는 가맹본부가 개발한 제품이나 서비스를 팔

기 위해서 라이선스와 권리를 가맹점에게 허락하는 가맹본부와 가맹점 사이의 관계이다.

2) 프랜차이즈의 유형

- 직영점(regular chain) : 단일자본, 동일 경영자에 의해 설립된 체인점으로 회사가 독자적으로 자기자본 전액을 출자하여 체인 형태를 확장해가는 방식
- 자율체인(voluntary chain) : 독립자본에 의한 다수의 소매점이 모여서 각자가 갖고 있는 기능의 일부를 가맹본부에 위탁하여 프랜차이즈를 갖추고 영업을 하는 방식
- 프랜차이즈체인(franchise chain) : 가맹본부나 각 가맹점이 모두 독립자본에 의한 사업자이지만 운영의 주체는 가맹본부에 있으며 가맹점은 체인경영의 의사결정에 적극적으로 참여하지 않는 방식

3) 프랜차이즈의 특성

- 가맹점의 독립성 : 가맹본부와 가맹점의 자율성이 인정되고 각자 독립된 이윤의 흐름을 보장받는다.
- 제품의 동질성 : 독립적인 경영자와 사업주체들로 구성되지만 소비자들은 시스템 전체를 동질적인 것으로 인식한다.
- 협동성 : 본사가 영업을 지속적으로 확장하려고 하면 해당 지역의 시장성 및 문화적 특성을 정확하게 예측하기 어렵다.
- 소자본 창업 : 자본의 투자 및 영업활동 측면에서 소자본이 소요된다.

4) 프랜차이즈 창업 및 운영비용

- 창업비용 : 점포구입비, 시설투자비, 인테리어비, 가맹비, 보증금, 로열티 등
- 가맹비 : 가맹점사업자가 가맹점운영권을 부여받은 당시에 영업표지의 사용허가와 영업활동에 관한 지원 및 교육 등의 대가로 가맹본부에 지급하는 비용

- 보증금 : 가맹계약자가 가맹사업자에게 상품 및 자재의 대금, 로열티, 광고비 등의 채무액을 담보하기 위해 계약체결 시에 계약이행 명목으로 지급하는 물적 담보
- 로열티 : 특허권, 실용신안권, 상표권 등의 공업 소유권의 사용료

5) 프랜차이즈의 한계점

프랜차이즈는 성장에 있어 여러 가지 어려움과 한계점을 가지고 있다, 첫째, 프랜차이즈 비용은 지명도가 높을수록 높게 부과되며, 특허권 사용료, 광고비 등이 포함되고, 총투자비용이 상당히 커질 수 있다. 둘째, 사업은 성장하기 위해 현재의 판매영역을 확장하여야 하지만 프랜차이즈는 판매영역을 제한받는 계약조건을 갖는다. 셋째, 프랜차이즈 계약에 따라 경영에서 상당한 부분을 양보함으로써 독립성이 제한받는다.

3. 가족기업

1) 가족기업의 정의

가족기업(family business)은 설립자의 가족으로부터 아직 관리되고, 이후에 1세대에서 다음 세대로 성공적으로 계승되며, 소유는 단일가계 범위 내에 있는 기업이다. 기업의 대부분을 가족이 공유하고 가족의 구성원 중의 한 명 이상이 관리하는 기업으로 정의된다. 그러므로 가족기업은 단일가계에 의해 기업의 51%가 소유되고 적어도 2명 이상의 구성원이 경영활동에 참여해야 하며, 경영권은 다음 세대 가족구성원에게 넘어간다고 예측되어야 한다. 우리나라의 경우 대부분의 중소기업은 가족기업이라 할 수 있다.

2) 가족기업의 장단점

가족기업이 장점은 첫째, 기업에 대한 가치관이 가족구성원 간의 결속력을 강하

게 하고 세대 간의 기업승계에 대한 사명감이 있다. 둘째, 사업을 유지하기 위해 헌신하며, 가족의 사회적 지위에 대해 공동의 목표가 있다. 셋째, 기업에 대한 확신과 기업윤리의 실천을 고객에게 인지시킬 수 있다.

단점은 가족구성원 간의 기업계승과 경영문제 등으로 갈등을 겪을 수 있고, 가족과 기업에서의 역할의 모호함과 기업 내에서 역할에 대한 혼란이 발생할 소지가 있다.

3) 가족기업의 특성

- 가족기업의 종업원 : 기업에 참여하고 있는 가족구성원과 비가족구성원 모두를 관리해야 한다.
- 가족위원회 : 가족과 관련된 문제의 검토를 위해 가족구성원으로 구성된 가족위원회를 운영하는 경우가 있다.
- 갈등관리 : 감정관계인 가족과 시스템인 기업으로 이루어져 있어 가족과 기업에서 갈등이 나타날 가능성이 높다.
- 영세기업 : 대부분 소규모 기업이 많으므로 영세적인 기업 형태를 가지는 경우가 많다.

4) 가족기업의 승계

- 후계자 선정 : 능력 있는 후계자의 선정과 교육이 필요하다.
- 가족구성원들의 지지도 : 승계를 위해서 가족구성원의 협의를 통한 지지도가 높아야 갈등을 해소할 수 있다.
- 창업자와 후계자와의 관계 : 창업자가 소유자인 경우 후계자와의 친밀성 정도가 중요한 역할을 한다.
- 승계계획 : 가족기업의 소유권 및 경영권이 창업자로부터 이양되는 과정이 중요하다.

4. 여성기업

1) 여성기업의 정의

여성기업은 「여성기업 지원에 관한 법률」에 따르면 여성이 기업을 소유하거나 경영하는 기업으로서 대통령이 정하는 기준에 해당하는 기업이다. 상법상의 회사로서 여성이 회사의 대표권 있는 임원으로 등기되어 있는 회사이거나 여성이 소득세법 제168조 또는 부가가치세법 제5조의 규정에 의하여 사업자등록을 한 사업체이다.

2) 여성기업의 성공요인

- 가족지원 및 문화와 언어능력 : 가족의 적극적 지원, 문화 · 언어에 대한 지식
- 커뮤니케이션능력 및 사업지식 : 대인관계능력, 의사소통능력, 인간성, 제품과 서비스에 대한 지식
- 제품경쟁력 및 경영능력 : 제품과 서비스의 품질, 고객의 충성도, 인적자원의 질, 성공에의 욕구, 개인의 인적네트워크
- 가용자원의 활용능력 : 전문적 서비스 가용성, 기술적 우위, 재무자원의 가용성

3) 여성창업자의 특성

- 인구통계학적인 특성 : 40대가 45.4%로 가장 높고, 90.7%가 기혼상태이며, 고졸 이하가 61.6%로 가장 높은 비중을 차지하고 있다.
- 창업 전 경력 : 서구의 경우 여성과 남성의 기업 창업 배경이 큰 차이를 보이지 않으며, 과거의 업무와 창업기업의 업종에서 연관관계가 낮았다. 우리나라의 경우 남녀 간의 비교자료가 없어 차이점을 파악하기 어렵다.
- 창업동기 : 독립심과 성취욕구가 중요한 창업동기요인이며, 복합적인 요인들이 많이 작용하고 있다.
- 창업방법 : 대부분 본인이 기업을 처음부터 창업하며, 가족으로부터 물려받는 경우는 소수에 불과하다.

4) 여성기업의 특성

- 업종 및 기업규모 : 제조업이나 건설업에는 여성기업이 매우 적으며, 숙박, 음식업, 개인서비스업 등의 서비스산업에 집중적으로 분포되어 있다.
- 리더십 유형 : 명령과 위계를 통한 권위적인 리더십보다 협조적 리더십이 더 많으며, 조직구성원과의 화합을 염두에 두는 의사결정을 한다.
- 안정지향적 경영 : 기업활동에 있어 성장지향보다 안정지향적 경영을 하는 경향이 있다.

제4절 사업규모 결정

창업자 자신의 경영능력, 자금조달능력, 기술력 등을 고려하여 충분히 감당할 수 있는 규모로 결정하여야 한다.

1. 창업자의 자금조달능력

자금조달규모의 결정은 사업규모 결정의 핵심으로 사업수행을 가능하게 하는 창업 시 필수고려사항이며, 창업초기 투자비용뿐만 아니라 초기의 운영비용까지 포함하여 적정한 자금을 조달하는 능력을 말한다.

2. 업종에 따른 사업규모와 동종업계의 평균자본규모 파악

경쟁회사를 정확히 분석하여 결정하는 것으로 같은 업종의 제품을 생산, 판매하는 경쟁회사들의 규모를 조사 · 분석하여 평균사업규모를 파악한다.

3. 취급하고자 하는 제품과 상품고려

생산 형태 및 경영방법 등에 따른 변화발생을 고려하여 제품을 고려하여야 하며, 제품별로 다양한 상품의 분류를 고려한다.

4. 경영자적 요소와 결부된 창업자의 경영능력

창업자의 경영능력은 기업의 경영자가 가지는 다양한 기업의 운영능력을 포괄적으로 갖추는 것을 의미하며, 초기에 창업자의 경영능력은 기업경영 전 분야에 걸친 능력을 필요로 한다.

제5절 개인기업과 법인기업의 차이

	개인기업	법인기업
설립	개인의 의사결정에 의해 창설	• 법인설립절차 선행 • 공동 의사결정에 의해 등기
경영	• 경영활동에 대한 단독 무한책임 • 신속한 의사결정 • 개인 경영능력의 한계	• 회사의 형태에 따라 분류(유한책임, 무한책임) • 의사결정이 느림 • 소유와 경영의 분리가능
기업주 활동	기업주 활동의 자유	기업주 활동의 제약(상법 등)
자본조달능력	개인의 전액출자로 자본조달 한계	다수의 출자자로부터 거액의 자본금 생성
이윤분배	이윤의 전부를 개인이 독점	출자자의 지분에 의해 분배
지속성	기업의 영속성 결여(개인의 사고 등)	기업의 영속성 유지
기타	• 대인접촉과 비밀유지에 유리 • 대외 신용도 취약 • 창의노력의 극대화	• 출자금의 유가증권화 가능(재산이전 용이) • 업종에 따라 병역특례업체 지정가능 • 대외적인 신용의 유리 • 경영관리의 효율성

세제상의 차이	• 소득세 과세 • 일정규모 이하인 경우에 세금부담에 유리 • 대표자 본인의 급여 불인정 • 장부기장 등이 상대적으로 덜 엄격	• 법인세 과세 • 일정규모 이상인 경우에 세금부담에 유리 • 대표자의 급여인정 • 장부기장 증빙징취 등의 엄격성 요구 • 업무무관 가지급금 등에 대한 인정이자의 계산

제6절 창업멤버와 조직구성

창업 시 무엇보다 많은 신경을 써야 할 부분이 인력의 확보와 활용이다. 다른 모든 조건이 구비되어 있을지라도 사람을 잘못 채용하면 기업이 정상적으로 운영되지 않는다. 먼저 사업계획의 수행에 따른 조직도를 작성한 후 인원계획에 따라 직원을 채용하되 창업 초기 시의 조직 및 인원은 단순한 것이 좋다.

기업의 성장 시기에 따라 단계별로 인원계획을 수립하고 창업멤버 이외의 직원을 선발하는 과정을 거치게 된다. 기업의 업무에 적합한 인재를 채용하는 것과 계약을 해나가는 것은 경험을 필요로 하는 것이므로 주위의 경험 있는 전문가의 자문을 받는 것이 필요하다.

사업계획의 수행에 필요한 최소의 인원을 채용하여 사업계획을 수행해 나가도록 한다.

1. 근로계약

근로계약은 근로자와 사용자 상호 간의 계약관계이며, 근로자는 근로를 제공하고 이에 대한 대가로 임금을 지급받는다. 근로계약은 기본적으로 필요한 근로조건에 대한 내용을 담고 있으며, 구두상의 합의에 따라 진행되는 계약내용도 존재한다. 그러므로 계약 이후에 발생할 소지가 있는 분쟁을 예방하기 위해서는 서면으로 계약을 체결하고 이 내용을 명확히 하는 것이 필요하다.

근로기준법상 사업주는 근로계약 체결 시에 임금, 근로시간, 휴일, 연차유급휴가 등의 주요 근로조건을 서면으로 명시하며, 위반 시에 500만 원 이하의 벌금이 부과된다.

근로계약서의 작성은 표준근로계약서로 작성할 수 있으며, 사업주와 근로자가 합의하에 날인하여 효력을 발생하며, 근로자는 표준근로계약서를 통해 법적으로 보호받는다.

2. 인사관리

인사관리는 고용 및 승진이 기본이지만 평가관리, 등급관리, 보수관리 등 다양한 내용을 포함하고 있다.

평가관리는 인사고과라 부르며, 평가대상이 결정되면 사내의 평가구조에 따라 평가가 이루어지고, 이를 통해 등급과 보수산정에 반영된다.

등급관리는 사내 서열을 의미하며, 인사평가대상을 무엇으로 할 것인가에 따라 결정된다. 연령, 경험, 능력, 업적 또는 실적 등에 따라 서열이 만들어진다. 일반적으로는 피라미드 형태의 등급구조를 갖지만 초기 창업기업은 피라미드 구조를 이루기 어렵다.

보수관리는 근로자 인건비의 통제 및 관리를 의미한다. 기업은 투자효율을 극대화하기 위해 관리가 체계적이어야 하며, 보수에는 급여, 상여금, 퇴직금, 성과급, 복리후생비 등이 포함된다.

제7절 비즈니스 예절

사업에 성공하기 위해서는 스스로의 노력도 중요하지만 주위의 도움과 관심도 중요하다. 이러한 주위사람들의 도움을 받기 위한 노력을 인적 네트워킹이라고 표현하며, 좋은 매너와 인간관계를 통해서 형성되고 관리된다. 업무상 만나게 되는 경우 업무태도 및 행동과 같은 예절이 상대방의 신뢰감을 끌어내므로 비즈니스의 기본이 된다.

1. 비즈니스 예절의 기본

비즈니스 예절은 언어와 표정이 기본이 되며, 언어의 구사는 경어의 사용에 주의해야 하고, 미소는 대화를 부드럽게 하므로 중요한 기법으로 적절히 사용할 필요가 있다.

인사 예절은 사람을 만났을 때 처음 하게 되므로 첫인상을 결정하고 인간관계의 시작이다. 상대방에 대한 존중과 배려가 잘 표현되어야 하며, 인사 예법에 어긋나지 않게 해야 한다. 인사 예절에서 중요한 것은 명함 에티켓과 악수 매너인데, 명함은 자신의 이름과 소속을 알리는 자기소개서이다. 악수 매너는 여자가 남자에게 청하며, 지위가 높은 사람이나 나이가 많은 사람이 먼저 손을 내미는 것이 원칙이다.

2. 실전 비즈니스 예절

비즈니스 예절은 고객 응대를 위해 중요하며, 회사 내방객을 맞이하는 방법이다. 출입구 또는 로비에서 손님을 응대하는 방법을 잘 숙지하여야 한다.

손님 응대 중에는 전화를 받거나 다른 업무를 보지 않는 것이 기본이며, 급한 용무일 경우는 상대방의 양해를 구한 후에 행동하여야 한다. 또한 손님을 배웅할 때에는 엘리베이터 앞이나 출구까지 함께 나가서 배웅해야 한다.

전화통화는 상대방의 얼굴을 직접 보지 않은 상태에서의 대화이므로 예절에 소홀할 경우가 많은데 상대에게 결례를 범하지 않고 기분이 상하지 않게 주의를 기울여야 한다.

이메일은 중요한 비즈니스 커뮤니케이션 방법이므로 각별한 예절이 필요하다. 기업들이 각종 회의 및 알림을 보고, 지시, 확인할 때 이메일을 많이 사용하므로 효과적인 커뮤니케이션 수단으로 활용하기 위해서는 상대방에게 정확한 정보를 효과적으로 전달하도록 노력해야 한다.

제8절 공장의 설립절차

1. 입지의 선정

1) 고려사항

- 용수, 전력, 도로망을 비롯한 산업 하부구조의 완비 여부
- 노동력의 공급
- 대기 및 수질오염, 기타 폐기물 처리와 관련된 기반시설이 구비되어 환경친화경영의 가능 여부
- 공장설립에 대한 정책자금 등 정부의 지원혜택 수여 여부

2) 공장입지의 유형

(1) 계획입지

국가나 공공단체가 공업의 합리적 배치를 유도하고 공장의 원활한 설립을 지원하기 위하여 일정지역을 선정, 포괄적 계획에 따라 개발하여 공장을 집단적으로 설립, 육성하기 위한 일단의 공업입지 및 산업단지를 말한다.

(2) 자유입지

계획입지를 제외한 지역을 말하며, 창업자가 공장을 설립하기 위하여 부지를 매입한 경우에는 공장부지 조성 및 건축에 관련된 인 · 허가사항을 개별적으로 획득하여 공장을 설립하여야 한다.

3) 입지유형별 장단점(자유입지)

(1) 장점

- 원하는 시기와 원하는 장소에 원하는 규모로 공장을 건축할 수 있다.
- 향후 사업확장 시 공장의 증축이 용이하다.
- 저렴한 가격으로 개별 용지(농지, 임야)를 매입할 수 있다.
- 각종 금융지원이 가능하다.
- 세제지원의 수혜가 가능하다.

(2) 단점

- 일반적으로 공장설립 허가절차가 까다롭다.
- 입지여건(동력, 용수, 수송)이 취약하다.
- 산업기간시설, 교육, 문화 등 생활편의시설이 미약하다.

4) 입지유형별 장단점(계획입지)

(1) 장점

- 대규모 단지 조성에 따른 산업기반시설, 생활편의시설, 동력, 용수, 수송 등의 지원시설이 양호하다.
- 공장의 집단화에 따른 상호 정보 교환, 기술 교류, 이업종 교류, 협업화가 가능하다.
- 공동 공해방지시설의 설치, 운영으로 공해배출업종의 입주가 용이하다.

(2) 단점

- 선분양 후입주 방식이므로 적기에 공장을 확보하기 어렵다.
- 분양공단이 지역별로 불균형하게 분포되어 적소에 공장을 건축하기 어렵다.
- 구획단지이므로 일단 입주하면 향후 사업확장(증축)이 제한된다.
- 국가 및 지방공단, 아파트형 공장은 분양가격이 대체로 비싼 편이다.

■ 참고문헌 ■

강대석(2003), *벤처기업과 벤처금융*, 집문당.

강혜정(2015), "대학생 창업아케데미 사업의 실태 분석 연구", 중앙대학교 석사학위논문.

곽선호 · 김철교(2009), *벤처기업 창업과 경영*, 삼영사.

국립국어원(2016), *표준국어대사전*(http://stdweb2.korean.go.kr, 2016.11.30. 접속)

국립국어원(2016), *표준국어대사전*(http://stdweb2.korean.go.kr, 2016.12.12. 접속)

국립국어원(2017), *표준국어대사전*(http://stdweb2.korean.go.kr, 2017.5.31. 접속).

권창미 · 송창백(2016), *대학생활과 진로탐색*, 학지사.

김건우(2016), "농업 데이터 관련 글로벌 스타트업 5선", beSUCCESS(http://kr.besuccess.com/, 2017.5.31. 접속).

김건우(2016), "포켓몬고의 열풍과 비즈니스 모델 분석", beSUCCESS(http://kr.besuccess.com/, 2017.5.31. 접속).

김경자(2015), *창업경영*, 무역경영사.

김기완(2012), *벤처기업의 성장요인에 관한 연구(벤처확인유형을 중심으로),* 정책연구시리즈 2011-14, KDI.

김상헌(2000), *첨단 벤처기업의 설립과 운영*, 행법사.

김선우 · 이상한(2016), *손에 잡히는 창업실무*, 교육부 · 한국연구재단 · (재)한국청년기업가정신재단.

김점숙(2015), "대학생의 직업적 자기개념이 진로결정수준에 미치는 영향", 경기대학교 석사학위논문.

김진수 · 이창영(2014), *창조경제시대의 기업가정신과 창업론*, 문영사.

김찬규 · 김형준 · 박기선 · 백혜원 · 송인방 · 안기돈 · 홍기민(2015), *진로설계 2-창업과 취업*, 충남대학교출판문화원.

김찬호(2013), *창조경제시대 중소기업의 기술사업화 성공과 실패 사례연구*, 한국과학기술정보연구원 정보분석연구소.

김현태 · 손동원(2006), *벤처기업 창업경영론*, 경문사.

김현희(2005), "자아가치관 검사와 타당화 및 임상적 유용성 연구", 성신여자대학교 석사학위논문.
김효준(2009), *창의성의 또 다른 이름 트리즈*, 인피니티북스.
김희수(2012), *자기이해와 직업탐색*, 한세대학교출판부.
김희오 · 윤상환 · 김정수 · 정용태 · 신현우(2014), *창업과 경영*, 피앤씨미디어.
나눔과기술(2013), *36.5도의 과학 기술 적정기술*, 허원미디어.
도태희(2015), "고등학교 체육수업 상황에서 자기결정성의 적용: 기본심리적 욕구와 내적 동기의 매개효과", 중앙대학교 박사학위논문.
문성훈 · 김수성 · 안호영 · 구본진 · 김용재(2015), *창업과세론*, 도서출판 청람.
박주홍(2005), "글로벌 기업의 기술포트폴리오 매트릭스", *한국경영과학회/대한산업공학회 춘계공동학술대회 발표논문집*.
박한수(2014), *창업과 경영의 이해*, 도서출판 청람.
방용성 · 주윤황(2014), *창업경영*, 학현사.
법제처(2015), *중소 · 벤처기업 1: 창업*, 휴먼컬처아리랑.
설성수(2000), "기술가치평가의 분석 틀", *기술혁신학회지*, 제3권, 제1호, 35.
설성수(2011), *기술혁신론*, 법문사.
성민현(2014), "Amazon.com: 기술 기반의 고객 서비스 혁신," *디지에코 보고서*.
손동원(2010), *벤처기업 창업경영론*, 경문사.
송치승(2010), *벤처기업 성장경로에 관한 실증분석과 개선방안*, 중소기업연구원.
안연식(2014), *기술경영론*, KOCW(http://www.kocw.net/home/index.do, 2017.5.31. 접속).
유규창(2000), *벤처기업의 인적자원관리실태*, 한국노동연구원.
유성은(2014), *스토리 창업경영*, 피앤씨미디어.
유성은(2015), *스토리 창업과 경영사례*, 피앤씨미디어.
유성은(2016), *스토리 기업가정신*, 피앤씨미디어.
유순근(2016), *기업가정신과 창업경영*, 비앤엠북스.
유재욱 · 안수진(2014), *소자본창업경영*, 도서출판 청람.
윤석철 · 류재수(2016), *중소 벤처기업의 창업과 경영*, 대경.
이건창(2009), *기업가정신*, 무역경영사.
이민화 · 이현숙(2013), *기업가정신*, 동서미디어.
이상석(2015), *창업론*, 도서출판 청람.
이상석 · 고인곤(2004), *기업가정신과 창업*, 학현사.
이은세(2014), "Managing Innovation (1) 구글은 어떻게 성장과 혁신, 두 마리 토끼를 잡았는가”, beSUCCESS(http://kr.besuccess.com/, 2017.5.31. 접속).
이은세(2014), “Managing Innovation (2) 기업의 혁신을 위한 두 번째 필수 조건 ‘적절한 인재 관리’”, beSUCCESS(http://kr.besuccess.com/, 2017.5.31. 접속).
이은세(2014), “Managing Innovation (3) 혁신을 관리하라!” beSUCCESS(http://kr.besuccess.com/, 2017.5.31. 접속).
이장희 · 윤기선(2016), *벤처기업과 기업가정신*, 라온.
이재훈(2013), “대학생 창업의도에 개인적 특성, 대학 및 사회의 지원적 특성이 미치는 영향에 관한 연구”, 금오공과대학교 박사학위논문.
이춘우 · 한유진 · 김도현 · 서유미 · 이경원 · 이희우 · 이영달(2014), *기업가정신의 이해*, 중소기업청.
이한종(2016), “포켓몬고 성공의 배경이 된 닌텐도의 전략”, beSUCCESS(http://kr.besuccess.com/, 2017.5.31. 접속).
이한종(2016), “성공하는 스타트업의 10가지 비밀”, beSUCCESS(http://kr.besuccess.com/, 2017.5.31. 접속).
임현진 · 서이종(2002), *한국 벤처기업가 정신*, 인간사랑.
전주대학교 LINC사업단(2016), *호남 · 제주권 산학협력 직무역량강화 TRIZ(창의문제해결) 전문교육 자료집*.
정주영(2013), “대학교육만족도, 직업가치관, 직업만족도에 관한 구조적 분석”, 고려대학교 박사학위논문.
조보상 · 윤두열(2016), *성공을 위한 창업과 경영*, 무역경영사.
진달래(2016), “대학생의 성격 5요인과 Holland의 직업적 성격유형과의 관계”, 이화여자대학교 석사학위논문.
최봉원(2003), “자원봉사 체험활동이 중학생의 자아개념 및 가치관변화에 미치는 영향 분석”, 아주대학교 석사학위논문.
최종열 · 정해주(2013), *벤처창업과 기업가정신*, 탑북스.
한경석(2000), *벤처기업 경영과 e-비즈니스*, 법영사.
한국교육심리학회(2000), *교육심리학용어사전*, 학지사.
한국무역협회(2015), *기왕 세상과 맞설 거면 글로벌 창업 어때?*, 북오디세이.
한국벤처기업진흥원(2016), *2016 한국벤처기업총람*, 한국벤처기업진흥원.
한수진(2015), “대학생의 개인적 특성과 주관적 규범이 창업의도에 미치는 영향에 관한 연구–창업교육의 조절효과를 중심으로–”, 중앙대학교 석사학위논문.
허창문(2000), *벤처기업 창업과 자금조달의 모든 것*, 청림출판.

홍성도(2012), *벤처기업컨설팅(창업 · 경영 · 금융 · 투자)*, 무역경영사.

홍정표(2014), "대학생의 창업의지 결정요인에 관한 연구", 호서대학교 박사학위논문.

Abernathy, W., Utterback, J.(1978), "Patterns of Industrial Innovation", *Technology Review*, 80(7), 40-47.

Charles W. L. Hill(2011), *국제경영: 글로벌 시장에서의 경쟁전략*(역자: 최순규 · 신형덕), HS MEDIA.

D'aveni(2010), *Hypercompetition*, New York, Simon and Schuster.

Mike W. Peng(2013), *Global Strategic Management*, Boston, South-Western, Cengage Learning.

Paul Polak(2012), *적정기술 그리고 하루 1달러 생활에서 벗어나는 법*(역자: 박슬기), 새잎.

PCWorld (2011), "실패로 돌아간 12가지 기술혁명"(http://www.itworld.co.kr, 2017.5.31. 접속).

Shin, J. H.(2011), "Development and Application of the Simple Contradiction Modeling and the Invention Song", *TRIZ Future Conference*, Dublin, Ireland.

Utterback, James(1994), *Mastering the Dynamics of Innovation*, University of Illinois at Urbana-Champaign's Academy for Entrepreneurial Leadership Historical Research Reference in Entrepreneurship.

Vertical Platform(2014), "알리바바(Alibaba)를 말하다"(http://www.venturesquare.net/550085, 2017.5.31. 접속).

■ 찾아보기 ■

ㄱ

ㅇ

ㅈ

| 저자소개 |

류경민

순천대학교 조리과학과 교수(배재대학교 경영학과, 경영학박사)

박병희

순천대학교 경제회계학부 경제학전공 교수(세종대학교 경제학과, 경제학박사)

신정신

순천대학교 경상학부 경영학전공 교수(Univ. of South Carolina, 경영학박사)

심기훈

순천대학교 조리과학과 조교수(순천대학교 조리과학과, 이학박사)

이재은

순천대학교 경상학부 무역학전공 부교수(연세대학교 경영학과, 경영학박사)

최용석

순천대학교 물류학과 교수(부산대학교 산업공학과, 공학박사)

창업의 이해

2017년 7월 20일 1판 1쇄 인쇄
2017년 7월 25일 1판 1쇄 발행

저 자 | 류경민 · 박병희 · 신정신 · 심기훈 · 이재은 · 최용석
발행인 | 이수영
발행처 | 도서출판 청람
서울시 마포구 독막로 288(대흥동, 세양상가 109호)
전 화 | 02)3272-2601(대)
팩 스 | 02)3272~2603
이메일 | crbooks@daum.net
홈페이지 | http://www.crbooks.co.kr
등 록 | 2000년 8월 26일 제6-0509호

ISBN 978-89-5972-585-4 93320 [정가 15,000원]